Abbé J. PRAJOUX

# ROANN
# et ses envi

J. TRIMOULINARD
ÉDITEUR
60, RUE DU LYCÉE,
ROANNE

—

M CD XXII

# ROANNE ET SES ENVIRONS

Abbé J. PRAJOUX

# ROANNE
# et ses environs

J. TRIMOULINARD
ÉDITEUR
60, RUE DU LYCÉE, 60
ROANNE
—
M CD XXII

IMPRIMATUR

Lugduni, die 22 maii 1922.

† JOANNES,
Episc. Had. auxil. Lugd.

# PRÉFACE

*L'accueil bienveillant et empressé que le public a fait à notre dernier ouvrage* Roanne *autrefois et aujourd'hui,* les Villes mortes du Pays roannais, *nous a engagé à publier le présent volume. Comme le précédent, dont il est pour ainsi dire le complément, il se divise en deux parties. Disons un mot de chacune d'elles, afin que le lecteur connaisse notre méthode et notre but et sache où il va.*

*Le Roannais attentif et ami du passé qui visite le musée de la ville, s'arrête avec curiosité et intérêt devant les vues et plans représentant la ville de Roanne à différentes époques de son histoire. Il y a là notamment des dessins, gravures et peintures représentant Roanne vers 1450, 1570, 1610, 1650, 1700 et 1830. Chacune de ces vues permet de se faire une idée de notre ville à une époque donnée et de constater en quelque sorte son développement d'une date à l'autre (1). Le présent travail nous offre quelque chose*

---

(1) Voici quelques précisions sur les vues de Roanne que possède notre musée :

*Vue de la ville de Roanne vers 1450,* d'après le dessin de Guillaume Revel, reproduit par M. Steyert. — Dessin colorié. — Haut. 0,27, larg. 0,43.

*Vue de Roanne au XVI^e siècle,* d'après une gravure tirée de la bordure d'une carte du Lyonnais, Forez, Beaujolais, dressée vers 1570. — Photogravure de M. A. Geoffray. — Haut. 0,23, larg. 0,30.

*Vue de Roanne vers 1610,* par le P. Etienne Martellange, jésuite,

*de semblable. A la vérité, il ne met pas sous les yeux du lecteur l'image de la ville, il y supplée par les descriptions empruntées aux contemporains ; mais en retour il fait connaître les usages du pays, les mœurs et coutumes pittoresques de nos pères, et surtout les éléments qui, au cours des âges, ont contribué à faire du bourg de Roanne tel qu'il est représenté vers 1570, la ville importante que nous habitons. Cette esquisse à grands traits de l'histoire de notre ville, depuis la fin des guerres de Religion jusqu'à nos jours, n'a rien de la sécheresse d'une enquête, parce qu'à chaque instant elle est éclairée et animée par les témoignages des écrivains locaux et les relations des voyageurs qui, en si grand nombre, traversaient alors notre ville. La vie et l'intérêt qui se dégagent des pages de cette première partie sont dus uniquement à la qualité et à la valeur des témoins qui viennent déposer devant le lecteur.*

*La seconde partie contient les monographies de douze communes voisines ou peu éloignées de Roanne. Parmi ces monographies, citons celles de Riorges, dont le territoire en forme de croissant entoure Roanne du côté du couchant; la Bénisson-Dieu avec son antique église, reste d'une abbaye royale ; le Coteau, dont les chroniques complètent et parfois éclairent celles de notre ville ; Vernay avec sa petite église blottie dans les ruines d'un vieux château féodal ; Saint-Vincent-de-Boisset dont le château, construit par le marquis de Saint-Vincent, correspondant de Vol-*

---

architecte du collège de Roanne. — Tirée du *Roannais illustré*, série II, p. 145.

*Vue de Roanne vers 1650*, gravure de Gabriel Perrelle, d'après un dessin de Linclerc, éditée chez Pierre Mariette, à Paris. — Haut. 0,35, larg. 1,05.

*Vue de Roanne vers 1700*, peinture sur toile par Monnet. — Haut. 1,04, larg. 1,85.

Au premier plan de cette peinture, d'une exécution grossière, on voit la Loire dont un bac relie les deux rives. Le premier pont de bois aboutissant à l'extrémité de la rue des Minimes ne figure pas ; il avait été détruit par une inondation, vers 1680.

Don de M. Bonneau, de Charlieu.

*Vue de Roanne vers 1830*, peinture sur toile par M. Louis Noirot, d'après un dessin de Déraye. — Effet de neige. — Haut. 0,36, larg. 0,59.

*taire, fut habité par J.-B. de Champagny, ministre de Napoléon Iᵉʳ ; la ville de Perreux en si « forte assiette » qu'elle était appelée la « clef du Beaujolais » ; Montagny et Coutouvre dont les chroniques étaient restées ensevelies dans la poussière des archives, etc., etc.*

*Un mot pour finir ; ce mot, nous l'empruntons au plus ancien historien de Roanne, Jean-Marie de la Mure. En 1674, dans l'avertissement au lecteur mis en tête de son Histoire universelle, civile et ecclésiastique du pays de Forez, il s'exprime ainsi : « Ce que je puis ajouter ici pour la vérité de l'Histoire, c'est que je n'avance rien, que je ne prouve par des témoignages irréprochables, ou par des conjectures si probables, que la Critique la plus sceure n'aura pas lieu de les condamner. »*

*Cette déclaration de notre compatriote et premier historien, nous la faisons nôtre, ayant toujours eu comme lui le respect de la vérité.*

# PREMIÈRE PARTIE

Roanne au cours des trois derniers siècles.

## PREMIÈRE PARTIE

# Roanne au cours des trois derniers siècles.

Au temps d'Henri IV, Roanne était un pauvre bourg qui, d'après l'interprétation des documents, n'avait pas 2000 habitants ; cette ville compte aujourd'hui près de 40.000 âmes. Comment l'humble bourgade du début du XVII<sup>e</sup> siècle est-elle devenue une grande ville ? Quels éléments ont contribué à cet accroissement ? Quand et comment ces éléments sont-ils intervenus ? Telles sont les questions étudiées dans les pages qui suivent ; elles contiennent donc l'histoire de Roanne au cours des trois derniers siècles.

L'auteur, fidèle à sa méthode, a consulté les sources de toute nature propres à l'éclairer et, aussi souvent que possible, il a cédé la place aux documents originaux, aux écrivains locaux et aux voyageurs qui, pour des raisons diverses, ont visité ou traversé notre ville et notre pays. Les documents ont fourni des indications précises sur l'importance du bourg et de la ville ; les écrivains locaux, des renseignements sur les hommes et les événements du temps, et les voyageurs de passage, des remarques originales et parfois pleines de saveur, sur l'impression que leur causaient la ville et le pays d'alentour. Il convient de noter que les relations des voyageurs, écrites le plus souvent au jour le jour, sur une table d'auberge, présentent un réel intérêt, en raison de la diversité et de la variété des impressions, chaque voyageur voyant notre ville et ses environs suivant sa culture, ses goûts, son tempérament, ses habitudes, sa profession. Ce pittoresque défilé amène tour à tour devant le lecteur : le voyageur philosophe et moraliste, qui disserte sur les événements ; le voyageur homme d'Etat et politique, qui note les

terres titrées et les détails administratifs ; le voyageur érudit et ar-
chéologue, qui décrit les antiquités et visite les cabinets d'histoire
naturelle ; le voyageur ami de la nature qui s'arrête aux bons endroits pour admirer les paysages, enfin le voyageur gourmand, qui
s'attendrit au souvenir de l'excellent dîner qu'il a fait à « Roanne,
à l'auberge du Loup, où il a trouvé un consommé digne d'une accou-
chée, une sarcelle grasse jusqu'au bec  et les meilleurs fruits du
monde (1). »

En raison de la nature et du nombre des documents, de la qualité
et de la valeur des déposants, cette enquête a été divisée en quatre
parties. La première, qui débute à l'époque moderne, va d'Henri IV
à Louis XV (1715) ; la seconde comprend les règnes de Louis XV et
de Louis XVI et la troisième la Révolution et l'Empire. Quant à la
quatrième, elle s'étend de la création du canal de Roanne à Digoin,
point de départ d'une période importante, pour aller jusqu'à nos
jours.

---

(1) D'après M. le chanoine Reure qui a publié de remarquables études sur le grand chemin de Paris à Lyon par le Bourbonnais, études
auxquelles nous avons fait de fréquents emprunts ; en pareille matière, on ne saurait trouver un guide plus éclairé et plus agréable.

I

*Avant le dix-septième siècle, les voyageurs qui ont visité Roanne
ne mentionnent que le port et le grand chemin de Paris à
Lyon « qui y passe ». — Description de Roanne et de ses
environs aux temps d'Henry IV et de Louis XIII : Commières, Beaulieu, Riorges, Beaucueil, le Temple, le Pontèt
d'Oudan, Mâtel. — Le pays roannais d'après Anne
d'Urphé. Les bateliers roannais selon Papire Masson.
Impressions de quelques voyageurs qui traversèrent Roanne
sous le règne de Louis XIII.*

*Un curé de Roanne au temps de Louis XIV, ses titres, ses rela-
tions, événements et actes de son administration d'après les
registres paroissiaux et son « livre de raison ». — Description de Roanne, par P. Gonthier ; situation de la ville,
causes de son insalubrité. Les méfaits de la « traverse ». —
Etat de la ville de Roanne, en 1697: Le clergé de l'église
paroissiale, nobles qui résident dans la ville, métiers des
habitants. Diminution de la population urbaine. Causes
générales et locales qui ont amené cette diminution. —
Quelques événements du début du XVIII<sup>e</sup> siècle.*

Les documents officiels et les relations de voyage, antérieurs au
dix-septième siècle, ne nous donnent que de très brefs renseignements
sur Roanne et ses environs. Les plus anciens actes mentionnent l'importance du port sur la Loire, dont le péage rapporte « beaux sols
d'or » aux familles nobles et à diverses maisons religieuses, et plus
tard, le grand chemin royal de Paris à Lyon qui traverse l'agglomération. Il faut arriver au seizième siècle (1) pour trouver quelques
indications sur le territoire « qui est fertile et agréable ». Cependant
des renseignements extraits de documents divers, on peut tracer le
tableau de Roanne et de ses alentours au temps d'Henri IV.

---

(1) L'ambassadeur vénitien, André Navagero, qui traversa notre
pays au mois d'août 1528, se contente d'observer : « qu'un peu hors
de Roanne on passe la Loire en barque ; on pêche là encore des sau-
mons, à une si grande distance de la mer. »

A cette époque, le bourg fortifié avait débordé de son enceinte primitive et, à l'agglomération du château étaient venus s'ajouter les quartiers du Bourg-Neuf et du Bourg-Basset. Au nord, quelques maisons groupées autour de l'Hôtel-Dieu, ancienne maladrerie, et de l'église Saint-Julien, formaient le faubourg de Fontenille, alors qu'une série d'humbles constructions « pisé et bois » édifiées au levant, sur le bord du fleuve, constituaient le quartier de la marine.

En sortant de la ville, du côté du midi, on rencontrait successivement, après les moulins du seigneur, les domaines Boirat, du Rivage et la grange de Bravard. La plaine était dominée par l'antique maison forte de Commières, dont les tours du levant venaient d'être remplacées par une belle galerie à la mode italienne, terminée à ses extrémités par deux cariatides artistement sculptées. Plus au nord, sur les bords de la rivière de Renaison, on voyait le haut et massif bâtiment du prieuré de Beaulieu, alors administré par Mme de Thélis. Parmi les jeunes demoiselles pensonnaires au couvent, il y en avait une qui devait travailler avec ardeur, quelques années plus tard, à la réforme des religieuses et au rétablissement de la règle. De Beaulieu, on apercevait à une faible distance, barrant l'horizon du côté du couchant, le long bâtiment du prieuré de Riorges, coiffé d'une haute toiture et entouré d'un large fossé.

Si l'on sortait du château par la porte d'Or, située sur la place actuelle de Bourgneuf, on traversait d'abord les dépendances du fief de La Tour (1), puis des étangs et marais au delà desquels s'étendaient les prés, terres et bois appartenant au sieur Popey, marchand et bourgeois de Roanne.

Plus loin, on pénétrait sur les terres de la maison forte de Beaucueil, « bien fossoyée », qui allait bientôt devenir la propriété du prébendier de Cornillon, « à la condition que le dit prébendier célèbrerait une messe les dimanches et fêtes dans la chapelle du château de Cornillon, et accompagnerait dans ses voyages et déplacements messire Henri d'Ogerolles, seigneur de Cornillon et Commières, et dame Marie de Monconys sa femme » (1626). Le chemin de Saint-Haon-le-Châtel au port d'Aiguilly passait près de là ; il traversait le lieu dit le Gros Buisson où se dressaient les fourches patibulaires (2), auxquelles on suspendait les corps des suppliciés et, plus loin, desservait les terres de la maison du Temple.

---

(1) Au dix-septième siècle, le fief de La Tour appartenait à Antoine de Lingendes, « écuyer, sieur de Bourgneuf, gentilhomme ordinaire de la maison de la Reine, mère du Roi, régente de France » (1654). Il passa ensuite à Hugues de Lingendes, écuyer, qualifié indifféremment seigneur de Bourgneuf ou seigneur de Neufbourg, puis à Claude Hue, qualifié écuyer, seigneur de Bourgneuf et de La Tour, vers 1685. (Archives du duché de Roannais.)

(2) On appelait fourches patibulaires des poteaux de bois ou des

Un siècle auparavant, vers 1518, il avait été question d'ériger cette maison en commanderie, en lui adjoignant le domaine de Sal, à Saint-André, et les terres que l'ordre des Templiers possédait à Saint-Martin.

Lorsqu'on s'éloignait de la ville, après avoir franchi la porte de Paris qui n'avait pas encore perdu sa qualité de porte de Ville, on rencontrait deux chemins se dirgeant, vers le nord. L'un conduisait à la vieille ferme du Pontet d'Oudan, dont une construction avait servi jadis de maladrerie ou hôpital pour les voyageurs et les gens de passage, et l'autre aux domaines des Livattes (sic), qui ne devaient pas tarder à devenir la propriété des religieuses de Sainte-Elisabeth.

Un embranchement se dirigeait de là sur Mâtel, dont le manoir incendié pendant les troubles de la Ligue, par les soudards du sieur de Fretté, venait d'être reconstruit tel qu'on le voit aujourd'hui, par les soins du sieur Chezard.

Si l'on ajoute par la pensée, auprès des châteaux et prieurés, quelques chaumières habitées par les tenanciers des seigneurs ou des gens d'église, et que l'on rétablisse les étangs et les marais situés au nord et au couchant de Roanne, on aura un tableau exact de la ville et de ses environs, au début du dix-septième siècle.

Ecoutons maintenant un écrivain forézien, Anne d'Urfé, grand bailli de Forez, nous exposer brièvement les causes de la prospérité de Roanne et vanter la fertilité des campagnes environnantes.

« Roanne est assise près de la rivière de Loire, qui commanse là à charrer les bateaux, qui, avec le grand chemin de Paris à Lion qui y passe, la rend infiniment riche, avec ce qu'elle est assise en bons fons et en un pays qui rapporte toutes choses bonnes en perfection, soit fourmants, soigles, avoines, foins, vins, fruits et poissons tant d'estanc que de rivière.., »

L'auteur de la *Description du païs de Forez*, dont ces lignes sont extraites, ne nous dit rien des bateliers roannais ; mais cette lacune est comblée par un autre écrivain forézien, Papire Masson, qui, dans un ouvrage publié en 1618, vante la force et l'adresse des « rameurs » roannais, dont les barques légères « semblent voler sur les eaux plutôt que marcher. »

Un contemporain, religieux de la Compagnie de Jésus, qui a écrit pour ses supérieurs l'Histoire de la maison de Roanne, complète heureusement la trop brève exquisse d'Anne d'Urfé. Dans les lignes qu'il consacre à Roanne et à ses environs, il ne se contente pas de décrire le pays, il ébauche aussi en quelques traits le caractère des

---

colonnes de pierre auxquels on suspendait les criminels condamnés à mort. Construites le plus souvent en forme de portique, les fourches patibulaires étaient la marque de la haute justice ; elles se plaçaient ordinairement hors des villes, aux confins du fief,

habitants. Enfin, il signale en terminant un fait-divers qui donne à son témoignage date et authenticité.

« Roanne est un port célèbre, un entrepôt de commerce sur la Loire ; ce fleuve établit une communication facile entre l'Italie, la Germanie, l'Espagne, le Midi de la France et l'intérieur de cette contrée. Une ville aussi fréquentée par les étrangers et par les Français, qui, les uns et les autres, y séjournent volontiers, ne pouvait être qu'un poste avantageux pour notre société. Dernièrement, le duc de Guise et son frère, chevalier de Malte, de passage en ce lieu, s'y arrêtèrent pour les fêtes de Noël. Dans leur désir de converser avec nous, ils quittèrent l'hôtellerie où ils étaient descendus, pour prendre un logis moins commode mais plus rapproché de notre demeure. Ils nous empruntèrent des livres de prière, assistèrent à la messe de minuit dans notre petite chapelle et s'approchèrent tous les deux de la Sainte Table, à l'édification générale. Après avoir reçu les sacrements, ils ne nous quittèrent, à l'aurore, qu'avec les plus grandes marques de bienveillance.

« Tout le canton de Roanne est agréable ; la noblesse y est nombreuse ; les habitants sont d'un caractère doux et docile, ce qui fait qu'on retire beaucoup plus de fruits de nos prédications et de nos instructions, car on nous entend avec empressement et sans difficulté. Nous en trouvons la raison en ce que ce pays a conservé l'intégrité de la foi catholique, quelques efforts qu'ayent fait les réformés pour y introduire les erreurs de Calvin. Nous avons eu la satisfaction de ramener à la foi deux personnes attaquées de cette peste, mais il faut avouer qu'elles n'étaient pas indigènes, c'est le hasard qui les avait fixées dans le canton. »

De tels renseignements ne pouvaient manquer d'encourager les Jésuites à s'installer définitivement à Roanne.

Un voyageur flamand, Vinchant, qui traversa notre ville à la même époque, nous fait connaître une coutume du temps et raconte un trait amusant dont il fut le témoin.

« Parvenu à Roanne, petite ville, écrit-il, je fis provision de vivres, selon la coustume de tous, pour m'embarquer jusqu'à Orléans, avec aulcuns gentilzhommes. Or nous ne fusmes sitost embarquez que nous trouvasmes matière à rire ; car plusieurs basteaux partaient quant nous, remplis de bœufs. L'un d'iceulx s'estant jetté dans la Loire pour quelque umbraige qu'il receut, les aultres jusque au dernier en firent le mesme, sans qu'on les peut arrester.. »

Huit ans plus tard, au mois d'octobre 1618, saint François de Sales accompagnant le cardinal Maurice de Savoie, séjourna quelques heures dans notre ville. Comme ces illustres voyageurs se rendaient à Paris, pour une mission auprès de Louis XIII, ils s'embarquèrent au port de Roanne. Dans une de ses lettres, François de Sales raconte comment on occupait les loisirs du voyage : « Deux fois par jour, écrit-il, Son Altesse lisait des livres français, pour apprendre de plus en plus la langue... Parfois même elle ramait et me faisait ramer avec elle, pensant d'abord que je ne savais pas cet art, dans lequel pourtant il s'est trouvé que j'étais passé docteur... »

La « corvée des rames » faisait alors partie du programme de tous les voyageurs. L'anglais Evelyn dit que, pour « son compte, il rama bien une vingtaine de lieues de Roanne à Orléans. »

On charmait les longueurs de la route en faisant des vers, en jouant la comédie et en festoyant. Entre temps la barque accostait, on descendait sur la rive et on chassait « aux oiseaux et aux pigeons. »

En 1630 le voyageur Jean-Jacques Bouchard, qui se rend de Paris à Rome, note en cours de route ses impressions dans lesquelles, parlant de la navigation sur la Loire, il ajoute quelques détails à ceux qui précèdent et fait allusion à un événement local intéressant. Il écrit : « Le mardi 30 novembre 1630, passé la Loire dans un bac à Roanne, bourg fort joli. La Reine-Mère et les cardinaux Bagin et Richelieu y avaient passé, descendant l'eau jusqu'à Orléans dans certains basteaux dont il y a une très grande quantité dans ce bourg qui sont faits fort proprement comme de petites maisons. »

Au cours des vingt années qui suivirent (1630-1650) (1), le bourg de Roanne prit les proportions d'une ville ; de nombreuses communautés religieuses s'y installèrent, et d'importantes constructions s'élevèrent en bordure du grand chemin royal de Paris à Lyon. Réputée « un des plus grands passages du royaume », notre ville est dès lors mentionnée dans un si grand nombre de relations de voyage, qu'il est difficile de les énumérer. Au surplus, en se multipliant, elles perdent leur originalité et la plupart de ces relations se contentent de mentionner Roanne comme « un des plus beaux bourgs de France, où il y a collège de Jésuites, couvents de Capucins et de Minimes, de religieuses de Sainte-Elisabeth et d'Ursulines (2). »

---

(1) Vers 1640, un anonyme a inséré entre les pages de son guide des feuillets blancs sur lesquels il a consigné ses observations. A Roanne, il vante fort l'hôtellerie du Loup, « où tous les princes et grands seigneurs logent et où l'on fait la plus grande chère autant qu'en autre lieu de France, mesmes à cinq ou six pistoles la personne si l'on veut. » La traversée des montagnes est peinte avec des airs effrayés qui étaient de rigueur : « Ce ne sont que rochers et précipices ; vous portez la teste dans les nues, et vous avez les pieds sur le bord de l'enfer ; mais il faut marcher sur les espines pour cueillir les roses de Lyon. » Au sommet de la montagne, l'auteur, à l'en croire, trouve encore observé un vieil usage assez bizarre : « On faisait monter le voyageur sur une pierre dite la chaire de vérité et là, il déclarait s'il était allé déjà à Lyon ; si le patient répondait que non, il devait régaler la compagnie ». *(Roannais illustré.)*

(2) En 1660, le voyageur Liverdis, consigne ses impressions. Descendu à l'hôtel de la Tête d'Or il fait mention du commerce de la ville, du port, des bateaux couverts ou cabanes qui descendent la

Quelques-unes d'entre elles, cependant, vantent les logis et hôtelleries « où l'on fait bonne chère plus qu'en aucun lieu du monde », ou se plaignent des mariniers roannais qui trompent ceux avec qui ils font marché pour les conduire sur la Loire ».

Ces constatations faites, écartons guides, passants et voyageurs, pour interroger deux notables Roannais, contemporains de Louis XIV : François Pilote, curé de Roanne pendant près d'un demi-siècle, 1652-1698, et Pierre Gonthier, « médecin ordinaire du roi ». Tous deux naquirent à Roanne, vécurent dans leur ville natale et furent mêlés à tous les événements locaux ; ils ont donc autorité pour nous faire connaître la chronique roannaise du temps et nous décrire l'aspect de la ville et de ses environs sous le règne du Grand Roi.

Les notes laissées par le curé Pilote sont nombreuses et se rapportent surtout aux événements dont il fut le témoin. Intelligence cultivée, homme de belles manières et de bonne éducation, François Pilote exerça une réelle influence sur les Roannais du temps. Il fréquentait le salon de son ami, le sieur Dulieu de Chenevoux, qui se tenait dans la maison Amaranthe. On y parlait le beau langage des Précieuses et on y discutait les questions théologiques auxquelles s'intéressaient tous les bons esprits du temps.

En sa qualité de Docteur en Sorbonne, le curé de Roanne prenait une part active aux conversations sur les sujets religieux. Un fait montrera jusqu'à quel point elles passionnaient cet homme d'Eglise. Il apprend un jour que le cardinal des Ursins, envoyé par le Pape à la cour de France pour y soutenir les prétentions de Rome, est de passage à Roanne. Aussitôt il se rend auprès de lui, cause quelques instants, puis rentre chez lui et fait à la hâte ses préparatifs de départ. Son voyage de Roanne à Paris, pendant lequel on parle des grands intérêts de l'Eglise de France, est un enchantement. A Paris il assiste comme docteur en théologie aux beaux tournois oratoires qui se déroulent entre des Ursins et Bossuet, assistés de plusieurs éminents dialecticiens.

Cueillons au passage dans les notes du curé de Roanne, quelques faits intéressant l'histoire de notre ville.

---

Loire, du pont rompu par la violence des eaux, puis il ajoute : « Vous y trouverez plusieurs couvents de religieuses et de religieux : comme Minimes dont l'église est assez bien bâtie ; son maistre autel est industrieusement travaillé. Les Capucins, dont l'église est belle, non seulement par sa grandeur et sa largeur, par son plat-fond enjolivé, mais aussi un autel bien orné. Je ne parle point de deux grands carrés de jardin que ces Pères ont dans leur couvent, où dans l'un est un grand potager qui est arrosé d'une fontaine qui est dans l'autre... Quoyque la maison des Jésuites soit commode, elle est toutefois surpassée par l'église où vous admirerez deux chapelles bien ornées... »

« 14 avril 1660. — Monseigneur l'Illustrissime et Révérendissime Archevêque Camille de Neufville (1), a fait sa visite de l'église paroissiale desservie par François Pilotte, docteur en théologie, conseiller et aumônier ordinaire du Roy, archiprestre et curé de Roanne, et cy-devant chanoine de St-Nizier de Lyon et par seize prestres ou vicaires, un diacre, un sous-diacre et cinq enfants de chœurs. Le lendemain Monseigneur consacra l'église des R. R. P. P. Capucins. Il était logé à St-Nicolas dans l'Isle, où le feu se mit le soir sur les neuf heures et dont le logis brusla et, pource que l'on n'était pas encore couché, l'on eut le temps de se sauver. Le séjour de Monseigneur fut de cinq jours. »

« Octobre 1667. — On a surpris et arrêté trois personnes coupables d'avoir fabriqué de la fausse monnaie : Jean Joatton dit Giffard, Nicolas Gotton et Marie Rattier. Jugés et condamnés par le bailliage à être pendus, ils furent exécutés ; « en outre, Rathier a esté après sa mort exposé sur le grand chemin de Roanne à Saint-Haon, au lieu appelé le Gros Buisson ». « Cependant, comme ils étaient morts « fort chrétiennement, ils ont été enterrez en procession solennelle dans le cymetière de Saint Jullien. » Néanmoins, n'étant pas des défunts ordinaires ; ils ont été « enterez... dans la mesme fosse, tout contre la grille « en antrant à droict du costé des sans Dieu ».

« Mars 1674. — Translation du maître-autel. Le chœur lambrissé de l'église paroissiale Saint-Etienne de Roanne, qui avait été bâti en 1610 pour agrandir l'église, laquelle n'avait auparavant qu'un très petit chœur voûté du côté du levant, menaçant d'une chute totale par plusieurs planches qui s'étaient détachées du lambris, cela m'avait obligé de faire construire un maître-autel du côté du couchant sous la grande voûte de la nef, entre les autels de Sainte Catherine et de Saint Crépin. Le chœur du clergé est du côté du portail de la grande porte, et, pour célébrer la Sainte Messe, le prêtre a le visage tourné du côté du levant et dit *Dominus vobiscum*, sans se tourner du côté du couchant. La première messe y a été chantée solennellement le 18 mars 1674, jour du dimanche des Rameaux. — (Signé François PILOTE, archiprêtre et curé de Roanne.) »

« Le jeudy cinquiesme jour de décembre 1675, veille de saint Nicolas, le R. Père Innocent Lemasson, natif de Noyon, en Picardie, et

---

(1) Camille de Neuville, né en 1606 à Rome, où son père était ambassadeur, fut archevêque de Lyon de 1653 à 1693. Au cours de ses visites pastorales, il revint à Roanne au mois de juin 1684, accompagné de l'évêque de Chalon. Le curé Pilote a consigné ce second passage dans ses registres, ajoutant : la visite de l'archevêque et de l'évêque a duré jusques au mardy qu'ils ont monté à cheval à trois heures du matin pour aller en visite à Néronde. »

Prieur de la Chartreuse dudit Noyon, ayant esté eleu général de l'Ordre des Chartreux après la mort du R. Père Jean Pegon, mort il y a six semaines, a passé icy dans une chaise à quatre roues dans laquelle estoit avec luy le P. Dom courrier de la Grande Chartreuse, député par le Chapître de la Grande Chartreuse, avec le P. Dom scribe pour l'aller quérir à Noyon et l'amener à la Chartreuse. Ledit Dom scribe alloit à cheval avec deux valets de chambre. J'ay eu l'honneur de complimenter ledit R. P. général et luy ay fait présent de poisson, du vin et des confitures, nayant fait que disner à Saint Nicolas dans l'Isle... »

Ce sont là sans doute de simples faits divers, mais si l'on en excepte le passage des rois, reines, princes, princesses ou ministres dont le cortège attirait toujours un grand nombre de curieux, la chronique locale de Roanne devait être, en grande partie, composée de ces menus faits. Au reste, ces éphémérides se rapportent à des personnages importants à cette époque, ou à des coutumes disparues.

Mais, laissons pour l'instant, les notes du curé Pilote, pour demander à son ami intime, Pierre Gonthier (1), l'aspect que présentaient alors Roanne et ses environs. Ce « médecin ordinaire du roi », ne nous décrira pas le pays sous l'impression fugitive d'un voyage, mais en qualité d'habitant notable de la ville, d'hygiéniste et d'homme docte « en toutes sortes de sciences ». Au lieu de vanter Roanne comme « le plus beau bourg de France », il nous fait connaître les avantages et les inconvénients de la situation de la ville, son climat, son sol et les causes de son insalubrité.

« La ville de Roanne qui nous a donné le jour et qu'on croit être la *Rodumna* de Ptolémée, n'a pas un climat si insalubre qu'on ne puisse l'habiter. Elle possède des abords faciles, des promenades spacieuses s'étendant dans la plaine et tapissées d'un gazon toujours vert, des campagnes considérables à proximité, un ciel serein, des fontaines jaillissantes de loin en loin, sans parler de ce port qui est bien un des plus célèbres qu'on puisse citer et sur lequel débarquent les plus riches produits de l'une et l'autre mer. Toutefois, comme cette ville est arrosée au levant et au midi par la Loire, le plus beau fleuve de France, qu'en outre elle est bornée au midi et au couchant par une rivière qui se jette dans la Loire et qu'on appelle Renaison, que plus bas, la Loire reçoit un autre ruisseau, Oudan, dont les eaux stagnantes séjournent plutôt qu'elles ne descendent du nord, que de plus, elle est entourée au couchant par des marais et des étangs, je ne parle pas des larges fossés d'enceinte de la ville toujours rem-

---

(1) Pierre Gonthier naquit à Roanne le 16 avril 1621. Il fit ses études au collège de cette ville, puis à la faculté de médecine de Paris. De retour dans sa ville natale, il devint médecin de l'Hôtel-Dieu et fut honoré des titres de conseiller et médecin ordinaire du roi. Il mourut à Roanne le 23 octobre 1686.

plis de vase, il s'élève de ces lieux humides des émanations épaisses, noires et malsaines, qui fatiguent la tête, rendent la chaleur insupportable et sont la cause de fréquentes maladies. Ajoutons à cela que le vent du midi y souffle souvent avec force, ainsi que celui qu'on désigne sous le nom de *traverse*, qui est très froid et chargé de pluie ; que le sol est sablonneux de telle sorte qu'il absorbe facilement la chaleur et la conserve pendant longtemps, ce qui est pendant l'été, la cause de fièvres très graves. Il tonne très souvent et avec grand fracas pour l'épouvante non seulement des timides campagnards, mais des plus téméraires, par la crainte de la grêle qui ravage très souvent les vignes et occasionne de grands malheurs.,, »

L'auteur de ces lignes mourut à Roanne le 23 octobre 1686. Après avoir inscrit ses noms et qualités sur le registre des morts, son ami, curé de Roanne, fait en latin son éloge et vante la fidélité de son amitié, sa valeur professionnelle, son désintéressement et ses vertus chrétiennes.

L'âge mur voit s'évanouir les dernières illusions et fait constater l'impossible réalisation d'espérances jadis fondées ; c'est ce que le curé Pilote éprouva. Son ambition, son rêve avaient été de doter la ville de Roanne d'une église digne de son importance et de sa prospérité, et tout bien pesé il avait commencé cet édifice. Le premier juin 1680, il avait béni la première pierre de la future église et, rempli d'espoir et d'allégresse, il avait, d'une plume alerte, consigné cet événement dans les registres paroissiaux (1).

Le soin qu'il apporte à préciser les moindres détails et l'énumé-

---

(1) « Le 1ᵉʳ juin 1680, samedi, au soir, je soulsigné, prestre... docteur de la faculté de Paris, conseiller aumosnier ordinaire du Roy, archiprêtre et curé de Roanne ay fait la bénédiction de la *première pierre* et fondements de la *nouvelle église* paroissiale de Roanne, adjacenté à la grande voute de la nef qui commence au clocher, à côsté duquel il y avait autrefois un petit chœur voûté construit à mesme temps que ladite nef et d'autant qu'il n'y pouvait demeurer que dix ou douze personnes, messire Jean Rousset, curé, le fist abattre en 1610 et en fist faire un plus vaste et seulement lambrissé, lequel lambrissement beaucoup ruiné, et toute l'église estant encore trop petite, cela nous a obligé de l'abattre et d'entreprendre une nouvelle église soulz la protection de la Providence du Bon Dieu, de saint Jean et de saint Etienne. Et à la susdite bénédiction ont assisté les prestres sociétaires et habitués de ladite église paroissiale, scavoir : Etienne Bertigny, Etienne Marcellin, Jean Oudin, Jacques Philippe, Jean Cussen, Pierre Jally, Jean Lanney, Jean Chervot, Jean Deschalant, Pierre Raffin, Anthoine Germain, Claude Cordier, Guy Darmézin, Pierre Lanoy, Jean Bonnefond, Jacques Deville, Pierre Odin, Jean-Baptiste Pilote, mon neveu, sous-diacre, Benoît Basset, Claude Girard, Antoine-Louys Joard, Pierre Berthier, Estienne Darmezin. Tous sociétaires ou habitués de ladite église. »

ration complaisante des membres du cortège, prouvent qu'il espérait alors inscrire bientôt de même la consécration de son œuvre. Mais, huit ans après, ses espérances se sont évanouies et il constate avec amertume que l'état de la construction « est une cause de tristesse pour les habitants et de scandale pour les nombreux étrangers qui traversent cette ville. » La guerre, la famine et les maladies contagieuses qui survinrent ensuite, achevèrent de lui enlever tout espoir. Il fait lui-même cette constatation en 1697, dans un document que nous citons presque *in extenso* (1), parce qu'il nous fait connaître l'état exact de la ville de Roanne, de sa population et de son commerce à cette époque.

Le curé de Roanne précise d'abord la situation et les limites de sa paroisse, puis il continue : « Le sol de ladite paroisse de Roanne est entièrement labourable « mais d'un terroir très mince, sablonneux ou graveleux, qui ne se sème que de deux ans en deux ans et où l'on ne cueille que du blé seigle et en un endroit seulement, proche de la rivière de Loire, quelques froments et chanvre, mais la plupart du temps emportés ou endommagés par la rivière de Loire, ainsi qu'il est arrivé l'année présente (1697), outre les grêles fréquentes, ainsi qu'il est aussi arrivé l'année présente. » Il y a fort peu de prés ; ils appartiennent à trois ou quatre associés « qu'ils font consommer dans leurs maisons ainsi que cela se justifierait par les troupes qui ont été ici en quartier, qui étaient contraintes de le faire venir de quatre à cinq lieues à la ronde. »

En ce qui concerne le commerce de la ville et les métiers exercés par les habitants, il faut observer « qu'il n'y a point de commerce particulier que quelques voitures sur la rivière de Loire, et quelques artisans qui vivotent de leurs métiers, de tailleurs, cordonniers, boulangers et cabaretiers et quelques marchands en détail, outre les officiers du duché de l'élection et de la maréchaussée. »

« La noblesse est assez nombreuse dans la paroisse. Il y a Madame la comtesse de Laubépin, Madame du Coudray et Monsieur de Saint-Polgue son gendre ; Monsieur d'Origny et Monsieur de Chenelette son gendre, qui vont et viennent ; Monsieur de Valence de Minardière, MM. Courtin, François Courtin de Chateauneuf, Courtin, lieutenant général au bailliage et Courtin de Saint-Vincent, Madame Dumas, Monsieur de la Vaure, Monsieur Dupallais, Madame la marquise de Saint-André et Monsieur Sauvat.

« Quant à la population de la ville et de sa campagne, il est difficile de préciser ; « mais on estime qu'il peut y avoir environ cinq cents hommes mariés au plus ; il y a très peu de garçons, la plupart

---

(1) Nous avons publié ce document dans sa forme primitive dans une brochure publiée à Roanne, en 1910, sous ce titre : *Roanne au XVIIᵉ siècle.*

ayant été engagés dans les armées et milices (1), ou morts de pauvreté, ainsi que les hommes, une partie d'entre eux n'étant que des manœuvres et paysans. Il y a environ trois cents garçons ou enfants, l'indigence et la misère publique en faisant mourir tous les jours. » Pour les femmes mariées ou veuves et filles âgées, il y en a environ sept à huit cents « qui restent des misères publiques et dont la plus grande partie souffrent et gémissent sous les fréquentes impositions qu'on leur fait. » Le nombre des jeunes filles est d'environ deux ou trois cents.

« Il n'y a sur le territoire de Roanne que deux fiefs, celui de Bourgneuf appartenant à Madame de Carville, dont le mari est officier de cavalerie, et celui des Vieux-Fossés et Malignière appartenant à Monsieur Odin, bourgeois. La ville possède « un collège de Jésuites, un couvent de Capucins, un couvent de P. P. Minimes, un couvent de religieuses Ursulines, un couvent de religieuses de Sainte-Elisabeth et un hôpital. »

Les constatations et les doléances du curé Pilote prouvent que la ville de Roanne avait alors perdu sa vie et sa prospérité d'autrefois : ses plaintes sont pleines d'amertume, parce qu'il avait assisté, témoin impuissant, à cette déchéance. Celle-ci tenait à des causes générales et à des causes particulières. Parmi les premières, il faut signaler la famine, aggravée par plusieurs années de mauvaises récoltes, la guerre avec ses abus, parmi lesquels l'enrôlement qui enlevait au travail des champs les hommes les plus sains et les mieux constitués ; enfin, l'inégale répartition des impôts « qui pesaient trop lourdement sur le peuple. » A propos de cette inégalité, le curé Pilote, bien placé pour être renseigné, écrit : « Cette paroisse a perdu le quart de ses habitants, « par la mort, les guerres, la famine et par les charges publiques que le peuple n'a pu supporter... et l'on y ajoute que le nombre des habitants payant à présent tailles, est diminué de beaucoup par les nouvelles charges d'exemption que tous les meilleurs ont acheté pour être à l'abri des impositions et logement des gens de guerre, ce qui a entièrement ruiné et accablé les taillables sur qui la taille de ces exempts est tombée. »

Mettre ainsi le doigt sur la plaie est un acte de courage, surtout si l'on songe que l'auteur de ces lignes était le curé d'une paroisse où les exempts et les privilégiés étaient fort nombreux.

Quant aux causes locales, elles peuvent se ramener à deux : le « doublement des droits de navigation et l'abandon du Grand Chemin de Paris à Lyon par le Bourbonnais. La première de ces causes

---

(1) Le curé de Roanne fait ici allusion au recrutement forcé, une des plaies du temps : C'est ainsi que vers 1689 « défense fut faite à Antoine Larmola, tambour de la ville, de battre la caisse pour lever des gens de guerre sans la permission de M. le prévôt.

avait diminué, presque détruit l'activité du port de Roanne, et la seconde avait restreint, sinon tari les ressources des maîtres des logis et hôtelleries de la ville ; car au déclin du dix-septième siècle, messagers, voyageurs et marchands se rendant du nord dans le midi de la France, de Paris à Lyon ou réciproquement, préféraient suivre la route de Bourgogne par Mâcon et Dijon, plutôt que celle du Bourbonnais par Roanne, Moulins et Montargis (1).

La détresse décrite par le curé Pilote, s'atténua quelque peu au début du dix-huitième siècle ; mais la durée de la guerre de la succession d'Espagne, la rigueur de l'hiver de 1709, et la terrible épizootie de 1714, continuèrent à faire régner la pauvreté, la misère et les maladies dans la ville de Roanne et ses environs.

---

(1) 1689. Procès-verbal d'une assemblée des échevins et habitants de la ville de Roanne, tenue sous la halle, dans laquelle ils donnent procuration à l'un d'eux, pour en leur nom présenter requête au Conseil, à l'effet d'obtenir que les fermiers des carrosses et messageries de Lyon à Paris, soient tenus de rétablir la messagerie qui passait deux fois par semaine par la route du Bourbonnais et spécialement la messagerie particulière de Lyon à Roanne, dont la suppression porte un notable préjudice à leur ville.

(Archives du duché de Roannais.)

## II

*Passage à Roanne de Marie-Adélaïde de Savoie, future mère de Louis XV (1696). — Conséquences de la guerre de la succession d'Espagne. — Un ambassadeur persan traverse le pays roannais (1715). — Mesures préventives prises contre la peste qui ravage Marseille et la vallée du Rhône (1720).*

*Le commerce du chanvre en Roannais et le marché de la rue des Bourrassières. — La navigation de la Loire en amont de Roanne. — Projets formés pour rendre la Loire navigable entre la plaine du Forez et celle de Roanne. L'inondation de 1706 et ses suites, d'après les mémoires de Saint-Simon. — Les premières sapines effectuent le voyage entre Saint-Rambert et Roanne, en 1706. — Difficultés qui subsistent et rendent la navigation dangereuse et précaire.*

*Description de la ville de Roanne au XVIIIe siècle. — Quartiers de la ville basse ou de la Marine, quartiers de la ville haute, voies de communication qui unissent les deux parties de la ville. — Aspect et importance de la ville, d'après Courtépée. — Le cabinet d'histoire naturelle de M. Hector Passinges (1777).*

*L'agriculture en Roannais, à la veille de la Révolution. — Etat des industries anciennes et nouvelles. — Le commerce, qui seul reste florissant, est alimenté par les charbons du bassin de Saint-Etienne, les marchandises de provenance ou à destination de Lyon et les vins du Roannais. — Causes générales et particulières qui justifièrent la faveur avec laquelle furent accueillies en Roannais les idées révolutionnaires.*

Le 22 octobre 1696, au soir, une grande animation régnait dans les rues de Roanne. La foule se portait vers le port où la milice bourgeoise en arme maintenait l'ordre et assurait le libre accès du quai et de la rue tendant de la Croix du Port aux Jésuites. Pourquoi cet empressement et ces préparatifs ? Quelques mots suffiront pour l'expliquer.

La guerre de la Ligue d'Augsbourg, qui avait groupé une partie de l'Europe contre Louis XIV, venait de prendre fin et le traité de Turin

portait entre autres choses que la princesse Adélaïde de Savoie serait
fiancée au duc de Bourgogne, petit-fils du roi. Or, ce 22 octobre, la
jeune princesse, âgée seulement de onze ans, devait arriver à Roanne
et y séjourner le lendemain. Bien qu'ils fussent habitués à ces sortes
de spectacles, les Roannais du temps avaient éprouvé une vive curiosité, en apprenant l'âge de la princesse et la qualité des personnages
qui formaient son cortège. Le roi en personne avait présidé à la formation de la cour de la jeune Adélaïde et fixé son itinéraire de Lyon
à Paris.

Madame de Savoie, qui avait couché à Tarare le 21 octobre, arriva
à Roanne le 22, dans la soirée. Son cortège se composait de la duchesse de Lude, dame d'honneur ; de la comtesse de Mailly, dame
d'atours ; de Mesdames de Dangeau, de Nogaret, d'O et de Roucy, dames du palais ; du marquis de Dangeau, chevalier d'honneur, et de
Desgranges, maître des cérémonies. A la suite de ces nobles personnages venaient Francine, maître d'hôtel, avec plusieurs officiers de la
bouche, un aumônier, un chapelain, Bourdelot et Dionis, médecin et
chirurgien du roi, un apothicaire, des écuyers et gentilshommes servants, six pages, vingt-quatre gardes du corps, des cent suisses et
une multitude de serviteurs et varlets.

La traversée de la Loire sur les bateaux et charrières du bac fut
longue et laborieuse parce que les carrosses de la Cour étaient de
longues et lourdes voitures de voyage. Dès que grands seigneurs et
nobles dames eurent abordé la rive, la jeune princesse fut complimentée par les autorités locales. Elle écouta ces compliments avec
gravité, trouva un mot aimable pour remercier de l'accueil qui lui
était fait et sans doute aussi reçut, comme à Lyon, dragées et confitures.

La princesse et sa cour passèrent la journée du lendemain à Roanne
pour se reposer des émotions et des fatigues de l'ascension de la
montagne de Tarare et, le 24, allèrent coucher à La Pacaudière.

A l'époque ou Madame de Savoie traversait la ville de Roanne, la
France subissait une de ces graves crises morales dont souffrent
tous les pays qui viennent de supporter une guerre longue et difficile. Après les dangers et les angoisses qu'elle apporte, les consciences
faiblissent, un violent désir de jouissances surgit de toutes parts et,
par suite, la misère augmente chez le peuple. Cette situation, conséquence de la guerre de la Ligue d'Augsbourg, se renouvela après la
guerre de la succession d'Espagne, lorsque le fils du duc de Bourgogne et de Madame Adélaïde de Savoie devint roi de France, sous le
nom de Louis XV. Comme ce n'était qu'un enfant, il régna d'abord
sous la régence du duc d'Orléans et on sait que le mot de Régence
est resté depuis lors synonyme de jouissance, de plaisirs raffinés et
de libre satisfaction donnée aux sens.

Sur ces entrefaites, le passage à Roanne d'un personnage bizarre
apporta une diversion d'un jour aux préoccupations du temps.

Ce personnage s'appelait Mehemet Riza Bey et était envoyé comme

ambassadeur par le roi de Perse au roi de France Louis XV pour
conclure avec lui un traité de commerce ; il avait à sa disposition
un carrosse très long dans lequel il pouvait se coucher à son aise,
mais il voyageait ordinairement à cheval, ayant toujours devant lui
une pipe à long tuyau. Le roi de France fournissait à toutes les dépenses de la route, des brigades de maréchaussée et des détachements
de soldats l'escortaient pour lui faire honneur et veiller à sa sûreté ;
le comte de Saint-Aubin l'accompagnait partout au nom du roi.

« Parti de Lyon le 9 janvier 1715, il employa dix-huit jours pour
arriver jusqu'à Paris, en suivant le grand chemin royal ; il n'y a
pas de bizarrerie qu'il ne se soit permise tout le long de la route.
Il traversa Roanne vers le 11 et le 12 janvier. Passant à St-Martin-
d'Estreaux le 13, le Persan refusa de s'arrêter dans la maison qu'on
lui avait préparée et s'entêta à vouloir coucher dans l'église. Comme
on s'y opposa, il avisa dans le voisinage une maison d'asséz belle
apparence, il s'y installa de force après avoir fait enfoncer par ses
domestiques les portes des chambres dont les clefs étaient restées
entre les mains du propriétaire. A une lieue de Moulins, ayant vu
le cadavre d'un malheureux qu'on avait roué depuis peu, il se
détourna de son chemin pour aller le considérer de plus près ; arrivé
dans la ville il demanda aussitôt qu'on fît devant lui une semblable
exécution, et offrit même un de ses gens pour ce réjouissant spectacle (1) ».

La misère du peuple de France fut encore aggravée, peu de temps
après (2), par l'apparition de la peste. De Marseille et des bords de
la Méditerranée, où il sévissait avec intensité, le fléau ne tarda pas
à gagner la vallée de la Loire. A Roanne, on exigea un « billet de
santé » pour pénétrer dans la ville et les magistrats en interdirent
l'accès aux mendiants, vagabonds et gens sans aveu. La nuit on ferma
les portes de la ville, savoir : la porte de Paris, à l'extrémité nord de
la rue Mably, et la porte d'Or sur la place Bourgneuf, et on fit garder

---

(1) D'après une note de M. le chanoine Reure, Méhémet Riza Bey
arriva à Chevenoux près Paris le 28 janvier. Là il trouva Monsieur
de Breteuil, introducteur des ambassadeurs, chargé de le complimenter de la part du roi. Reçu avec la plus grande solennité à la cour
du roi, le Persan commit toutes sortes de bizarreries et on ne fut
pas fâché de se débarrasser de cet hôte incommode.

(2) Signalons aussi en 1720 le passage de Charlotte-Adélaïde
d'Orléans, fille du régent, mariée au duc de Modène « à la messe du
roi », le 12 février 1720. Peu pressée de rejoindre son époux elle ne
quitta le Palais Royal que deux mois après, séjourna à Roanne vers
le 12 avril, passa à l'Arbresle le 15. Les habitants de cette localité
allèrent à sa rencontre « jusqu'au four à chaux de Bully » et s'amu-
sèrent à dénombrer son cortège où l'on a compté 400 hommes et
600 chevaux.

les issues par lesquelles on pouvait accéder dans la ville. Les voyageurs, gens de passage et autres, qui survenaient alors, étaient hospitalisés dans une petite maison « proche et au nord de l'Hôtel-Dieu » ; mais les gens pressés ne se soumettaient pas volontiers à ces mesures et il survenait à chaque instant des disputes et des rixes qui exigaient l'intervention des gardes de l'Hôtel-Dieu, parfois même de la maréchaussée (1720).

Au milieu de la crise économique qui sévissait alors, deux sources seulement de l'ancienne prospérité avaient gardé un peu de vie : le commerce du chanvre, — on disait alors de la bourrasse, — et la batellerie en amont de Roanne. Le chanvre se récoltait surtout dans les terres d'alluvions de la vallée de Rhins et de ses affluents. Les agriculteurs des châtellenies de Perreux et de Lay l'apportaient aux marchés de la ville en bourrasse. C'est de là que vient le nom de rue des Bourrassières donné jadis à la partie actuelle de la rue du Lycée, où se tenaient les vendeurs de chanvre.

Quant à la navigation de la Loire en amont de Roanne, il faut remonter assez loin en arrière pour en pénétrer l'origine et l'histoire.

Au milieu du XVe siècle, cette navigation avait déjà été l'objet des préoccupations de Jacques Cœur qui fut seigneur de Roanne presque à titre éphémère. Étudiée de nouveau en 1572, par l'ingénieur Craponne, et en 1607 par les délégués des Etats de Forez, cette importante question fut de nouveau soumise au roi, en 1665, par deux frères nommés Paparel. Ils exposèrent leur projet dans un mémoire présenté au duc de Roannais ; nous en extrayons ce qui suit :

« Touchant la navigation de la rivière de Loire au-dessus de Roanne, on a examiné par la visite des lieux, qu'il serait impossible de la rendre navigable depuis Saint-Maurice jusqu'à Roanne, éloignés de deux lieues l'un de l'autre, tant à cause des piliers d'un ancien pont situé au-dessus dudit Saint-Maurice, que de plusieurs rochers, notamment celluy appellé le Perron, qui est à demy-lieue au-dessoubs de Saint-Maurice. Ainsi, il faudrait que ladite navigation aboutît près du moulin et escluse du nommé Lemonarque, vis à vis Cordelle, du côté de l'isle de Roanne, duquel endroit on pourrait facilement conduire toutes sortes de marchandises par charrois jusqu'audit lieu de Roanne, et il n'y aurait qu'un charroi pendant deux lieues, dans un très beau chemin et presque toujours en descendant...

« Toutes les autres difficultés, depuis ledit lieu de Cordelle jusqu'à Saint-Rambert, se pourraient surmonter, n'y ayant que le rocher vis-à-vis Saint-Priest-la-Roche, à une lieue dudit Cordelle, et le saut du Piney, où il y a une grosse roche au milieu de ladite rivière qui empeschent entièrement la navigation, laquelle roche on pourrait faire sauter...

« Il reste à savoir le temps qu'il faudrait pour rendre le canal navigable depuis Saint-Rambert jusqu'audit port, ce que cela pourrait couster et ce que l'on pourrait prendre pour la voiture desdites marchandises depuis ledit lieu de Saint-Rambert jusqu'audit port près de Cordelle. M. Baucombat estime que ledit canal peut estre mis en état en deux estés, en y mettant cent hommes. A l'égard de la voiture dudit Saint-Rambert jusqu'à Roanne, tant par eau que par terre, on la ferayt faire au prix de cinq livres dix sols par chaque milier de toutes sortes de marchandises, soit en descendant, soit en remontant. Il couste présentement, de Saint-Etienne à Roanne, la somme de quinze livres pour le charroi de chaque milier de marchandises... »

Le projet des frères Paparel reçut l'approbation du duc de Roannais, puis du Conseil du roi qui ordonna de faire immédiatement sur les lieux les enquêtes nécessaires, à la suite desquelles permission fut donnée de commencer les travaux.

La mort du sieur Paparel, survenue dans ces entrefaites, interrompit cette entreprise ; elle fut reprise en 1701 par André Manessier, qui fit exécuter certains travaux par la Compagnie la Gardette.

Cependant la rectification et l'amélioration du lit du fleuve étaient à peine commencées que les riverains, éprouvés par une terrible inondation, estimèrent que les travaux entrepris pour faciliter la navigation étaient cause de tout le mal. On trouve l'écho de leurs plaintes et récriminations dans les mémoires du duc de Saint-Simon. En 1707, écrit cet homme de cour, « la Loire se déborda d'une manière jusqu'alors inouie, rompit les levées, inonda et ensabla beaucoup de pays, entraîna des villages, noya beaucoup de monde et une infinité de bétail, et fit pour plus de huit millions de dommage. C'est une obligation de plus qu'on eut à M. de la Feuillade, qui, du plus au moins, s'est perpétuée depuis.

« La nature, plus sage que les hommes, ou, pour parler plus juste, son Auteur, avait posé des rochers au-dessus de Roanne, dans la Loire, qui en empêchaient la navigation jusqu'à ce lieu, qui est le principal du duché de M. de la Feuillade.

« Son père, tenté du profit de cette navigation, les avait voulu faire sauter. Orléans, Blois, Tours, en un mot tout ce qui est sur le cours de la Loire, s'y opposa. Ils représentèrent le danger des inondations ; ils furent écoutés, et quoique M. de la Feuillade alors fut un favori et fort bien avec M. Colbert, il fut réglé qu'il ne serait rien innové et qu'on ne toucherait point à ces rochers.

« Son fils, par Chamillart son beau-père, eut plus de crédit. Sans écouter personne, il y fut procédé par voie de fait. On fit sauter les rochers, et on rendit la navigation libre en faveur de M. de la Feuillade. Les inondations qu'ils arrêtaient se sont débordées depuis avec une perte immense pour le roi et pour les particuliers. La cause en a été reconnue après, mais elle s'est trouvée irréparable (1)... »

---

(1) Les archives locales ont conservé la trace de l'inondation décrite par Saint-Simon ; dans un procès-verbal dressé le 12 juin 1706 on lit : « la rivière de Loire ayant cru extraordinairement ces jours passés,

On voit par cette citation que les plaintes des populations riveraines de la Loire étaient parvenues en haut lieu. Afin de leur donner satisfaction, on résolut de refaire artificiellement ce que la nature avait fait et que la main des hommes avait si imprudemment détruit.

Un arrêt du conseil du roi daté du 23 juin 1711, ordonna en conséquence la construction de trois digues : la première, au-dessous de Pinay ; la seconde, à quatre kilomètres en aval, au château de la Roche ; la troisième, sur l'emplacement de l'ancien pont, dont les piles subsistent encore au-dessous de Saint-Maurice. De ces trois digues, les deux premières ont seules été exécutées. Les travaux en furent, à ce qu'il paraît, conduits avec une grande activité, et leur efficacité fut peut-être ce qui fit renoncer à la troisième (1).

Cependant les travaux exécutés dans le lit du fleuve en 1704 et 1705, par la Compagnie la Gardette, avaient rendu praticable sinon facile la navigation de la Loire entre Saint-Rambert et Roanne. Un mémoire, daté d'octobre 1706, constate que les premières sapines chargées de charbon de terre « appartenant à M. du Fenouil, maître des requêtes », étaient arrivées à Roanne et que le tarif des marchandises transportées entre Saint-Rambert et Roanne avait été affiché sur une table d'airain placée sur le port de Roanne. Toutefois, malgré le sang-froid et l'habileté des bateliers, la navigation dans cette partie du fleuve fut toujours inconstante et dangereuse. Le passage des rochers de Saint-Maurice et le Saut du Perron étaient particulièrement redoutés. Souvent, en effet, dans le cours du xviii<sup>e</sup> siècle (2), la grosse cloche de Saint-Maurice ou de Villerest appela les habitants de ces localités au secours des sapines et de leur équipage, restés en détresse sur les roches. Parfois, la nuit survenait en plein sauvetage et les habitants accourus assistaient à un spectacle

---

elle avait esté jusqu'à la maison où pend pour enseigne la Teste d'Or, que la force de l'eau avait esté si violente qu'elle avait emporté tout le quay de long en long vis-à-vis ladite maison, en sorte que s'il n'y est remédié immédiatement on ne pourra plus faire passer dans la rue aucun char ny charrette... »

(1) Dans un ouvrage, *Roanne et le Roannais*, Guillien a cité toutes les pièces importantes se rapportant à cette affaire.

(2) D'un livre de raison inédit, nous détachons les faits suivants : « Le trois avril 1728, un convoi de sapines descendant vers Roanne, une d'elles resta prise entre les roches de Saint-Maurice. Deux hommes qui les montaient restèrent isolés pendant 24 heures ; « ils subirent une grosse pluie et la faim » et on eut beaucoup de peine à les tirer de là. Huit jours après, une autre sapine resta prise « pas très loin de là, auprès de Chardron (sic) » ; elle était montée par sept hommes « qui y demeurèrent plusieurs heures exposés à un grand danger ». On accourut de Saint-Maurice et ce ne fut pas sans peine qu'on parvint à les délivrer ».

à la fois tragique et grandiose. Dans cette gorge profonde, dont les échos amplifiaient les sourds grondements du fleuve, les rafales du vent apportaient par instants les appels désespérés des mariniers en danger ; on accourait, on s'empressait, mais l'obscurité de la nuit rendait impossible toute tentative de sauvetage. C'est en vain qu'on allumait de grands feux sur la rive, ils ne servaient qu'à augmenter le désordre, à rendre la scène plus sinistre et à lui donner quelque chose de fantastique. A la vérité, peu de mariniers périrent, mais plusieurs d'entre eux restèrent ainsi en détresse trente ou quarante heures et bon nombre de sapines furent perdues avec leur chargement.

Après la régence, sous le règne de Louis XV, le développement de la marine, l'établissement de chantiers « de charpenterye » pour la construction des bateaux et la création de plusieurs industries, rendirent à Roanne sa prospérité passée, si bien qu'en trente-cinq ans (1720-1755), la population de la ville fut doublée. L'agglomération d'alors ayant été le noyau de la ville actuelle, nous allons en esquisser brièvement la topographie.

Comme au xvi⁰ siècle, l'agglomération se composait de deux parties distinctes : le quartier de la marine, sur la rive gauche du fleuve, et la ville haute au sommet de la berge ; ces deux parties étaient unies entre elles par une série de voies plus ou moins parallèles, mais alors agglomération et voies d'union s'étaient singulièrement accrues et peuplées.

Le quartier de la marine, jadis réduit au Port, se composait du *Port Vieil* devenu le *Crot Grangier*, du *Port* et du territoire dit des *Charpentiers*, terminé au nord par la Croix Plassot. La ville haute, formée du *Château*, du *Bourg Neuf*, du *Bourg Basset* et de *Fontenille*, s'était augmentée des quartiers du *Collège* et des *Bourrassières*. Quant aux traits d'union entre les deux agglomérations, ils étaient au nombre de quatre, savoir du sud au nord les rues Saint-Jean, Ducale, des Minimes, continuée par la rue Sainte-Elisabeth et le chemin tendant de la Croix Plassot à Fontenille.

Telle était la topographie générale de Roanne au milieu du xviii⁰ siècle.

Pénétrons maintenant dans les rues les plus fréquentées, afin d'en connaître les monuments et les principales constructions. Dans les quartiers riverains du fleuve, la plupart des constructions n'étaient que d'humbles maisons « pisé et bois » ; on y rencontrait cependant quelques habitations mieux bâties : l'auberge de la Croix-d'Argent au Crot Grangier, aujourd'hui Creux Granger ; l'hôtel de la Galère, sur le Port, et le logis de la Tête d'Or sur le quai de même nom. Le seul édifice intéressant qui ait subsisté jusqu'à nos jours est la chapelle Saint-Nicolas, située à l'endroit où la rue des Minimes débouche sur le quai du Bassin et qui était jadis le siège de la corporation des mariniers.

Si nous montons dans la ville haute et si nous pénétrons dans le moyenageux quartier du Château dont les ruelles étroites et tortueuses ont subsisté jusque sous la Restauration, nous ne rencontrerons que trois constructions dignes d'intérêt, le château ducal, siège du bailliage, dont nous admirons encore l'antique et massif donjon, l'église paroissiale dédiée à saint Etienne, dont on retrouve deux travées dans l'église actuelle, et les halles seigneuriales (1) occupées, non seulement par les marchands de blé, mais aussi par les boutiquiers de toutes sortes.

On voit encore place du Château, rues d'Harcourt et des Vieux-fossés, quelques-unes des pittoresques bâtisses appartenant jadis à l'enchevêtrement des constructions de ce quartier.

Au-delà, du côté du nord, s'étendait le Bourg-Basset formé de quelques hôtels aristocratiques et de maisons particulières ; il en reste quelques spécimens rue Mably et dans l'îlot compris entre la place du Palais de Justice et la rue de la Charité. Plus au nord se trouvait le territoire de Fontenille qui était traversé par deux routes fréquentées de Roanne à Chavagny et de Roanne à Charlieu. Le tracé de la première se retrouve dans la rue Fontenille où l'on voit encore quelques masures avec étages en encorbellement, et celui de la seconde dans la rue actuelle de Charlieu où l'on voyait d'un côté l'Hôtel-Dieu et la maison de Bicêtre, et de l'autre côté le cimetière Saint-Julien qui servit pendant huit siècles aux inhumations. La limite de ce territoire était, au nord, l'ancien chemin de Saint-Haon « à l'Olme de la Coste », alors appelé chemin des Rogations, plus tard chemin Bourru, aujourd'hui rues de Saint-Roch et de Mâtel.

Au midi du château s'étendait le Bourg-Neuf, dont les maisons étaient bâties sur une rue en arc de cercle formé aujourd'hui par les rues Bourgneuf et de Cadore.

En continuant vers le sud on pénétrait dans deux quartiers nouveaux, ceux du Collège et des Bourrassières. Le premier s'était constitué au midi et levant du collège fondé en 1610 par le Père Cotton, jésuite, et en tirait son nom. La partie la plus ancienne est la chapelle construite de 1617 à 1623, les autres bâtiments qui entourent la cour située rue du Lycée, ont été édifiés de 1679 à 1686. Les constructions situées au-delà du Collège, formaient la rue des Bourrassières au couchant de laquelle s'étendait un pré qui servait aux réjouissances publiques. La seule maison importante édifiée au-delà était l'hôtel Goyet de Livron — aujourd'hui la Sous-Préfecture — alors isolé en pleine campagne.

Après avoir pris connaissance des parties hautes et basses de la ville, visitons les rues qui les mettaient en communication.

A l'extrémité de la ville, du côté du midi, le Crot Grangier était

---

(1) Ces halles furent détruites en 1819 et remplacées par la Grenette, actuellement la Bourse du Travail.

mis en relation avec les Planches et Beaulieu par la rue Saint-Jean (1).
C'est au bas de cette rue que le sieur Nicolas venait d'établir sa
fabrique de faïence qui devait semer en Roannais tant de pièces
curieuses et estimées. Grâce au docteur Noëlas, notre musée
conserve un grand nombre de faïences de cette fabrique. Presque
parallèlement à cette voie, on ouvrait à cette époque (1750-1774) (2)
la rue Ducale — actuellement Jean-Jaurès — qui conduisait en
droite ligne du pont aux Bourrassières. Elle était divisée en deux
parties par le couvent des Capucins et présentait cette particularité
que la partie basse était formée par une chaussée en surélévation,
alors que la partie haute était creusée comme une tranchée profonde.

Mais la voie la plus fréquentée entre le bas et le haut de la ville
était sans contredit le chemin du Port aux Jésuites, constitué par
les rues actuelles des Minimes et du Commerce. On rencontrait sur
ce chemin le couvent des Minimes qui occupait l'emplacement de
la place de Notre-Dame des Victoires, et dans la partie haute le
couvent des religieuses de Sainte-Elisabeth, qui s'élevait sur le terrain
compris entre les rues Alphonse-Coste et Gutenberg. Le couvent
des Minimes a laissé son nom à une rue et on sait que la rue du
Commerce a gardé pendant plus de deux siècles le nom de rue
Sainte-Elisabeth.

Au nord, sur les confins de l'agglomération, le chemin de la Fon-
tantin (3) reliait le quartier des Charpentiers à celui de Fontenille.
Ce chemin qui, après avoir été déplacé deux fois, est devenu la rue
Fontquentin, était appelé chemin tendant de Fontenille à la Croix

---

(1) Aujourd'hui les rues Centrale et Benoît Malon.

(2) De 1749 à 1775, plusieurs personnages illustres traversèrent
notre ville, notamment Madame de France, femme de don Philippe,
infant d'Espagne, qui traversa Roanne le 12 octobre 1749, et fut accompagnée par la maréchaussée de Roanne jusqu'à Tarare ; la duchesse de Parme, en 1752 et en 1759 ; Fortunée-Marie d'Este, fille du
duc de Modène. Douze ans plus tard, en 1771, le passage de Marie-
Josèphe de Savoie, promise au comte de Provence, depuis roi, sous
le nom de Louis XVIII, donna lieu à de grandes réjouissances publiques. Cette princesse quitta Lyon le 6 mai et arriva à Roanne à 7 heures du soir. Un détachement de grenadiers et de dragons de la légion
de Flandre la conduisit à l'hôtel de Livron qui lui avait été préparé
et où elle trouva le sieur et la dame de Flesselles qui l'y avaient pré-
cédée. On donna un concert en son honneur, puis on tira un feu d'ar-
tifice, enfin on joua la comédie dans une salle construite exprès.
Les décors de ce théâtre, peints par Dubois, servirent dans la suite
à la salle de spectacle créée rue Ducale, par le sieur Gambon.

(3) La source qui donnait son nom à cette partie du territoire
roannais est appelée *font Angelin* au XVII<sup>e</sup> siècle et *fons Gelini* dans
un terrier du XV<sup>e</sup> siècle.

Plassot, ou même chemin de la Croix Plassot, où un plan de Roanne en 1777 indique une nouvelle verrerie.

La ville de Roanne connue par cette description, passons la plume à un écrivain contemporain, l'abbé de Courtépée (1), fort expert en matière d'histoire ; il passa à Roanne en septembre 1777 et, non content de nous faire connaître ses impressions, il nous conduit auprès du Roannais le plus érudit du temps !

Notre voyageur était le 12 à Tarare, et le lendemain 13 à Saint-Symphorien de Lay et l'Hôpital où, dit-il : « les montagnes du Beaujolais et du Forez semblent s'abaisser et se perdre pour laisser découvrir une belle plaine de quatre lieues où est située Roanne ». Puis il continue :

« Cette ville, sur la Loire, est fort ancienne, puisque l'itinéraire d'Antonin en parle sous le nom de Rhodunna. On y traverse la Loire sur deux ponts de bois, dont celui qui entre dans la ville a cent dix pas de long. On m'assure que depuis la construction de ces ponts, en 1749, la ville a augmenté de moitié, et qu'elle renferme à présent dix mille âmes. Tous les dictionnaires géographiques nous disent que la Loire commence à y être navigable, tandis que je vis à ce port dix à douze bateaux qui descendent de Saint-Rambert en Forez, à dix lieues de Roanne. Il est vrai qu'il y a une cascade à Villerest qui est dangereuse. La Loire était fort basse, et les mariniers, avec plus de quatre-vingts bateaux chargés, attendaient l'eau pour descendre.

« Cette ville a des minimes, capucins, ursulines, des dames de Ste-Elisabeth (2) et des Joséphites qui tiennent le collège fondé par

---

(1) « Courtépée, écrit Monsieur de Charmasse, n'était pas un de ces historiens de cabinet, qui se cloîtrent dans les bibliothèques et les archives et qui ne demandent qu'aux livres et aux manuscrits la connaissance du passé. C'était surtout un historien voyageur qui chaque année, à la fin d'août, au moment où les vacances lui ouvraient les portes de son collège de Godrons, à Dijon, quittait ses écoliers et se mettait en route... Mais plutôt que d'aspirer à la Suisse et au Tyrol, il bornait son humeur voyageuse aux coteaux bourguignons, à la vallée de la Saône, aux collines du Charolais, etc. Son but était de recueillir sur place tous les éléments d'une description complète du duché de Bourgogne, sans en omettre aucun. Aussi allait-il pendant deux mois chaque année, de village en village, décrivant les lieux, consultant les documents, interrogeant les gens instruits sans être jamais rebuté par le mauvais état des chemins, l'inégalité de la température et la pauvreté des gîtes... » Nous reproduisons ici le passage de Courtépée qui intéresse la ville de Roanne. *(Relation du voyage de Courtépée en Brionnais et en Roannais pendant l'année 1777, publiée dans les Mémoires de la Société Eduenne.)*

(2) Les historiographes roannais se sont souvent demandé quelle pouvait bien être l'importance des couvents de notre ville. Voici, d'après un titre officiel, quel était en 1763 le personnel de ces établis-

Jacques Coton en 1605, tenu jadis par les Jésuites. Ce Jacques Coton était neveu du fameux Père Coton, né à Roanne, d'abord otage et caution en cour pour les Jésuites, après leur rappel, et qui sut si bien s'insinuer, qu'il devint confesseur d'Henri IV. Aussi, dit-on alors, nous avons un bon roi, mais il a du coton dans les oreilles. Comme on ne l'aimait pas, non plus que Conchini, maréchal d'Ancre, on publiait qu'il fallait se défaire de l'ancre et du coton. Au dehors est une manufacture fameuse de boutons, établie par M. Alcock, Anglais.

« Je fus voir le cabinet d'histoire naturelle de M. Passinges (1), marchand droguiste ; c'est le plus complet, le plus curieux et le mieux logé que j'aie vu dans ces provinces. Il est riche surtout en minéraux, en fossiles, en marbre ; il a deux gros morceaux de charbon de terre, tirés de Saint-Etienne-en-Forez, qui sont veinés de bleu, de rouge et de vert. Les coquillages lui manquent. Il y a joint une bonne bibliothèque sur l'histoire naturelle surtout. Il me parla de M. de Morveau qu'il estime beaucoup. Cet amateur est un honnête homme, fort estimé dans le canton, et qui a bien des connaissances.

« Il parcourait alors le premier volume des *Suppléments de l'Encyclopédie*, et me dit avoir lu avec grand plaisir les articles : *Pagus Augustodunensis, Pagus Alsensis* et *Alise*, dont l'article était plein d'une érudition recherchée, mais qu'il n'en conaissait pas l'auteur, désigné seulement par un C. Je lui demandai s'il serait curieux de savoir son nom. — Oui, sans doute, j'estime ceux qui m'instruisent. — Eh bien ! lui dis-je, ouvrez la préface du premier volume, vous le verrez, et l'auteur est dans votre cabinet. Il me sauta au cou dans le moment, et m'embrassa tendrement.

« Je le priai à mon tour de me dire s'il connaissait la voie romaine qui de Clermont passait à Vichy et à Roanne, et s'il n'y avait point en cette ville des restes d'antiquités. — Je ne connais

---

sements : Capucins, 11 prêtres, 4 frères, 2 clercs ; Minimes, 7 prêtres, 1 frère ; Sainte-Elisabeth, 17 dames de chœur, 4 sœurs, plusieurs pensionnaires ; Ursulines, 33 religieuses, 6 sœurs ; Hôpital, 40 religieuses.

(1) Hector Passinges, né à Roanne le 20 juillet 1738, mort dans cette ville le 17 frimaire, an VII. Il exerça dans sa ville natale le métier d'apothicaire-droguiste et fit plusieurs fois partie du corps administratif de la ville. Savant réputé, il composa plusieurs mémoires sur la botanique, la minéralogie et la géologie. Après avoir exploité la verrerie de Saint-Nicolas-des-Biefs qu'il fit largement profiter de son savoir et de son expérience, il devint professeur d'histoire naturelle à l'Ecole Centrale. On lui doit la création du Jardin Botanique établi à Roanne dans les dépendances de l'Ecole Centrale, aujourd'hui le Lycée.

que les ruines d'un temple, à l'extrémité du faux-bourg, où je vous conduirai. Les murs abattus n'ont plus que 12 pieds de hauteur et 7 à 8 d'épaisseur. Sur le revêtissement et la bâtisse, j'y reconnus celle du temple de Janus à Autun. — Mon conducteur me dit avoir trouvé plusieurs médailles dans le champ voisin.

« Cette ville bien percée est fort vivante ; les grandes routes d'Auvergne, de la Bourgogne, du Bourbonnais et du Lyonnais, y aboutissent en rendant le pays commerçant. Le pont sur la Loire lui est très utile ; on la passait autrefois dans un bac.

« J'en sortis à quatre heures et par un chemin aussi plein et plus beau que celui de Dijon à Gevrey, je me rendis à Saint-Germain-Lespinasse. »

Les renseignements que nous donne Courtépée présentent un réel intérêt (1) ; on comprend, en les lisant, qu'ils viennent d'un voyageur habitué à étudier et à observer. Cependant on peut regretter qu'il ne nous donne aucun détail sur l'état économique de Roanne et de ses environs, alors qu'il lui eût été facile de se renseigner auprès d'Hector Passinges, syndic de la communauté des habitants. Celui-ci pour le fixer, n'aurait eu qu'à ouvrir le mémoire qu'il adressait au roi en 1773, pour démontrer l'utilité de créer à Roanne une maison de charité, « à l'instar de celle de Montbrison et de Villefranche ». Dans cette pièce, il exposait que la ville de Roanne était envahie « par onze ou douze cent pauvres qui chaque jour assiègent

---

(1) D'après Courtépée, Roanne, en 1777, aurait eu dix mille habitants, chiffre certainement exagéré au dire des contemporains. « Nous lisons dans les *Recherches sur la population de France*, par M. Messance, receveur particulier des finances à Saint-Etienne-en-Forez : « Roanne, ville située sur la Loire, est un grand entrepôt de marchandises qui y arrivent pour y être embarquées sur ce fleuve. Ses habitants participent au commerce comme commissionnaires, comme marchands de vin et comme marchands de charbons de pierre, venant des mines situées aux environs de Saint-Etienne. Les bateaux qui se construisent au port de Saint-Just-sur-Loire, à dix lieues au-dessus de Roanne, descendent tout chargés plus ou moins de charbon ; arrivés à Roanne, ils sont retouchés et mis en état de prendre de plus grands chargements. Ce sont ces bateaux qui, descendant la Loire, entretiennent la navigation.

« L'air et les eaux de Roanne sont aussi favorables à ses habitants que l'air et les eaux de Montbrison sont nuisibles. Aussi la population va toujours en croissant. On peut en juger par les chiffres suivants : de 1689 à 1698, la moyenne annuelle des naissances fut de 203 ; de 1749 à 1758 elle fut de 263 ; enfin de 1776 à 1785 elle fut de 283. »

D'après Guillien, qui s'appuie sur Messance, la population de Roanne aurait été vers 1777, de 5900 habitants environ. Ce chiffre est plus exact que celui de Courtépée, puisque le recensement de 1789 donne à Roanne 7641 habitants.

les portes des particuliers ». Cette constatation en dit long sur l'état économique du pays, auquel il faut consacrer quelques lignes, parce qu'il ne contribua pas moins à la chute de l'ancien régime que les embarras financiers et la vénalité des charges.

Malgré les assertions de quelques voyageurs qui traversèrent le pays à l'époque des moissons ou dans des circonstances climatériques favorables, l'agriculture était languissante en Roannais, parce que le tenancier des champs ne se préoccupait pas d'améliorer le sol par des engrais appropriés et qu'en raison des impôts, il avait intérêt à ne retirer de sa terre que ce qui était nécessaire pour le faire subsister lui et sa famille. Dans le but d'éclairer et de stimuler le cultivateur, Louis XV avait bien fondé à Lyon (1) une Société Royale d'agriculture, ayant un bureau à Roanne, mais cet organisme n'avait donné quelques résultats pratiques qu'à Villefranche, grâce à l'avocat Brisson, auteur des *Mémoires Historiques et Economiques sur le Beaujolais* (1770). Il est à peine besoin d'ajouter que les lourds impôts qui pesaient sur l'homme des champs et le défaut des voies de communications, achevaient de paralyser les bonnes volontés.

L'industrie n'était pas plus florissante que l'agriculture, la fabrication des toiles de toutes sortes était étroitement réglementée, les mesures des pièces arbitrairement fixées et la vente sévèrement surveillée, sans compter l'obligation de la marque des pièces assujetties au contrôle de l'Etat et la nécessité de les vendre en un lieu déterminé. Les industries nouvelles n'étaient pas mieux traitées. La « quincaillerie » établie à Roanne par le sieur Alcock père, qui avait obtenu en 1767 l'autorisation du roi de créer pour ses fils une fabrique de « quincaillerie, taillanderie et bijouterie, façon d'Angleterre », végétait lamentablement, faute des fonds nécessaires à son installation. Un sort plus lamentable encore était survenu à la verrerie établie par des gentilshommes sur le Coteau Beaujolais et dont nous racontons ailleurs l'histoire. Leur successeur, de Finance cadet, qui créa une installation nouvelle en 1779, ne fut guère plus heureux. Une réglementation trop étroite, un contrôle trop sévère et des exigences trop lourdes empêchaient les initiatives industrielles.

Le commerce seul avait gardé quelque vitalité et Roanne était resté un entrepôt important de marchandises. Son port recevait d'abord les bateaux chargés de charbon, provenant de la région de St-Etienne. Construits et chargés à Saint-Rambert, ces bateaux descendaient la Loire jusqu'à Roanne où ils recevaient un supplément de charge, en charbon ou en marchandises. Malgré l'inconstance du fleuve et les aléas du voyage, le transport par eau était moins coûteux que s'il avait été effectué par des voitures ou des mulets. De 1785 à 1790, le nombre des bateaux descendus de Saint-Rambert à Roanne fut de 6275.

_______________

(1) Cette société fut fondée en 1761.

La navigation en aval de Roanne était plus importante encore, car elle s'augmentait des marchandises provenant de Lyon et du Midi et des productions du territoire roannais. Le vin était au premier rang de celles-ci. Au temps des vendanges, les « parisiens » accouraient à la Côte ou dans les localités où se récoltait le petit Beaujolais et achetaient la récolte à des prix rémunérateurs pour les vignerons. Après le soutirage, les pièces de vin de deux âsnées étaient placées sur de petites charrettes à deux roues et conduites au port de Roanne (1) pour être embarquées sur la Loire. Mais après le doublement des droits de navigation, ce transport était extrêmement coûteux en raison des nombreux péages échelonnés le long du fleuve. Une pièce de vin de deux âsnées, à destination de Paris, devait en effet payer, outre son transport à Roanne : droits de port et de péage à Roanne, droits à Digoin, péage à Decize, anciens et nouveaux octrois à Nevers, péage à la Charité, péage à Cosne, jauge et courtage à Montargis, péage à Nemours, péage à Saint-Mamès, double péage à Melun, droits de douane à Paris, entrées à Paris, droits de voitures et de canal. Il faut ajouter à ces frais le prix du bateau, ordinairement envoyé au dépeçage, la rétribution des mariniers et le déchargement à Paris. Dans de telles conditions, une pièce revenait à Paris à environ 80 livres, alors que sans les droits et les douanes, elle aurait pu être livrée à Paris pour 25 ou 27 livres, compris le droit du canal de Briare. En

---

(1) Dans les années de récolte moyenne, dix mille charrettes environ transportaient au port de Roanne les vins de la Côte et ceux des coteaux de Saint-Vincent et de Perreux. Un voyageur, M. C... du T... qui passa à Roanne en 1788, décrit ainsi le port de Roanne et la traversée des montagnes de Tarare :

« 8 mars. — Je traversai Roanne qui me parut une ville considérable ; elle fait un grand commerce d'entrepôts et de commission ; de petites charrettes traînées par des bœufs, viennent journellement apporter des vins que l'on dépose sur son port, pour être de là chargés sur des bateaux que la Loire transporte à Paris ou ailleurs.

« De montagnes en montagnes, en montant, descendant, remontant, je parvins à la fameuse montagne au bas de laquelle est le bourg de Tarare qui lui donne son nom, lequel est un fort vilain endroit ; quand on est sur son sommet on jouit d'un aspect très varié et très intéressant ; autour de soi sont répandues çà et là d'autres éminences plus ou moins grandes. La plupart formant un cône arrondi par l'action du vent et de la pluie ; les uns arides, d'autres cultivés : ici de petits chênes nés au milieu des neiges, des glaçons les habillent en partie ; là des sapins et des bruyères, et partout leurs anfractuosités présentent (surtout en été) des aperçus délicieux, des points de vue pittoresques enrichis de côté et d'autre par des chalets semés sans ordre, tantôt sur un sommet, tantôt à mi-côte et tantôt dans un vallon, lequel est animé lui-même par des ruisseaux serpentant dans la prairie ».

dehors des bonnes années où la quantité compensait les frais, ces droits étaient pour ainsi dire prohibitifs (1).

Ce court aperçu sur l'état économique du pays roannais, suffit pour expliquer pourquoi ses habitants faisaient écho aux plaintes et doléances qui s'élevaient de toutes parts contre les abus et la mauvaise administration de l'ancien régime. De plus, une sourde irritation régnait dans les esprits, contre la noblesse de Cour, dont le luxe, les dépenses fastueuses et la vie faisaient contraste avec la misère du peuple. Cette irritation se manifesta surtout contre le duc d'Harcourt, dernier seigneur de Roanne à partir de 1774, lorsque son intendant et les officiers de justice du duché, s'avisèrent de réclamer le droit de milod, tombé en désuétude depuis près d'un siècle. Ce droit, sorte de droit de mutation imposé sur les héritages, fut même réclamé rétroactivement, de manière que tous les biens ayant changé de maîtres depuis trente ans furent soumis à une forte redevance. Les tenanciers refusèrent unanimement de payer ; il en résulta plus de trois cents procès, principalement dans le ressort de la châtellenie de Saint-Maurice. « De là, dit M. Coste, une haine profonde et universelle contre les restes de la féodalité, qui fut sans doute une des causes principales de l'enthousiasme général, que la Révolution, dès ses débuts, excita dans nos pays. »

---

(1) Voyez notre travail : *La culture de la vigne et le commerce des vins en Roannais.*

## III

*En 1790 Roanne devient chef-lieu de district et chef-lieu de deux cantons. — Communes qui composaient le canton dit de la campagne de Roanne. — Installation de la municipalité dans le couvent de Sainte-Elisabeth, puis aux Capucins. — Installation du tribunal dans l'auditoire de justice ayant appartenu à l'émigré d'Harcourt. — Organisation de l'instruction primaire : Les premières écoles sont établies dans les bâtiments des Minimes (1795). — Description de Roanne en 1795, d'après le citoyen J. Lavallée. —Etat économique de la ville de Roanne en 1795. — L'approvisionnement rendu difficile par les difficultés que présente en tout temps le passage de la Loire. — Mémoire adressé par la municipalité au Directoire du district et aux autorités compétentes. — Construction du pont provisoire. — Influence des guerres de l'Empire et du blocus continental sur la « marine » roannaise. — Commissionnaires par eau et entrepreneurs de transports de la ville de Roanne. — Marchandises transportées tant par le fleuve que par le « grand chemin ». — Brève monographie de Roanne, d'après l'« Essai statistique sur le département de la Loire », par J. Duplessy (1818).*

La suppression des anciennes provinces, et en janvier 1790, la division de la France en départements, firent de Roanne un chef-lieu de canton et un chef-lieu de district. Toutefois ce dernier titre ne lui fut pas attribué sans compétitions : Charlieu, Saint-Haon-le-Châtel, voire même Saint-Symphorien-de-Lay revendiquèrent simultanément cet honneur. Charlieu alléguait sa bourgeoisie de gens de robe et ses édifices, Saint-Haon-le-Châtel son ancienneté et son rôle historique, et Saint-Symphorien-de-Lay sa situation « la plus centrale du district », au dire d'un mémoire de sa municipalité.

Quant au canton de Roanne, il fut formé seulement de l'agglomération urbaine. Mais, en outre, Roanne fut le siège d'un autre canton dit « des environs de Roanne ». Il n'est pas sans intérêt de mettre sous les yeux des lecteurs le tableau de ces cantons avec, en regard de chaque commune, le chiffre de la population et des impositions.

*Canton de Roanne.*

La ville de Roanne, 7.641 habitants, 32.591 livres, 18 sols.

*Canton des Environs de Roanne.*

| | | | |
|---|---|---|---|
| Saint-Cyr-de-Favières. .. .. .. .. .. | 500 hab. | 3.481 l. | 15 s. |
| Parigny .. .. .. .. .. .. .. .. .. | 300 — | 6.491 | 11 |
| Cordelle.. .. .. .. .. .. .. .. .. .. | 975 — | 4.395 | 11 |
| Commelles .. .. .. .. .. .. .. .. | 300 — | 2.400 | |
| Vernay .. .. .. .. .. .. .. .. .. .. | 150 — | 4.051 | 6 |
| Saint-Léger.. .. .. .. .. .. .. .. | 150 — | 1.163 | 2 |
| Villerest.. .. .. .. .. .. .. .. .. | 550 — | 5.193 | |
| Riorges et Beaulieu .. .. .. .. .. | 750 — | 3.006 | 12 |
| Mably. .. .. .. .. .. ·.. .. .. .. | 700 — | 4.766 | 16 |
| Aiguilly .. .. .. .. .. .. .. .. .. | 200 — | 1.848 | |
| Briennon.. .. .. .. .. .. .. .. .. | 750 — | 4.412 | 3 |

*Nota :* En raison de sa position et de son éloignement de Roanne, Briennon optera entre cette ville et Charlieu.

On voit que cette organisation est fort différente de celle qui existe aujourd'hui ; nous dirons plus loin à quelle époque et dans quelles conditions elle fut modifiée.

Cependant la loi qui attribuait à Roanne le titre de chef-lieu de district laissait à l'administration locale le soin de rechercher et d'aménager les bâtiments nécessaires à cette création. Les officiers municipaux éprouvèrent d'abord quelque embarras, ayant à choisir entre les biens de l'émigré d'Harcourt (1), ci-devant seigneur de Roanne, et les maisons religieuses ayant appartenu aux Capucins, aux Minimes, aux Ursulines et aux religieuses de Sainte-Elisabeth dont les couvents avaient été déclarés biens nationaux.

Après quelques hésitations, la municipalité s'installa d'abord dans la maison des sœurs de Sainte-Elisabeth, qui n'était plus habitée que par trois religieuses fort âgées ; puis, plus tard, vers la fin de 1790, elle se transporta au couvent des Capucins, plus vaste et plus commode. Les biens de l'émigré d'Harcourt fournirent seulement le tribunal et les prisons, depuis longtemps installés dans le donjon du château.

Le 4 germinal an 2 (1793), il est donné avis aux habitants de

---

(1) D'après une liste officielle, les biens de l'émigré d'Harcourt comprenaient à Roanne : « le moulin Gilbert avec une terre de vingt mesures, les moulins Populle, des Planches, Paillasson, les domaines Bravard et Boirat, une métairie et fonds au rivage, partie du domaine Chenard, le pré Farjot aux Vies-Vieilles, la maison et la tour du château, les halles et boutiques attenantes avec plusieurs petites maisons voisines. »

Roanne qu'un décret bienfaisant invitait les parents à envoyer leurs enfants dans les écoles primaires « pour y sucer les principes sacrés de la liberté et de l'égalité. Les instituteurs seront salariés par la république, à raison du nombre des élèves qui fréquenteront leurs écoles, savoir : l'instituteur 20 livres et l'institutrice 15 livres par chaque enfant, annuellement. »

Quelque temps après, en juin 1795, la municipalité, mise en demeure de désigner un local pour l'établissement des écoles primaires, fit procéder à une enquête sur les biens religieux encore à la disposition de la nation. Après avoir observé que le collège des ci-devant Joséphistes est occupé par l'école centrale, le couvent des Capucins par l'administration du district et la mairie, et la maison de Sainte-Elisabeth par des prisonniers de guerre, la municipalité déclare que le couvent des ci-devant Minimes seul lui paraît convenir aux écoles primaires parce qu'il est « plus central, doté d'un jardin spacieux et qu'il exige peu de réparations ». En vertu de cette décision les écoles primaires de Roanne furent installées dans l'ancien couvent des Minimes. Les élèves qui fréquentaient ces écoles payaient « savoir, ceux qui apprenaient seulement à lire 30 sols, et ceux qui apprenaient en même temps à lire, à écrire et à compter 50 sols, prix *maximum*, défense étant faite aux instituteurs d'exiger la rétribution des élèves qui en auraient été affranchis par les administrateurs municipaux pour cause d'indigence ».

Le Directoire essayait vainement d'organiser la nouvelle France (1)

---

(1) Il n'est pas sans intérêt de recueillir au passage les impressions des voyageurs qui traversèrent Roanne avant Lavallée.

Le voyageur anglais Young qui, en décembre 1789, revenant de Lyon, traversa notre pays, observe que les maisons deviennent plus belles et plus nombreuses à mesure qu'on approche de la Loire, et qu'ont voit à Roanne beaucoup d'énormes bateaux plats. En 1790, le voyageur Marlin décrit les environs de Roanne, comme pauvres, arides, désolés, sans le moindre agrément. Les Guides, écrit-il, disent que la ville est jolie ; c'est un mensonge, elle est laide, toutes les rues sont sales, et « les maisons les plus apparentes sont bâties en pizé ». Au mois d'avril 1793, la Convention ordonna de transférer à Marseille le « ci-devant duc d'Orléans », dit Philippe-Egalité, la duchesse de Bourbon et deux autres princes du sang royal. Deux commissaires de la Convention veillent sur les prisonniers, dont la voiture est escortée par les gendarmes. Dans leur rapport, les commissaires constatent qu'à Roanne « la municipalité leur a prodigué les témoignages de son zèle et de sa fraternité ». Aucun détail sur la ville, mais un accident au bac de la Loire retarde la marche de deux heures. (15 avril 1793.)

A signaler aussi, en 1792, le passage du conventionnel Chalier, dont nous parlons ailleurs, et le 23 décembre 1797, celui de la citoyenne Bonaparte qui, retour d'Italie, est complimentée à Roanne par les autorités.

et déjà Napoléon perçait sous Bonaparte, lorsque le citoyen Lavallée visita la ville de Roanne(1). Sa description mérite d'être citée, parce que, malgré les réflexions jacobines dont elle est émaillée, elle nous donne d'intéressants détails sur notre ville à cette époque :

« Roanne est une des plus jolies communes de la République, gaie, commerçante, bien bâtie, bien percée, digne en tout du titre de ville qu'on lui refusait sous l'ancien régime, par une conséquence inconcevable. A elle seule, elle rendait plus à l'Etat, que toutes les autres villes du Forez, si l'on en excepte St-Etienne ; mais de petits souverains ne lui avaient pas fait l'honneur de l'affliger pendant sept ou huit cents ans de leur présence, de leur château, et de leurs vexations ; par conséquent elle n'était pas assez de qualité pour mériter le nom de ville et pour un séjour roturier, c'était bien assez que celui de bourg. Au reste, cette roturière est pleine de grâces et d'agréments : la Loire, dont elle est arrosée, est déjà navigable sous ses murs, et les bateaux de Nantes et des autres cités qu'elle baigne, trouvent assez d'eau pour y remonter soit à rame, soit à la voile ; c'est là d'ailleurs qu'aboutissent les différentes routes de l'ouest de la France, soit pour Lyon, soit pour les contrées du Midi.

« Le quai de la Loire est fort beau. Il accompagne avec infiniment de goût le pont qui traverse la Loire ; il est coupé par une isle à peu près comme le Pont-Neuf de Paris.

« La salle de spectacle est moderne et d'un assez bon goût. Les mains de la raison et de la liberté ont effacé l'inscription que l'on voyait sur son frontispice, il y a peu de temps. C'était un vers de Virgile que l'on avait parodié en l'honneur d'une princesse de Savoie qui y fit quelque séjour en 1771.

« Roanne possède plusieurs manufactures dont le retour à la paix et la renaissance du commerce à Lyon, accroitront sans doute encore l'activité. Celle de boutons que l'on voit à l'une des extrémités de la ville est magnifique par l'étendue de ses bâtiments.

« Roanne était le chef-lieu d'une terre qui a appartenu au célèbre Jacques Cœur. Toutes les propriétés que ce grand homme a possédées ont retenu de lui un caractère d'industrie et des marques

---

(1) Le citoyen Lavallée était avant la Révolution marquis de Bois-Robert. Né à Dieppe, le 24 août 1747, le marquis de Bois-Robert obtint du roi le titre de capitaine au régiment de Champagne. Sur les sollicitations de sa famille, il fut enfermé à la Bastille à cause de ses dépenses et de ses frasques. Rendu à la liberté par la Révolution, il changea son nom de Bois-Robert en celui plus plébéien de Lavallée. Ce fut alors qu'il entreprit à travers la France une série de voyages destinés, écrivait-il, à lui donner une idée exacte de l'état des pays et des habitants de la France nouvelle. Son ouvrage fut édité sous ce titre : « Voyage dans les départements de la France par une société d'artistes et de gens de lettres, Paris 1792-1800 ».
J. Lavallée mourut à Londres en 1816.

de prospérité. La présence d'un homme de bien ne s'efface pas aisément des lieux qu'il habita. » (1)

Ces lignes nous décrivent l'aspect de Roanne, mais elles ne nous donnent aucun renseignement sur l'état économique du pays, alors que cette question était pourtant d'importance. Dès la fin de l'année 1794, la municipalité roannaise attirait l'attention des pouvoirs publics sur les difficultés que présentait en tout temps le passage du fleuve, depuis la destruction du pont emporté par la crue de novembre 1790. « Cette disparition, dit un mémoire, empêche les habitants des communes de la rive droite d'apporter leurs denrées à Roanne alors que les approvisionnements fournis par les communes situées sur la rive gauche et voisines de Roanne sont réservés pour les armées de la République ».

Comme conséquences les subsistances de première nécessité atteignaient à Roanne un prix exorbitant.

Deux mois après, en janvier 1795, la municipalité confia à l'un de ses membres la rédaction d'un mémoire destiné à rappeler aux pouvoirs publics la situation pénible de la ville et de ses habitants et la nécessité de construire à bref délai un pont provisoire en attendant la mise en service du pont de pierre en construction « lequel n'a de fait que les deux tiers du radier et quatre piles qui ne sont qu'à la hauteur ordinaire des eaux. »

Du mémoire municipal extrayons ce qui suit : « Après la grande inondation de 1790 (2) qui a entraîné le vieux pont de bois, on a eu re-

---

(1) Empruntons encore au citoyen Lavallée les lignes suivantes dans lesquelles le ci-devant marquis de Bois-Robert esquisse le caractère des habitants de notre région. Ces lignes sont extraites de sa géographie du département de la Loire. « Les habitants des villes de ce département sont en général aimables, gais, spirituels ; ils ont de l'adresse, peut-être même un peu d'astuce dans les affaires d'intérêt, mais ils sont généreux en procédés si l'on a l'air de s'abandonner totalement à leur bonne foi. Il semble que la défiance ne les irrite pas mais qu'elle soit un aliment à leur finesse. Ils ont au reste la réputation d'être d'excellents amis et quand on possède cette vertu, peu de vertus sont difficiles. Le peuple des campagnes a plus de bonhommie, plus de simplicité... il conçoit difficilement comment on peut tromper. »

(2) On lit dans les registres paroissiaux de Sainte-Colombe :
« La présente année 1790 a été singulièrement désastreuse par l'inondation de la Loire, ce fleuve s'éleva la nuit du onze au douze novembre, à 25 pieds au-dessus de sa surface ordinaire, il n'est pas possible de calculer le nombre de maison renversée, depuis Saint-Rambert jusqua Nante, des personnes noyées, des bettes de toute espesse péries, des terres entraînées ou sablées, des récoltes détruites ; les paroisses qui a notre connaissance comme étant plus raproché de nous on le plus soufert sont après Saint-Rambert, Saint-Just-sur-

cours pour le passage de la Loire à des bacs à trailles, moyen qui entraîne de grands frais, un entretien continuel, des retards pour les voyageurs, des inconvénients, des dangers, des malheurs et des droits de péage à charge au public. Chaque saison amène ses inconvénients: l'hiver, ses glaces ; l'été, des eaux basses qui ne permettent pas de charger sur la Loire les grosses voitures ; le printemps et l'automne, des crues dangereuses par la rapidité du courant qui aggrave encore les embarras par le déplacement du lit du fleuve et des bancs de gravier dont le dépôt est toujours incertain parce qu'il varie à chaque débordement. Cet hiver (janvier 1795) les glaces se sont emparées de la rivière, à l'exception d'un courant rapide qui ne permet pas de passer à pont de glace ; les voitures de commerce sont accumulées sur les deux rives. On a établi des plateaux pour le passage des gens à pied et des bestiaux destinés à la subsistance des armées des Alpes et d'Italie. Les courriers éprouvent des retards considérables et quelquefois on a pu, laissant les malles vides sur les bords, faire échanger des paquets entre les courriers aux risques et périls des gens employés à ce transport.

« Tous ces obstacles ont causé un grand dommage à la République. Il serait aisé de parer à ces inconvénients. Il existe encore une partie du vieux pont de bois qui a résisté à la grande crue, il comprend un tiers du lit de la rivière, il est en assez bon état et exigerait peu de réparations. Le sacrifice de 200.000 livres assurera pour quinze ou vingt ans un passage sûr, prompt et commode. »

Comme on le voit, les observations du rapport municipal ne font pas allusion à la difficulté de l'approvisionnement de la ville, mais quelques semaines après, le 19 février, le Conseil prend l'arrêté suivant :

« Le Conseil municipal considérant qu'il est notoire que les adjudicataires du bac prennent par personne 10 sols, tandis qu'il ne leur est dû que trois deniers, qu'ils ont imposé une augmentation semblable pour le passage des animaux et voitures ; considérant que c'est une concession blâmable qui cause préjudice en général au commerce et en particulier à l'approvisionnement de cette ville, puisqu'il en coûte aux personnes qui y apportent des comestibles, 20 sous pour l'aller et le retour, qu'alors ces mêmes personnes augmentent le prix de leurs denrées ou préfèrent de n'en point apporter, ou de les vendre sur le Coteau, commune de Parigny... Arrête que la concession

---

Loire, St-Laurent-la-Conche, Clépé, Misérieux, Epercïeux St-Paul, Balbigny, Nervieux, jusque Roanne, oùx le dégat a été horrible, par la chute du pont dont les décombles on portée le fleuve dans une grande partie de la ville qui a fait des pertes inexprimables ; les papiers publics on annoncé les mêmes ravages dans tous les pays qui borde ce fleuve jusqua son embouchure avec la mer ; ce récit a arraché des larmes aux plus insensibles. »

desdits adjudicataires sera dénoncée à l'administration du district. »

A la suite de cet arrêté et de cette dénonciation une transaction intervint entre le directoire du district et les fermiers du bac ; mais cinq années devaient encore s'écouler avant que le sieur Vignat, entrepreneur au Coteau, commençât à construire un pont de bois (1) qui fut utilisé jusqu'à la mise en service du pont de pierre actuel.

Ce que les hommes du Directoire n'avaient pu faire, faute d'autorité, Bonaparte, premier Consul, le réalisa en réorganisant la France.

Dès 1799 il fit approuver une constitution dont un des articles remaniait les cantons créés en janvier 1790. En vertu de cette loi, le nom de district trop révolutionnaire fut remplacé par celui d'arrondissement. Autre application, le district de Roanne qui comptait seize cantons n'en eut plus que dix. Parmi les cantons supprimés se trouvait celui dit « des environs de Roanne ». La plupart des communes qui le composaient formèrent le canton de Roanne qui, sauf de légères modifications, fut alors constitué tel qu'il est aujourd'hui.

Cependant le rétablissement des relations entre les deux rives du fleuve facilitées par la construction d'un pont de bois, ne rendit pas à la ville de Roanne sa vie et sa prospérité passées. Le ralentissement du commerce et la déchéance de la batellerie tenaient à des causes générales et profondes, telles que l'état de guerre et le blocus continental. En 1811, lorsqu'il s'agit d'activer les préparatifs nécessités par la guerre contre la Russie, le ministre de l'intérieur adressa au maire de Roanne un questionnaire détaillé à l'effet d'obtenir des

---

(1) Déjà en août 1791 une société s'était formée à Roanne pour réunir les fonds destinés à la reconstruction du pont emporté par l'inondation. Le 21 août une délégation de cette société s'était présentée devant le Conseil municipal et après avoir communiqué un prospectus pour recueillir les fonds, avait invité le conseil à nommer un trésorier. Parmi les membres de cette société citons : Goutorbe fils, Bonnabaud aîné, Du Myrat de Champlon, Poquillon, Marillier, Guibert, Duret, Dutil, J. Balouzet, Forge, Chamussy, Brissat, Dufour, Berthillot, J. Penel, Roux, etc.

« Le 23 pluviose an III, sur une pétition de la municipalité réclamant la prompte construction d'un pont provisoire, le Directoire du district proposa qu'il fût construit un pont de bateaux ou pont-volant « tel qu'il en existe sur le Rhin, le Rhône, la Seine et la Loire ». Ces ponts « entraînent moins de longueurs et de dépenses que le pont de bois à reconstruire et sont moins sujets à être avariés par la débâcle des glaces et la crue des eaux. »

« Le 24 brumaire an III le conseil municipal insiste à nouveau et fait observer que la question exige une prompte solution. Deux cent mille livres suffiraient pour la reconstruction du pont, d'autant plus qu'il existe une partie de l'ancien pont, « qu'on trouverait les bois nécessaires dans les biens des émigrés et qu'on pourrait employer à ce travail les prisonniers de guerre casernés dans cette commune. »

renseignements sur la marine locale. Ce document permet de nous faire une idée exacte de la batellerie roannaise à la fin du premier Empire ; nous le résumons brièvement, parce qu'il nous donne certains détails rétrospectifs et qu'il nous fait connaître l'importance et le rôle de notre marine.

« Roanne est un entrepôt de commerce important; un grand nombre d'habitants vivaient jadis de ce commerce que certaines causes, notamment l'ouverture du canal de St-Quentin, rendent aujourd'hui moins florissant.

« Le commerce est entre les mains de négociants que l'on appelle commissionnaires par eau. Ces commissionnaires sont : Merle le jeune, Desvernay père et fils, Jars aîné, Pernéty frères, Veuve Meynin et fils, Faure. A ces noms, il convient d'ajouter ceux de : Flandre, Chapuy et Vignat, commissionnaires par terre, entrepreneurs pour le transport des marchandises.

« Les marchandises de l'entrepôt de Roanne sont transportées à : Lyon, Orléans, Paris et les localités riveraines de la Loire et de la Seine.

« Les marchandises ou objets transportés sont : vin, eau-de-vie, toile, laine, coton, savon, huile, soude, soufre, bois de teinture, quincaillerie, armes, riz, fruits du midi, charbon, etc.

« Le prix des transports s'élève par terre à : « de Roanne à Lyon, 3 fr. 50 le quintal métrique, de Roanne à Paris, 14 fr. le quintal métrique, de Roanne à Orléans, 12 fr. le quintal métrique.

« Par eau suivant la hauteur de l'eau, et par millier: de 30 à 60 fr. pour Orléans, Paris et Nantes. »

« Quant à la durée du transport, elle était ainsi déterminée : « Annonay, 4 jours ; Lyon, St-Etienne et Villefranche, 3 jours ; Orléans, 8 jours ; Paris, 14 jours.

« Les voituriers qui chargent les marchandises à Roanne sont tous Roannais. Jadis, lorsque les marchandises affluaient à Roanne, il arrivait annuellement dans cette ville 8000 à 10.000 voitures ; mais aujourd'hui il en arrive à peine 2000.

« Le port de Roanne expédiait autrefois par an de « 800 à 1000 bateaux », sans compter les bateaux de charbon, au nombre de 1500 environ ; aujourd'hui 150 bateaux seulement partent du port de Roanne et le nombre des bateaux de charbon est insignifiant depuis l'ouverture du canal de St-Quentin qui apporte à Paris, à moindres frais, les charbons belges.

« Autrefois un bateau en chêne coûtait de 700 à 1000 francs, aujourd'hui 400 francs. — Le salaire d'un batelier de Roanne à Briare allait jusqu'à 300 francs, aujourd'hui il est de 45 à 60 francs. »

Ces déclarations prouvent que la marine roannaise subissait encore à la fin du premier Empire une crise redoutable dont l'origine remontait à la suppression des corporations et aux premiers troubles révolutionnaires.

Le transport des immenses approvisionnements destinés à la

Grande Armée, puis aux armées des campagnes de France (1), atténua temporairement les effets de cette crise ; mais elle reparut plus aiguë avec la paix, ainsi que le constate un écrivain local que nous citons plus loin.

Cet écrivain resté anonyme fut un des collaborateurs de M. J. Duplessy qui publia, en 1818, un volume intitulé : « *Essai statistique sur le département de la Loire.* » La ville de Roanne ne différait guère alors de la description esquissée par Lavallée ; nous citons néanmoins les lignes que cet ouvrage consacrait à notre ville, parce qu'à côté de la partie descriptive, l'érudit collaborateur de Duplessy donne d'intéressants détails sur l'état des antiquités romaines à travers les âges et la situation actuelle de son commerce et de son industrie.

« Roanne, que le géographe Ptolémée appelle *Rodumna*... est, après Saint-Etienne, la plus grande ville du département ; elle est peuplée

---

(1) Dans un livre curieux et substantiel publié en 1813 par Vaysse de Villiers, sous ce titre : *Description routière et géographique de l'Empire français*, nous trouvons les renseignements suivants. « Roanne est la première ville que la Loire enrichit ; elle est navigable depuis Saint-Rambert, mais les bateaux ne peuvent que descendre à Roanne, et non remonter. Cette ville n'était véritablement pas autre chose qu'un bourg au commencement du dix-huitième siècle. Elle a cependant été ville au temps des Romains, puisque Ptolémée en fait mention sous le nom de *Rhodumna*..... mais elle était dégénérée au point d'avoir oublié ce qu'elle fut. Le commerce l'a fait pour ainsi dire ressortir de ses cendres.

« Plusieurs riches propriétaires des environs ont contribué à embellir ce séjour en s'y fixant. Elle comptait avant la Révolution plus de trente équipages, et en compte encore aujourd'hui plus de vingt. L'on y trouve le bon ton, de l'élégance et de belles femmes, remarquables surtout par leur extrême douceur.

« Cette ville, vue de loin, présente l'aspect d'un grand village. On n'y distingue aucune enceinte ; ses rues se prolongent et se perdent dans la campagne. Le faîte des maisons ne s'élève guère au-dessus des arbres. L'humble flèche du clocher paroissial ajoute encore à sa physionomie villageoise ; pas un seul édifice apparent ose dépasser le niveau général, si l'on excepte le collège. Ce beau bâtiment est un bienfait du fameux père Cotton...

Vue dans son intérieur, Roanne est cependant une ville. Elle a des rues larges et assez droites, des maisons bien bâties, de belles auberges, une salle de spectacles, des bains publics, en un mot toutes les ressources et toute l'activité d'une ville commerçante...

« Le terrain des environs médiocrement fertile, mais bien cultivé, est consacré principalement à la culture du seigle, accessoirement à celle de la vigne. Les meilleurs vins sont ceux de Renaison et de Saint-André.

« Les chapeaux de paille en façon de bateau, que nous avons remarqués dans les environs de Moulins, prennent dans ceux de Roanne la forme plus gracieuse des ailes flottantes. »

de 7.270 habitants (Rec. de 1806). Sa situation sur la rive gauche de la Loire, la grande route royale n° 8 de Paris à Antibes, qui la traverse, la rendent agréable, et lui donnent un aspect vivant. Elle est percée de larges rues bordées de maisons d'assez belle apparence.

« Un beau pont de pierre y est depuis longtemps en construction. En attendant on passe la Loire sur un pont de bois ; on raconte à ce sujet, que vers le milieu du siècle dernier, pendant qu'à défaut des ponts on était obligé de traverser le fleuve dans un bac, un intendant de Lyon fut sur le point d'y périr avec toute sa famille, le danger qu'il courut, lui causa tant de frayeur, qu'il ordonna la construction de deux ponts au lieu d'un. La Loire ne passait sous le second que dans les grandes crues, il a été démoli en 1787, et c'est sur son emplacement qu'on a établi le nouveau pont de pierre.

« La ville de Roanne est fort ancienne, puisqu'elle existait du temps de Plotémée « et elle a conservé quelques vestiges de cette époque. » On a découvert dans un jardin, auprès d'une des portes (1), une enceinte de murs antiques de construction romaine, découvrant une circonférence inscrite dans un carré, la ligne circulaire avait 8 m. d'étendue, la hauteur de ces murs était de 4 mètres environ. Des fouilles pratiquées à l'entour de ces ruines ont procuré des pierres de marbre, une grande quantité d'urnes et de médailles qui ont été dispersées.

« Sur les rives du Torrent de Renaison qui passe sous les murs de Roanne on voit à fleur de terre, une grande pierre de 8 m. de longueur, et 4 de largeur sous laquelle on a découvert un sarcophage et des médailles qui n'ont pas été conservées (2).

« Autour de l'ancien château on a aussi trouvé des médailles et des tombeaux dans lesquels étaient des ossements d'une grandeur démesurée et en creusant plus profondément, on aperçut des pans de mur et des arcs de voûte de construction évidemment antique.

« Mais, ces preuves de la domination romaine ne sont pas les seules que le sol de Roanne révèle, les nombreuses médailles en or, en argent et en cuivre qu'on y a découvertes (on a conservé la note de 4 à 500) les pierres gravées, les anneaux, les urnes, les ustensiles que les moindres fouilles ont procurés attestent que des recherches suivies ne seraient pas sans résultat.

---

(1) Il s'agit de la *Porte de Paris,* située à l'endroit où la rue de Mably débouche sur la place de la Voirie.

Les vestiges de Thermes romains dont il est question dans ce passage se trouvent dans la cave d'une maison du voisinage.

(2) Ces monuments antiques avaient été également décrits un siècle et demi auparavant par J.-M. de La Mure. La longueur de la description du plus ancien historien de Roanne ne permet pas de la citer ici, nous la reproduisons en appendice.

« A Roanne et dans les environs on a trouvé à plusieurs reprises, des urnes de formes plus ou moins élégantes et dont quelques-unes contenaient encore des cendres ; les cabinets de quelques amateurs renferment plusieurs de ces objets précieux. »

« Malgré cette ancienneté, cette ville n'a été pendant de longs siècles qu'un bourg sans réputation ; elle prit quelque consistance à l'époque où la confection du canal de Briare, sous Henri IV, fournit à son commerce un moyen de communication avec Paris par la Loire.

« Roanne, c'était le siège d'une élection et d'un bailliage ducal qui relevait directement du Parlement de Paris ; il avait été érigé en duché-pairie en faveur d'Arthus Gouffier, seigneur de Boisy.

« Le principal commerce de Roanne consiste dans le transport à Paris et les départements de l'ouest, de la houille extraite des mines de Saint-Etienne qui y descend par la Loire depuis Saint-Rambert.

« Le transport de Roanne à Paris des vins connus sous le nom de vins de Roannais forme aussi une branche considérable de commerce ; toutefois cette exportation a perdu beaucoup de son activité depuis l'ouverture du canal de Chalons, mais elle reprendrait si la route de Roanne au Rhône était terminée.

« Roanne est encore l'entrepôt des marchandises du Midi qu'on y embarque sur la Loire pour le nord du royaume; ce genre de commerce fait par des commissionnaires établis dans une espèce de bourg situé entre deux bras du fleuve et qu'on appelle l'Ile, est toujours plus actif en temps de guerre que pendant la paix.

« La filature du coton, la broderie au tambour et à la main qui s'y est établie depuis 3 ou 4 ans, occupent un grand nombre de bras (1).

« Cette ville n'a rien à offrir aux regards des étrangers, que quelques restes d'antiquité; aucun édifice ne la décore: les seuls établissements publics qu'on y remarque sont un collège fondé par le père Cotton, confesseur d'Henri IV, et un hospice ruiné depuis la Révolution, et confié aux soins des sœurs de Saint-Augustin.

« Il y avait autrefois des communautés de Capucins, de Minimes, d'Ursulines, etc. Les bâtiments du couvent des Capucins servent aujourd'hui d'hôtel de ville, et de caserne à la gendarmerie ; ceux des Minimes appartiennent au ministère de la guerre : la ville en réclame la concession.

« Roanne a une petite salle de spectacle, rarement occupée, et, alors même, peu fréquentée.

« Elle possède deux marchés hebdomadaires qui se tiennent le mardi et le vendredi, et 3 foires annuelles : les 28 février, 17 août et 9 décembre.

---

(1) Un ouvrage publié en 1813 mentionne que depuis quelques années : il s'est établi à Roanne des manufactures de toile, de cotonnade et d'indienne. »

« Elle a aussi une école tenue par des Frères de la Doctrine chrétienne, et une école pour les jeunes filles, dirigée par des sœurs de la congrégation de Saint-Charles.

« On récolte dans le territoire des grains et un peu de vin. »

Ces renseignements constituent pour ainsi dire une brève monographie, d'autant plus intéressante qu'elle trace un tableau exact et précis de notre ville peu d'années avant que la création des chemins de fer et l'achèvement du canal latéral de la Loire n'aient donné une vive impulsion à son commerce, à son industrie et opéré sa transformation.

## IV

*Histoire du Canal de Roanne à Digoin : Un premier projet suit
la rive gauche, un contre-projet propose la rive droite. —
Mémoire de la municipalité de Roanne en faveur du projet de
la rive gauche. — Comment un député expose le plan du canal
et en démontre les avantages et l'avenir. — Loi du 29 mai
1827 qui approuve le projet rive gauche. — Formation de la
compagnie du canal de Roanne à Digoin. — Adjudication des
travaux du canal, le 7 août 1830. — Ouverture du canal en
mai 1838. — Curieuse gravure de 1840.*

*Projet de créer un canal de la Loire au Rhône ; ancienneté de
ce projet qui dort encore dans les cartons du ministère des
Travaux publics. — Comment un député s'exprimait sur ce
projet, dont l'exécution devait profiter non seulement à la
ville de Roanne, mais encore « à la France et au monde
entier ».*

*Roanne, d'après M. E. Montégut. — Bref aperçu de son histoire,
énumération de ses monuments, visite à son musée.*

Au début du Gouvernement de juillet (1830), deux grands projets
d'utilité publique intéressaient la ville de Roanne, à laquelle ils devaient apporter développement et prospérité. Le premier était le chemin de fer d'Andrézieux à Roanne, et le second la continuation du
canal latéral de la Loire, de Digoin à Roanne. Mais pour bien comprendre l'importance et l'intérêt de ces grands travaux, il est nécessaire de savoir comment s'effectuait, avant cette époque, le transport de la houille de Saint-Etienne et des marchandises provenant
des hautes contrées de la Loire.

Après son extraction des mines, la houille était chargée sur les
wagons du chemin de fer de Saint-Etienne à Andrézieux qui venait
d'être terminé, et conduite au port de cette dernière localité. Là, comme il a été dit plus haut, elle était embarquée sur des sapines qui,
à travers mille dangers, transportaient leur chargement jusqu'à
Roanne. En effet, la Loire est un fleuve capricieux, exposé tantôt à de
longues sécheresses arrêtant la navigation pendant plusieurs mois,
tantôt à des crues subites mettant en danger pilote, mariniers et chargement. Quel sang froid, et quelle adresse ne fallait-il pas au bate-

lier pour franchir le défilé de la Roche, les rochers de St-Maurice (1) et le Saut du Perron. Ainsi rien n'était plus incertain, plus dangereux et plus inconstant que la navigation d'Andrézieux à Roanne. Une fois arrivée dans cette ville, la sapine n'était pas au bout de ses vicissitudes ; elle devait augmenter sa charge en raison de l'augmentation du tirant d'eau et attendre ainsi de nouveau une crue opportune qui lui permettait de reprendre le fleuve jusqu'à Digoin. Dans cette localité elle prenait le canal latéral de la Loire et pouvait alors en sécurité gagner sa destination.

Or, l'établissement du chemin de fer d'Andrézieux à Roanne supprimait les incertitudes et les dangers de la navigation de la Loire, et le canal de Roanne à Digoin rendait facile et régulier le transport de la houille et des marchandises jusqu'au contact avec les canaux du Centre.

Nous ne ferons ici que les allusions nécessaires à l'établissement du chemin de fer d'Andrézieux à Roanne, question que nous avons traitée dans la monographie du Coteau, nous attachant surtout à l'histoire du canal de Roanne à Digoin, qui devait avoir une réelle influence sur l'avenir commercial de notre cité.

Dès 1824, le service des ponts et chaussées avait proposé de creuser sur la rive gauche de la Loire un canal parallèle au fleuve. Contre toute attente, ce projet trouva des opposants qui estimaient préférable le tracé rive droite. Ce nouveau projet fut assez mal accueilli et un publiciste roannais écrivait : « Il est difficile de savoir si les auteurs du tracé rive droite ont eu pour but de faire ajourner l'exécution du canal ; mais ils auraient voulu le faire échouer, qu'ils n'auraient pas agi autrement. »

En 1826, les discussions au sujet des deux tracés furent si vives que, le 26 février 1826, le conseil municipal de Roanne jugea à propos d'intervenir et d'adresser aux autorités compétentes un mémoire destiné à soutenir les intérêts de la ville. On y lisait : « sur la rive gauche la prise d'eau coûterait 444.000 francs, alors que sur la rive droite, elle exigerait 1.059.000 francs. Le bassin sur la rive droite exigerait 800.000 francs de plus que sur la rive gauche parce que sur cette rive l'ancien lit de la Loire offre un bassin tout creusé et peu coûteux à aménager. Il faut aussi observer que sur la rive droite le canal aurait 5 à 6000 mètres de plus de longueur et de nombreux cours d'eau à franchir : Rhins, Sornin, etc.

« A la vérité, le canal sur la rive droite favoriserait Charlieu et Marcigny, mais ces deux villes sont assez éloignées et les avantages

---

(1) Nous avons expliqué dans les pages précédentes comment, après le projet des frères Paparel (1665), la compagnie La Gardette fit exécuter dans le lit du fleuve des travaux qui, dès 1706, permirent de transporter la houille de Saint-Rambert à Roanne. Ce transport s'opérait sans transbordement, mais seulement en temps de crue.

qu'elles pourraient en retirer sont bien incertains et il ne faut pas oublier que sur l'autre rive le canal desservira Roanne, Chambilly, Artaix, etc. De plus ce canal sauvegardera les intérêts de nombreux établissements industriels créés depuis longtemps sur cette rive.

« En résumé le tracé rive droite coûterait plusieurs millions de plus, demanderait plus de temps pour être exécuté et ruinerait la ville de Roanne dont toutes les maisons riveraines de l'ancien lit seraient évacuées par les industries dont a vécu jusqu'à présent le quartier de la marine. Ces industries, en effet, seraient obligées de se transférer sur la rive droite, près du nouveau bassin, où elles créeraient une nouvelle ville aux dépens des droits acquis de l'ancienne. Enfin, le vieux quartier de la marine deviendrait inhabitable, par suite des émanations qui se dégageraient de l'ancien lit du fleuve mis à sec lorsque le fleuve passera sous le nouveau pont. Cette insalubrité ne se produirait pas si le canal suivait la rive gauche, car nécessairement ce lit ancien du fleuve est tout indiqué pour servir de bassin, c'est-à-dire pour être rempli d'une eau que les besoins de la navigation renouvelleraient journellement. »

Si nous nous sommes attardés aux discussions relatives à la création du canal de Roanne à Digoin, c'est sans doute en raison de son rôle important dans l'histoire commerciale de Roanne, mais aussi pour montrer que les projets les plus étudiés et les mieux conçus trouvent toujours des contradicteurs dont le bon sens commun finit cependant par avoir raison.

Au mois d'avril de l'année suivante 1827, le projet fut présenté à la Chambre des députés. Dans la séance du 23 avril, M. Huerne de Pommeuse faisait ressortir comme il suit les avantages du canal de Roanne à Digoin : « Cette entreprise consiste à prolonger jusqu'à Roanne, sur un développement de cinquante-cinq mille mètres, le canal latéral à la Loire de Briare à Digoin, actuellement en exécution, et de construire simultanément un chemin de fer de quatre-vingt-cinq mille mètres qui aboutirait à Andrézieux. Là il rencontrerait un chemin de fer de dix-sept mille mètres qui remonte jusqu'à Saint-Etienne, et qui doit être livré au public dans le mois prochain. Cette série de nouvelles communications artificielles doit joindre ainsi le canal latéral à la Loire au riche bassin houillier de Saint-Etienne qui acquerrait par là les débouchés les plus vastes pour développer et répandre de toutes parts les moyens de prospérité qu'il renferme. De plus, cette belle voie de communication s'identifierait à Saint-Etienne avec celle qui va s'étendre jusqu'au Rhône au moyen d'un chemin de fer déjà en exécution qui aboutit à Givors sur le Rhône et se dirige de là vers Lyon... »

A la suite de ces considérations destinées à montrer les avantages que le commerce retirerait de la création du canal, le rapporteur justifiait l'adoption du tracé de la rive gauche : « Cette rive, écrit-il, se prête à merveille à l'établissement d'un canal latéral de dérivation. Point d'obstacle sur une surface généralement unie, qui ne nécessite qu'un petit nombre d'écluses. Modicité relative du prix des terrains qui, à la sonde, ont été reconnus d'une nature favorable. Prise d'eau facile en lit de rivière, d'une quantité plus que suffisante et toujours égale, évitant tous les frais extraordinaires. Enfin grande facilité pour l'établissement de nombreuses usines et pour donner satisfaction à l'agriculture. »

En terminant, le rapporteur du projet faisait observer « que l'ancien lit de la Loire ferait une magnifique gare de stationnement et de chargement, d'un accès facile et présentant des terrains précieux pour la création de nombreux entrepôts. De plus, la compagnie du chemin de fer d'Andrézieux à Roanne avait contracté l'obligation de lier à ses frais le chemin de fer et la gare, de manière à y verser les objets transportés et à y charger ceux de retour ».

Ce lumineux exposé fit adopter la loi du 29 mai 1827, par laquelle fut autorisée l'ouverture du canal et la concession de l'ancien lit de la Loire où se trouve actuellement le bassin.

Dès cette époque, une compagnie qui comprenait la ville même (1), ses principaux habitants et fonctionnaires, ainsi que les notabilités du pays, se forma à Roanne, dans le but de soumissionner cette entreprise et de faire les études préliminaires qu'elle exigeait, en s'entourant, à cet effet, des lumières de toutes les grandes capacités à sa portée.

« Cette compagnie, qui voulait faire une entreprise utile au pays et en même temps profitable pour elle, écarta toute idée d'une spéculation passagère et procéda, en conséquence, avec lenteur et circonspection, soit en faisant un travail consciencieux et approfondi sur tous les points, soit en s'assurant des bonnes dispositions des principaux propriétaires des terrains.

« La Révolution de juillet 1830 n'arrêta pas les démarches de la Compagnie qui estimait son œuvre indépendante des événements politiques. Le 7 août 1830, elle soumissionna l'entreprise à Montbrison, alors chef-lieu du département de la Loire, et cela dans des conditions particulièrement avantageuses et favorables.

« Dès lors la Compagnie fit rédiger ses statuts et travailler au tracé du canal, qui reçut l'approbation du conseil des ponts et chaussées.

« Une ordonnance royale du 2 juin 1831 sanctionna les statuts et autorisa la Compagnie à se constituer en société anonyme.

---

(1) Le 14 décembre 1829, le Conseil municipal décida qu'une somme de cent mille francs serait employée à prendre cent actions de la Compagnie adjudicataire du canal, et qu'une somme de deux cent mille francs serait fournie ensuite par la ville pour les études à faire ; cette somme sera remboursée en actions à la ville. La subvention de cent mille francs sera payable en quatre annuités égales, à partir de 1833. La somme de deux cent mille francs sera payable à partir du 31 décembre 1831.

« Le capital de cette Compagnie fut porté à 6.500.000 francs, représentant 6500 actions de 1000 francs chaque.

« A cette époque, Roanne ne possédait pas, comme aujourd'hui, de nombreux millionnaires, aussi, pour trouver les capitaux nécessaires à cette grande entreprise, les organisateurs durent s'adresser à l'étranger, c'est pourquoi le conseil d'administration comprenait les noms roannais et étrangers suivants :

MM. Jean-Louis Viollier, banquier à Genève ;
  Charles Hentsch, aussi banquier à Genève ;
  Jacob-Michel-François de Candolle, banquier à Genève ;
  Jacques Jaquet, agent de change à Genève ;
  François-Louis Merle, banquier à Roanne ;
  Michel Devillaine fils, banquier à Roanne ;
  Et Camille Bouquet-Despagny, propriétaire et ancien sous-préfet, demeurant à Ambierle.

« Le conseil d'exécution était composé de :

MM. Antoine Rongier, ancien auditeur au Conseil d'Etat à Roanne, président ;
  Dufour, ancien élève de l'Ecole Polytechnique et ancien officier du génie ;
  Louis Pascal, ingénieur en chef des ponts et chaussées à Roanne.
  Et Alexandre-Benoît Brissac, entrepreneur des travaux publics à Roanne.

« Les travaux furent menés avec beaucoup de diligence, mais, hélas ! il arriva ce qui arrive fatalement dans toutes les entreprises de ce genre : les 6.500.000 francs furent vite absorbés, car un canal n'est pas un ouvrage ordinaire ; ses travaux exigent des études et une surveillance toutes particulières, en outre le chapitre des aléas est très élastique. Il fallut alors recourir à des emprunts successifs pour réparer les erreurs commises dans les évaluations. Les travaux ayant été commencés sous les auspices et avec la participation de la ville de Roanne et de ses habitants, on devait à tout prix les mener à bien.

« C'est ce qui fut fait, et d'après un état du coût et des sommes employées à la confection du canal de Roanne à Digoin avec leurs intérêts non acquittés, arrêtés à la date du 1ᵉʳ avril 1840, il ressort que les dépenses s'élevèrent à quatorze millions quatre cent vingt mille francs.

« Si nous ajoutons les intérêts non acquittés à cette date, on peut dire largement que ce beau canal a coûté quinze millions environ.

« Depuis sa création il a rendu de grands services au commerce et il a contribué puissamment à la prospérité de Roanne (1). »

---

(1) Ces renseignements sont extraits d'un article publié par un journal disparu, *l'Indépendant*, article auquel nous avons fait de fréquents emprunts.

En effet, bien que la jonction du Bassin et du chemin de fer ne fût pas réalisée (1), la marine roannaise trouva dans la mise en service du canal, un regain d'activité et de vie. Un dessin de 1840 nous montre, prise sur le vif, une scène du temps. Le pont de pierre terminé depuis longtemps est représenté à peu près tel qu'il est aujourd'hui avec, à gauche, au commencement du Coteau, la grande maison où se trouve le café des Mille Colonnes. La Loire est forte, des vagues agitent sa surface, les mariniers en ont profité pour descendre de Saint-Rambert et après avoir franchi tous les passages dangereux, le saut de Pinay, les rochers du château de la Roche, le saut du Perron, les voilà arrivés à Roanne, où ils vont quitter la Loire pour entrer dans le Bassin (2) et continuer leur voyage sur le canal. Du haut du pont la foule les acclame comme pour les féliciter d'avoir échappé aux dangers de la route. Les bateaux sont accouplés deux par deux, trois hommes suffisent pour les manœuvrer. A l'avant, on aperçoit dans leurs toues ou barques de tête, les hardis pilotes qui répondent par un salut aux acclamations des autres mariniers.

Cette gravure bien vivante est un des souvenirs les plus curieux de l'ancienne batellerie roannaise.

Cependant ce regain d'activité fut de courte durée, parce que le développement des chemins de fer fit concurrence aux transports par eau et que le canal de la Loire au Rhône, réclamé depuis si longtemps (3) si souvent mis à l'étude et projeté, ne fut pas exécuté. En

---

(1) Dans une délibération du 13 août 1829, le Conseil Municipal proteste contre le projet de MM. Millet et Henry, qui, pour unir à la gare d'eau le chemin de fer d'Andrézieux à Roanne, font passer la voie ferrée sur le pont de pierre pour, de là, se diviser en deux voies passant de chaque côté du bassin. Ce projet nuirait à la circulation, détruirait l'effet monumental du pont et serait funeste aux habitations situées de part et d'autre du bassin, lesquelles seraient enterrées, pour ainsi dire et obligerait à construire des voûtes pour donner accès à la rive. Le Conseil propose ensuite de faire franchir la Loire au chemin de fer sur un pont construit au delà de Varenne en face de la maison du Rivage. La voie se dirigerait de là sur le bassin à l'approche duquel elle bifurquerait pour aller de part et d'autre.

On voit que le dernier projet se rapproche sensiblement de celui qui a été exécuté depuis.

(2) La prise d'eau qui met en communication la Loire et le Bassin fut autorisée par une délibération municipale du 20 novembre 1831.

(3) Déjà en 1776 le voyageur Vandebergue, passant à Roanne, écrivait :

« Roanne est le premier et le plus beau bourg de France, il est très peuplé, on y bâtit tous les jours de grandes et belles maisons. Il serait bien à désirer qu'un canal en cet endroit put joindre les eaux du Rhône à celles de la Loire. »

1844, M. Baude, alors député de Roanne (1) au Corps Législatif écrivait : « Si l'on jette les yeux sur la carte de France, on la voit partagée en divers bassins, dont chacun se distingue par des productions qui manquent à d'autres. Au milieu de cette réciprocité de besoins et de ressources, il est impossible de ne pas remarquer combien le cours de la Loire est heureusement situé pour servir de lien à plusieurs de ces contrées et féconder les uns par les autres mille germes de prospérité que l'isolement rend stériles.

« Les bords de la Loire fournissent ou reçoivent de la houille, des fers, du vin, du blé et autres produits agricoles et manufacturés ; mais si l'on regarde du côté du Rhône, un autre tableau se déroule. Alors que le midi de la France demande des fers, de la houille et autres produits, « il offre les marchandises de l'Océan et de la Méditerranée, les cotons, les laines, les sels, les vins, les huiles. » La liaison des deux bassins du Rhône et de la Loire, faciliterait et activerait l'échange des produits et des marchandises importés.

« Or, telle est l'heureuse situation de la ville de Roanne qu'elle pourrait tirer d'immenses avantages de la création d'un canal la mettant en communication avec le Rhône. Placée pour ainsi dire entre deux grands fleuves qui vont à des points opposés on n'a pas encore su faire disparaître le court espace qui les empêche de communiquer l'un à l'autre. Pourtant cette communication ne profiterait pas seulement à la ville, mais encore à la France et au monde entier ».

Le canal de la Loire au Rhône, dont le député Baude réclamait l'exécution il y a trois quarts de siècle, dort encore dans les cartons du ministère des Travaux publics. Pourtant, depuis cette épo-

-----

(1) En 1841, M. Baude décrivait ainsi les difficultés que rencontrait le transport des marchandises en amont de Roanne :

« On cesse d'être étonné du peu de développement qu'ont pris tant de germes de prospérité, quand on considère l'état de la navigation de la Loire. Elle commence à Saint-Rambert, à trois lieues de Saint-Etienne. On n'en part qu'au moment des crues qui sont souvent séparées par des espaces de trois à quatre mois. Ces crues s'écoulent rapidement et le trajet du point de départ à Briare dure quelquefois six mois. Les eaux sont si basses qu'il faut des bateaux susceptibles de contenir 900 hectolitres pour en porter de 2 à 300 de Saint-Rambert à Roanne, et de 300 à 450 de Roanne à Briare, de sorte que ces frais de conduite sont plus du triple de ce qu'ils seraient à pleine charge. Les chargements et déchargements que nécessite un ordre de choses si défectueux, les risques, les avaries, grossissent le chapitre des dépenses ; enfin, comme la rivière ne se remonte que jusqu'à Digoin et à très petite charge, un bateau ne fait pour ainsi dire jamais qu'un voyage au terme duquel il est vendu aux ateliers de décharge environ le sixième de ce qu'il a coûté. Ainsi les échanges, sont exclus de ce commerce que les dangers et les lenteurs de la navigation restreignent aux matières les plus grossières ».

que, plusieurs commissions parlementaires ont été saisies de ce projet, notamment en 1912 ; mais malgré l'influence de M. Audiffred et de plusieurs hommes politiques éminents, le rêve formé déjà par les contemporains de Louis XIV n'est encore qu'à l'état de projet.

Sous le second empire, un écrivain délicat, M. Emile Montégut, visita notre ville. Sa plume alerte et fine a résumé en quelques lignes l'histoire de notre cité et des constantes aspirations de ses habitants. Entre ces lignes consacrées au passé, il a tracé du caractère roannais une esquisse encore pleine d'actualité (1) :

« Roanne ouvre l'entrée du Forez du côté du Bourbonnais ; comme importance et population Roanne est la seconde ville de cette petite province dont se compose aujourd'hui le département de la Loire ; mais sa destinée a voulu qu'à toute époque elle n'eut jamais qu'un rôle historique assez effacé. Toutes les autres villes de la province ont eu tour à tour la suprématie forézienne, Roanne n'a jamais pu l'obtenir, même lorsque les circonstances semblaient lui être favorables. Aux époques féodales et seigneuriales, le mouvement et la vie étaient à Montbrison, puis lorsque l'époque industrielle arriva, ce fut vers St-Etienne, autrement riche en éléments de travail par la houille et le fer que lui livre son sol, que se portèrent l'influence et l'activité nouvelles.

« Roanne, toutefois, fit un effort pour profiter de ce courant et se créer un avenir ; elle se mit à tisser des cotonnades et grâce à cette industrie, elle s'acquit une importance relativement considérable. Enfin, il n'est pas jusqu'à la petite Feurs, où les lanternes n'ont pas encore pénétré, qui ne présente plus d'importance politique dans le passé et plus d'intérêt dans le présent que Roanne la cossue, toute brillante du moderne éclairage à gaz ; tant il est vrai qu'il faut se garder de juger sur la mine les villes aussi bien que les gens.

« Une gentille église, dédiée à saint Etienne et dont le fronton est orné d'une statue moderne du martyr, d'une agréable exécution et d'un bon sentiment, un collège bâti par le célèbre Père Cotton, édifice quelque peu lourd, mais bien distribué autour d'une spacieuse cour intérieure, voilà tous les monuments de Roanne. Quelques-uns des livres consultés par moi m'avaient promis des débris de thermes romains, j'ai le regret de les avoir cherchés en vain et cependant ce n'est pas faute de les avoir réclamés auprès des habitants de la localité. Un hôtel de ville aujourd'hui condamné et qui attend son successeur, contient un musée composé d'objets de provenances diverses, parmi lesquels sont trois portraits de Foréziens célèbres. Ces trois portraits sont les seules choses qui m'aient réellement intéressé à Roanne. »

---

(1) Les études de M. E. Montégut, publiées d'abord dans la *Revue des Deux Mondes*, ont été réunies en volumes par la Librairie Hachette.

Le visiteur décrit ensuite les trois portraits qui ont retenu son attention, celui du Père Cotton, qu'il décrit avec finesse, tout en en profitant pour disserter longuement sur le rôle du Père Cotton auprès des rois Henri IV et Louis XIII ; celui de Champagny, duc de Cadore, qu'il décrit plus brièvement, et le portrait « d'Antoine de la Mure, de son vivant chanoine à la collégiale de Montbrison, auteur de *l'Histoire des comtes de Forez et des ducs de Bourbon...* »

Si les observations de E. Montégut sont fines et pénétrantes, son érudition n'est pas sûre, car l'historien du Forez n'est pas Antoine, mais Jean-Marie de la Mure. Au surplus, le portrait indiqué n'est pas celui d'un homme d'Eglise, mais bien d'un homme de robe contemporain de Louis XIII ; ce ne serait donc pas le chanoine J.-M. de La Mure (1).

Après le psychologue et le critique qui aime à remonter des effets aux causes et à étudier les hommes et les choses du présent et du passé, voici un publiciste, M. Ardouin-Dumazet (2), qui a fait avec ordre et méthode, sur la France entière, une magistrale enquête destinée à faire connaître à ses contemporains de la fin du XIX° siècle, l'état économique de notre pays à cette époque.

Nous allons emprunter à cet enquêteur, qui a puisé ses renseignements aux meilleures sources, quelques précisions sur le commerce et l'industrie de Roanne.

« Les véritables monuments de Roanne, dit M. Ardouin-Dumazet, sont sa gare et ses usines ; c'est aussi son port (3), le plus vaste des bassins de la Loire, un des rares ports intérieurs comparables à ceux de l'Allemagne. » A la suite de cette remarque, notre publiciste étudie le mouvement industriel de Roanne et de la région.

« Dès 1750 il y avait dans le Roannais des rouets à filer le coton et des métiers à tisser. « Les fileuses achetaient le coton brut au marché et allaient le revendre au même endroit » ; les métiers à tisser étaient disséminés chez les habitants des campagnes. Sous la République et

---

(1) Au revers de la toile, on lit en caractères anciens : *Monsieur de la Mure,* sans autre précision. Ce portrait provient du Collège de Roanne.

(2) Les études de M. Ardouin-Dumazet ont été publiées sous ce titre : *Voyage en France,* chez Berger-Levrault et C<sup>ie</sup>, éditeurs, Paris, Nancy, 1896. Les renseignements concernant la ville de Roanne sont extraits de la septième série : « La Région Lyonnaise, Lyon, Monts du Lyonnais et du Forez. »

(3) Actuellement deux grandes Compagnies pour les transports par eau, ont leur siège à Roanne. Ce sont la Compagnie Générale de Navigation Havre, Paris, Lyon, Marseille, et la Société Générale anonyme de Navigation sur les canaux du centre, correspondance avec le Havre, Rouen, Lille, Nancy, Saint-Etienne, Givors, etc. Le trajet de Roanne à Paris s'effectue en neuf jours environ.

l'Empire on créa quelques filatures mécaniques. Mais les guerres arrêtèrent ces tentatives qui furent reprises et se développèrent entre 1820 et 1835. »

A partir de 1833, les métiers à tisser augmentèrent progressivement à Roanne, aux dépens de la filature mécanique qui diminua rapidement, puis disparut.

Cependant ce fut seulement après la guerre de 1870, que le mouvement industriel prit un grans essor. En 1886, l'agglomération compte déjà 30 usines à tisser le coton, « les filés arrivent écrus de Normandie et de Suisse, Roanne les teint, multiplie les couleurs, les dessins, les dispositions. C'est toujours du coton pour habillement et cependant la variété des teintes et des aspects est telle, que la Chambre de Commerce a pu relever une collection de 8.000 échantillons. »

Roanne, conclut M. Ardouin-Dumazet, « doit la place considérable qu'elle occupe dans l'industrie française à l'énergie et à la persévérance des chefs de maisons ; ils ont créé un organisme nouveau ; le bon goût et l'immense variété des produits, la perfection dans la teinture et les apprêts ont assuré à ce grand centre une situation exceptionnelle ».

A côté des tissages de cotonnade, il faut signaler les fabriques de lainage et les tanneries, que l'on peut aussi considérer maintenant comme des industries locales.

Depuis cette époque, grâce à d'importantes améliorations, commerce et industrie se sont encore développés. En 1906, le port — on dit à Roanne le Bassin — a été approfondi et son tirant d'eau augmenté par la création d'un nouveau barrage (1). Dix ans plus tard, en 1916,

---

(1) Si l'on considère l'importance commerciale des ports de France, le port de Roanne arrive au 40e rang avec 443.915 tonnes, d'après l'état dressé en 1912. Ce tonnage se décompose ainsi en 162.357 tonnes à l'embarquement (pyrites, matériaux de construction, produits agricoles et alimentaires, houille, eaux minérales) et 281.558 au débarquement (houille, matériaux de construction, produits métallurgiques, industriels, agricoles, alimentaires, bois). Le port de Roanne a enregistré en 1912 un mouvement de 1448 bateaux à la descente et 2003 à la remontée ; les bateaux vides ne sont pas comptés, ce qui explique la différence des deux chiffres ; Roanne reçoit en somme par bateau plus de marchandises qu'il n'en expédie, et cela tient surtout à la diminution des expéditions de pyrites et d'eaux minérales.

Les bateaux que l'on peut voir dans le port de Roanne se classent en péniches, flûtes et berrichons. Les deux premières catégories ont 38 m. 50 de long 5 m. de large et 2 m. 20 de haut ; les péniches pontées, peuvent transporter jusqu'à 280 tonnes, les flûtes, non pontées, d'une forme plus élancée, sont plus rapides, mais ne transportent pas plus de 260 tonnes ; les berrichons n'ont que 27 m. 50 de long et ne portent guère plus de 80 à 90 tonnes. Les relations les plus lointaines du port de Roanne sont Anvers et la Westphalie.

(D'après une note communiquée par M. F. Déchelette.)

par suite des nécessités de la guerre, l'Etat établit à Roanne un arsenal dont l'importance fut éphémère. Cette création cependant provoqua l'établissement d'un faubourg industriel s'étendant entre le canal et la route de Paris.

Ce développement industriel et cette prospérité ne peuvent que s'accentuer, si patrons et ouvriers continuent à combiner leurs efforts pour augmenter leur bien-être et tirer parti des avantages et de l'heureuse situation de la ville qu'ils habitent. « Nulle part, dans aucune ville industrielle, dit M. Ardouin-Dumazet, on ne rencontre plus de bien être apparent », car ici, tout favorise le travail, une organisation attentive et vigilante aux intérêts de tous, une plaine vaste, saine et fertile, et, à proximité, des promenades agréables et variées, où le samedi et le dimanche, la population ouvrière peut aller se récréer et respirer un air pur et salubre.

### *L'origine, le nom et les antiquités de la ville de Roanne, d'après J.-M. de La Mure, son premier historien.*

Les pages qui précèdent contiennent l'état des monuments Gallo-Romains de la ville de Roanne, tels qu'ils existaient en 1818. A ce propos, il nous a paru curieux et intéressant d'emprunter à notre premier historien, Jean-Marie de La Mure, la description de ces monuments tels qu'ils étaient de son temps, c'est-à-dire vers 1650. Nous faisons précéder cette citation de quelques notes biographiques.

Jean-Marie de La Muré naquit à Roanne, au début du règne de Louis XIII (1), et fit ses premières études au collège des Jésuites de notre ville (2). Ses premières années se passèrent dans sa ville natale,

---

(1) Les annotateurs de *l'Histoire des ducs de Bourbon et des Comtes de Forez*, placent la date probable de la naissance de Jean-Marie de La Mure, entre le 21 mars et le 9 juin 1616, (les régistres paroissiaux de Roanne sont en déficit entre ces deux dates) et cette opinion a été acceptée depuis lors par les auteurs foréziens. Cependant il convient d'observer que dans son ouvrage *Roanne et le Roannais*, page 341, Guillien, publié et parfois annoté par A. Coste, cite les enfants de François de La Mure et de Jeanne Gayardon de Grésolles dans l'ordre suivant: Pierre de La Mure, Jean-Marie de La Mure, Françoise, prieure de Beaulieu, François, mort jeune, Philiberte, née le 17 février 1613, Marguerite, née le 13 novembre 1617, etc.

Le mariage de François de La Mure et de Jeanne de Gresolles, qui eurent dix enfants, ayant eu lieu en mars 1609, il semble que la naissance de J.-M. de La Mure, l'historien du Forez, pourrait être reportée aux premières années du règne de Louis XIII, vers 1611 ou 1612.

(2) La mère de Jean Marie de La Mure était fille de Pierre Gayardon, chevalier, seigneur de Gresolles, Luré et Buffardan, lequel avait épousé Philiberte Cotton, sœur de Jacques Cotton de Chenevoux, qui fonda le collège de Roanne, et de Pierre Cotton, jésuite, confesseur et prédicateur des rois Henri IV et Louis XIII. Jean-Marie de La Mure était donc petit neveu des fondateurs de notre collège.

car nous le voyons prendre part à diverses manifestations locales, être reçu membre de la confrérie des Pénitents du Très Saint-Sacrement, le premier jour de l'an 1635, et assister peu après à un pèlerinage fait par les Pénitents de Roanne à Notre-Dame de Banelle, au diocèse de Clermont. Le 6 avril 1644, il fut nommé sacristain de l'église collégiale de Notre-Dame de Montbrison et, dès lors, résida dans cette ville.

Nommé prébendier de la prébende des Saints Innocents, dans l'église de Vernay, le 26 avril 1650, il ajouta successivement à ce bénéfice la prébende de Changy (paroisse de Cordelle), le 20 février 1652, une prébende dont le service se faisait dans l'église de Bully, en Roannais, le 28 juillet 1654, et la prébende de Vinols dont le service était acquitté dans la chapelle de Notre-Dame de Chantois, en 1668 (1).

Jean-Marie de La Mure qui, en 1654, avait obtenu le grade de docteur en théologie et les titres de conseiller, aumônier et historiographe du roi, fit son testament le 24 juin 1675, et mourut au début de novembre de la même année. Passons maintenant la plume à celui dont nous venons d'esquisser, trop brièvement, la vie si bien remplie. Il va nous faire connaître son opinion sur l'origine et le nom de notre ville et nous décrire l'état des monuments Gallo-Romains qui prouvaient de son temps l'antiquité et l'importance de la ville de Roanne, lieu de sa naissance :

« Roanne, dont le nom primitif est celui de *Rodune*, est le premier lieu de tout le pays de Forez, dont nous trouvions le nom dans la géographie de Ptolémée, qui est le premier auteur ancien qui a traité, presque dans le premier siècle, des lieux particuliers de ce pays... »

Le bon chroniqueur de La Mure entreprend ensuite de nous expliquer l'origine et le sens du nom primitif de Roanne, mais en pareille matière, son érudition laisse à désirer et il se livre à la fantaisie de son imagination et aux bons sentiments qu'il garde à sa petite patrie. Le nom de Rodune, écrit-il, dans un style qui chemine à pas lents, vient d'un mot grec « qui veut dire rose et parce que la rose est la plus belle fleur des jardins des Ségusiens, ils ont donné ce nom à cette ville qui est la plus belle et la première de leur pays et, bien que n'ayant pas retenu sa splendeur première, cette ville a néanmoins gardé son nom à cause de la belle et agréable plaine dans laquelle elle est située. »

Après avoir essayé de justifier son opinion par un passage des commentaires de César et la présence des Rhodiens, dont le nom se rapproche de celui de Rodune et dont les monnaies portaient pour

---

(1) D'après l'ouvrage de M. Beyssac : *Les Chanoines de Notre-Dame de Montbrison*, qui apporte tant d'utiles précisions aux biographies des chanoines de la collégiale de Notre-Dame d'Espérance.

devise le mot « rose », de La Mure continue en nous décrivant les antiquités qui existaient encore de son temps dans sa ville natale.

« Il n'est pas merveille que Roanne se trouve nommée sous le nom de Rodune dans les œuvres d'un géographe qui a écrit du temps des premiers empereurs romains, puisque quelques ruines et quelques débris qu'elle ait souffert depuis si longtemps et par un si grand nombre de guerres qui ont passé, on trouve néanmoins dans Roanne, encore à présent, des marques des ouvrages de ces anciens Maîtres du monde.

« Et qu'ainsi ne soit à l'une de ses portes, vulgairement appelée de Mably, dans un jardin voisin situé dans une terre appelée des nobles de Bagnolz (1), se voient encore aujourd'hui des murs antiques formant un petit édifice, rond au dedans, quoique carré au dehors, bâti et cimenté de la manière des anciens Romains, portant environ vingt-cinq pieds en rond, et douze et demi de hauteur, qui par cette figure, et cette bâtisse ont toute l'apparence d'un ancien temple des Dieux du temps de ces mêmes Romains (2), pour preuve de quoi, lors qu'on a voulu foüir auprès de ces masures, on y a trouvé plusieurs pièces de marbre, aussi grande quantité d'urnes et diverses médailles antiques de toute sorte de métaux, de sorte que ce petit Temple, marquant l'antiquité du lieu y parait comme un reste de l'idolâtrie et comme un débris manifeste de cette ancienne Rodune, ainsi que sur l'extrémité du Roannais même, les noms de ces deux fausses divinités, qu'on appelait Pan et Diane, semblent aucunement être

---

(1) « La terre des nobles de Bagnolz », qui englobait le quartier situé aujourd'hui entre la place de la Voierie et la rue des Thermes-Romains, comprenait, au XIIIᵉ siècle, une maison dite de Baignaux, qu'il ne faut pas confondre avec une maison forte de même nom, sur la paroisse de Noailly. La maison de Baignaux à Roanne, appartenait en 1220 à Marie de Semur, de la maison de Bourgogne, qualifiée noble Duchesse, dans le traité passé à Saint-Germain en Roannais (aujourd'hui Saint-Germain-Lespinasse), en mars 1223, par lequel Marie de Semur remettait au comte de Forez sa maison de Baignaux et tout ce qu'elle pouvait avoir au territoire de Roanne. En retour le comte de Forez se désistait de la garde du lieu appelé Saint-Julien, qu'avait remis en son pouvoir l'abbé de Saint-Rigaud, et s'engageait à ne pas étendre ses possessions du côté de Changy et de l'Espinasse. A noter que la dame de Semur qui possédait partie de la seigneurie de Mably, reconnaissait au comte la propriété du « Grand Chemin, jusqu'au fossé de Vivans », ce qui indique qu'au sortir de Roanne, « le Grand Chemin » suivait un parcours différent de celui d'aujourd'hui. (*Histoire des Ducs de Bourbon et des comtes de Forez*, par J.-M. de La Mure, tome Iᵉʳ, p. 213).

(2) J.-M. de La Mure se trompe sur la destination de cet édifice qui a été reconnu pour être un établissement de bains ou thermes.

restés en ceux de ces fameux et célèbres hameaux voisins nommés vulgairement *Pangus et Dianieres* (1).

« On a encore trouvé beaucoup de ces urnes et de ces médailles en plusieurs lieux autour de cette même ville ancienne, et on y a démoli de nos jours quelques autres masures, qui n'étaient pas loin des sus mentionnées, qui ressentaient entièrement les ouvrages romains.

« Une autre antiquité qui subsiste encore près de Roanne, et qui ne dénote pas peu sa vaste étendue lorsqu'elle portait le nom de Rhodune, c'est que de l'autre côté de cette ville, au-delà de la rivière appelée de Renezons, non loin du rivage de la Loire, en un territoire appelé du Boirat, se voit, à fleur de terre, une grande pierre de huit pieds de long et quatre de large, tournée ainsi que va le cours de la Loire, ayant sur son extrémité, du côté qui regarde ce fleuve, un filet de marbre blanc, marqueté aussi en plusieurs endroits de petits carreaux de même marbre, assise sur des murs de brique enfoncés en terre, et cimentés à la romaine, qui, par des ouvertures faites en ovale, qu'ils ont tout autour, ont donné lieu de fouïr dans la voûte qu'ils forment au-dessous de cette pierre à la façon d'un ancien Mausolée, dont encor ont été tirées plusieurs autres médailles antiques (2).

« Cette pièce qui a grande apparence des ruines de l'ancienne Rodune, montre combien spacieuse était l'enceinte de cette ville, lorsqu'elle avait qualité de Cité des Segusiens, avec tant d'éclat et de lustre qu'elle a mérité d'être nommée la première par l'ancien géographe Ptolémée, et cela nous est une marque que cette rivière de Renezons, qui à présent s'en trouve assez éloignée, y passait en ce temps-là, et qu'avant que donner ses eaux au fleuve de la Loire, où elle se rend, elle les prêtait à cette ancienne Métropole du pays de Roannais pour servir à ses aqueducs, à ses bains et à ses autres commodités, auxquelles elle pouvait lui être nécessaire ; et, en effet, non loin de cette rivière dans les terres voisines d'une Chapelle, qui

---

(1) On voit que de La Mure estime que les noms de Pangus et Dianières rappellent Pan, dieu des bergers et Diane la chasseresse. Les hameaux qui jadis portaient ces noms étaient situés sur les confins du Bourbonnais et du Forez. Selon Vincent Durand, le hameau de Pengut cité dans un terrier d'Ambierle, de 1385-1421, serait aujourd'hui le hameau de Fayet, commune d'Arfeuilles (Allier). Quant au hameau de Dianières qui fut longtemps possédé par la famille de Chaugy, il fait aujourd'hui partie de la commune d'Ande-la-Roche, (Allier).

(2) Ce mausolée gallo-romain situé au midi du confluent du Renaison et de la Loire a disparu vers 1832, lors des travaux effectués pour la rectification du cours du fleuve. Avant cette époque, le confluent du Renaison et de la Loire se trouvait près du pont biais à deux arches construit sur le Renaison.

y est dédiées à saint Jean-Baptiste (1), ont été encore trouvées plusieurs urnes anciennes, et la Paroisse plus ancienne de celle de Roanne, qui baigne et arrose ce même ruisseau de Renezons, retient encore vraisemblablement de la plus vieille antiquité cet extraordinaire nom de Riorges, en latin selon les vieux titres de ce livre, *locus Riorgiarum*, comme si ce nom venait *a ritu orgiarum* de ces anciennes cérémonies et consécrations païennes, qui selon les Grecs, dont le langage était familier aux Druides, s'appelaient ordinairement Orgies, d'un verbe grec qui signifie consacrer.

« Et certainement si Roanne a emprunté les eaux de cette rivière de Renezons dans sa splendeur ancienne, elle ne lui en est pas demeurée ingrate, puisque c'est elle qui lui a donné le nom : car d'où vient ce mot de Renezons, si ce n'est de Roanne, puisque dans les vieux titres il s'écrit Roannaisons, ce nom qui se dérive de Roanne, remonte par les eaux de cette rivière jusqu'au bourg, où est la source qui, comme elle, s'appelle Renezons ; elle donne ce nom au vignoble qui l'environne, qui est le plus délicat du pays, et un des plus estimés qu'il y ait en France.

« Et de fait, qui n'avouera que c'est de Roanne que cette rivière, ce bourg et ce vignoble, tous trois nommés de Renezons, et aux vieux titres Roannaisons, tirent leur nom puisque, comme nous avons vu, tout un pays l'emprunte d'elle, et qu'à cause de ce lieu ancien il y a un pays nommé de Roannais, qui, quoi qu'il soit joint et uni à celui de Forez, retient pourtant toujours ce nom particulier, comme lui ayant été transmis par l'ancienne Cité à laquelle il ressortissait sous les Romains, et dont le vieux nom de Rodune a passé en suite de divers changements que nous en avons rapportés, en ce nom moderne que porte la ville de Roanne, laquelle montre encore son vieux château si ancien, que dans son enceinte ont été foüies quantité de médailles antiques, et de plus, y ont été trouvés plusieurs tombeaux de pierre garnis d'ossements d'hommes, « grands outre mesure... »

En ce qui concerne les ossements « grands outre mesure », de La Mure a dû les voir plus grands qu'ils n'étaient, car les restes humains contenus dans les sarcophages découverts depuis cent ans dans le voisinage du château, n'ont rendu que des ossements ordinaires et de taille commune. Quant aux monuments gallo-romains qu'il décrit avec soin, on ne peut mettre en doute l'exactitude de ses renseignements parce que, dès son enfance, il les avait connus et visités, son père, François de la La Mure, président en l'élection de Roanne, ayant étudié les origines de notre ville et, au dire de Guillien, réuni des notes sur l'histoire de Roanne à travers les âges.

L'ouvrage dont sont extraits les renseignements qui précèdent,

---

(1) La chapelle Saint-Jean se trouvait à l'angle des rues Brison et Beaulieu.

parut en 1674, un an avant la mort de son auteur, sous ce titre :
*Histoire Universelle, Civile et Ecclésiastique du pays de Forez, dres-*
*sée sur des autoritez et des preuves authentiques,* par Noble Messire
Jean-Marie de La Mure, Prêtre, Docteur en Théologie, Conseiller,
Aumônier du Roy, Sacristain et Chanoine de l'Eglise Royale de
Montbrison.

A Lyon, chez Pierre Compagnon et Robert Taillandier, rue Mer-
cière, *au Cœur-bon,* 1674.

La rareté de ce volume explique pourquoi nous avons placé ces
extraits sous les yeux des lecteurs.

# DEUXIÈME PARTIE

Riorges - La Bénisson-Dieu - Le Coteau - Vernay
Commelle - Parigny
Saint-Vincent-de-Boisset - Boisset - Perreux
Montagny - Coutouvre - Combre.

## Le Prieuré, la Paroisse, la Commune.

La légende a enguirlandé de pampres, orné de raisins et fleuri de roses, les origines de Riorges. Les auteurs qui ont écrit sur cette localité disent, en effet, que le nom de Riorges vient de deux mots latins *rus orgiarum* (1), campagne des orgies, étant entendu que le mot orgies s'applique aux bacchanales ou fêtes organisées en l'honneur de Bacchus, dieu du vin. Sans donner autorité à cette étymologie et sans confirmer cette interprétation du mot *orgies*, l'histoire, appuyée sur les documents et la tradition, observe que cette étymologie est possible, que la culture de la vigne est fort ancienne à Riorges et que l'on a découvert sur le territoire des urnes funéraires, des tuiles à rebord et des monnaies romaines, notamment une belle pièce d'or de Néron (2).

Bien des siècles s'écoulèrent entre le temps des bruyantes et mystérieuses fêtes païennes et l'établisssement d'une religion dont les premiers apôtres devaient renouveler l'aspect du pays, mais l'histoire de ces siècles lointains reste une nuit obscure. Un jour les habitants des huttes et chaumières disséminées sur le territoire de Riorges virent arriver dans le pays quelques religieux qui se réclamaient de l'abbaye d'Ainay. Ils choisirent entre le rebord du plateau et la rivière

---

(1) Voici ce que dit La Mure à ce sujet : « La paroisse voisine de celle de Roanne... retient encore vray-semblablement de la plus vieille antiquité cet extraordinaire nom de Riorges, ce latin selon les vieux titres de ce lieu, *locus Riorgiarum*, comme si ce nom venait à *ritu orgiarum*, de ces anciennes cérémonies et consécrations payennesques qui, selon les Grecs dont le langage estait familier aux Druides s'appelaient ordinairement orgies. » De La Mure, *Histoire Uniververselle, civile et ecclésiastique du pays de Forez*, p. 125.

(2) Cette pièce appartient au Musée de Roanne.

de Renaison un terrain d'accès et de protection facile. Sa fertilité était évidente car il recevait à la fois les alluvions apportés par la rivière et l'humus que les pluies d'orage descendaient du plateau dans la plaine. On voit par le choix de ce terrain que les nouveaux venus n'étaient pas des religieux purement contemplatifs, mais des moines actifs et laborieux qui, selon les besoins du temps, étaient aptes à éduquer et à instruire les habitants à demi sauvages de la contrée et à défricher la terre inculte et couverte de broussailles.

C'est l'accomplissement de ce double travail d'éducation et de culture qui explique la prodigieuse influence des moutiers bénédictins dans le haut moyen âge.

Bientôt les religieux bénédictins de Riorges et les frères servants qui les accompagnaient, virent accourir auprès d'eux les tenanciers du pays et des gens de toutes professions. Sous la direction éclairée des religieux, le pays fut défriché et des chaumières furent construites dans le voisinage du prieuré. Celui-ci, du reste, grâce aux corvées féodales, ne tarda pas à devenir une sorte de maison forte, avec un ténement entouré d'un large fossé, afin que les habitants puissent trouver un abri avec leurs troupeaux, en cas d'une incursion barbare ou d'un danger imminent. Ainsi fut constituée, à l'abri du prieuré, une petite agglomération habitée par des cultivateurs et des gens de professions diverses, qui demandaient aux moines à la fois les secours spirituels et la protection matérielle. La pénurie de documents sur ces temps reculés ne nous permet pas de pénétrer dans la vie intime de nos religieux. Toutefois, les actes postérieurs nous donnent quelques renseignements sur le moutier et ses habitants à cette époque.

Nous savons d'abord que notre monastère avait le titre de prieuré et qu'il dépendait de l'abbaye d'Ainay (1), sans que l'on puisse déterminer si cette dépendance avait pour origine une donation seigneuriale ou un apport dotal fait par un religieux à l'abbaye. Les pièces officielles permettent aussi de constater que notre prieuré était sous le patronage de saint Martin, mais elles ne disent pas si ce patronage provenait de la substitution d'un vocable chrétien à un vocable païen, — substitution fréquente à l'époque néo-chrétienne, — ou si ce patronage était un témoignage de piété envers le grand thaumaturge des Gaules, ou un hommage rendu à l'abbaye Saint-Martin-d'Ainay, chef d'ordre de la maison de Riorges. Enfin, on constate que dès l'origine le prieur et les religieux jouissaient de certains droits

---

(1) L'abbaye d'Ainay était située au confluent du Rhône et de la Saône. Sa fondation remontait à une époque lointaine puisqu'elle comptait la reine Brunehaut parmi ses bienfaitrices. De cette antique abbaye, jadis considérable, il ne reste plus aujourd'hui que l'église abbatiale, qui est actuellement le siège de la paroisse Saint-Martin-d'Ainay.

seigneuriaux, cens, rentes, redevances en argent et en nature, droits
de corvées, etc. Quant au droit de justice haute, moyenne et basse,
dont se prévalaient un si grand nombre de seigneurs féodaux, on le
voit exercé par le prévôt de Saint-Haon, le juge de la Mothe et, plus
tard, par les officiers du bailliage de Roanne. La réserve de ce droit
si commun jadis et le peu d'importance du domaine territorial du
prieuré, indiquent que si son origine était ancienne, ses débuts avaient
été modestes.

C'est au début du xii⁰ siècle que le prieuré de Riorges entre dans
l'histoire documentaire et, dès lors, ses chroniques se divisent en trois
périodes : les prieurs réguliers, les commendataires et le fermage.
Dans la première, notre moutier est administré par des prieurs bénédictins soumis à la règle ; dans la seconde, par des prêtres ou des
laïcs non résidents et dans la troisième, réduit au rang de simple
bénéfice, ce n'est plus qu'un domaine rural dont le collège des Jésuites de Roanne perçoit les revenus.

La période des prieurs réguliers fut la plus florissante de l'histoire
de notre moutier, tant au point de vue de la religion que des intérêts
matériels.

C'est ainsi qu'à une époque restée imprécise, les moines bénédictins, qui avaient d'abord assuré le service religieux, firent édifier, non
loin du prieuré, une église paroissiale sur laquelle nous ne tarderons
pas à revenir. Cette création avait pour but de rendre plus facile aux
habitants la fréquentation de l'église, comme aussi de rendre les religieux plus indépendants dans leur propre maison. En effet, l'obser-
vation de la règle bénédictine n'est pas toujours d'accord avec les
exigences de la vie paroissiale ; et puis, réguliers et séculiers peuvent
être gênés en exerçant le culte dans un même local. Au reste, la
création d'une église paroissiale dans le voisinage d'un prieuré n'est
pas un exemple particulier à Riorges et nous le voyons se reproduire
à Charlieu où, à côté de l'église abbatiale de Saint-Fortunat, nous
voyons coexister l'église paroissiale de Saint-Philibert, à Ambierle où,
à côté de l'église conventuelle de Saint-Martin, s'élève l'église paroissiale de Saint-Nizier, à Cremeaux où l'on voit l'église prieurale de
Notre-Dame et l'église paroissiale de Saint-Martin, à Saint-Just-
en-Chevalet où à côté de l'église prieurale de Saint-Just, se trouve
l'église paroissiale de Saint-Thibaud et, à Pommiers où, à côté de
l'église prieurale de Saint-Pierre, on voyait l'église paroissiale de
Saint-Julien ; on pourrait multiplier les exemples mais nous nous
contentons de citer ici les cas les plus rapprochés de Riorges.

Le plus ancien document historique qui fasse mention du prieuré
Saint-Martin de Riorges est sans doute l'acte de fondation du prieuré
de Beaulieu, fondé vers 1115 par un membre de la famille seigneuriale de Roanne. Bien que cet acte fasse expresse réserve des droits
des religieux bénédictins de Riorges, il faut croire que ces droits
n'étaient pas très notoires, car dans la suite plusieurs accords et
transactions intervinrent pour leurs constatations et règlements entre

l'abbé d'Ainay et les religieux de Riorges d'une part et la prieure
et les religieuses de Beaulieu de l'autre. Le plus important de
ces actes est l'accord qui fut signé le dimanche 18 des kalendes de
juillet (14 juin) de l'année 1208, par l'entremise de Renaud de Forez,
archevêque de Lyon, entre Aymendric, abbé d'Ainay, et Paule,
prieure de Beaulieu.

Le prieuré de Riorges figure dans la bulle du pape Innocent IV, en
date du 17 novembre 1250, qui confirmait tous les droits et possessions appartenant à l'abbaye d'Ainay.

Cette insertion dans un acte pontifical semble avoir accru la notoriété de notre prieuré qui reçut dès lors plusieurs donations et fondations testamentaires (1).

Guy V, comte de Forez, vers 1257, accorda au prieur de Riorges,
en même temps qu'à l'abbé de la Bénissons-Dieu et au prieur d'Ambierle, le droit d'intitulation, c'est-à-dire l'honneur de figurer avec
lui au commencement des actes et contrats publics, à la confection
desquels ces dignitaires ecclésiastiques assistaient. Cette concession
bien que purement honorifique marque, semble-t-il, l'apogée de la
prospérité de notre moutier. Dans la suite, cependant, il reçut encore
quelques donations de certaines familles nobles du pays ; mais la
guerre de cent ans paraît lui avoir porté un coup mortel. Dès 1380 il
est rarement question des religieux et c'est à peine si les documents
nous font connaître les noms de quelques-uns des prieurs qui administrèrent le couvent. Citons parmi eux : Gaudemar du Says, 1278 ;
G. de Vassalieu, 1293 ; Pierre de Vassalieu, 1301 ; Pierre de Monteil,
1304 ; Louis de Villars (2), archevêque de Lyon, 1305-1306 ; Pierre de
Vassalieu, 1312 ; Guy de Vassalieu, 1313 ; Jean Bobon, 1431 ; Philippe
Caille, 1461-1463 ; Zaccharie de la Mothe, 1486, et François Du-
chef, 1465.

Tels furent les prieurs réguliers du moutier bénédictin de Riorges;
il est à peine utile de faire observer que les titres et la qualité de
plusieurs d'entre eux prouvent qu'ils ne résidaient pas en leur
prieuré.

✻✻✻

La seconde période de l'histoire du prieuré de Riorges, celle des

----

.(1) En 1239, Guy IV, comte de Nevers et de Forez, dit le Trans-
marin, sur le point de partir pour la Croisade, donne par testament
trois sols au prieuré de Riorges, redevance à percevoir dans la cen-
sive de Cervières.

(2) C'est au prieuré de Riorges que Louis de Villars, archevêque
de Lyon, signe, le samedi avant les Rameaux de l'année 1305 (ancien
style), l'érection en collégiale de l'église paroissiale de Saint-Nizier
de Lyon.

prieurs commendataires, n'eut que la durée d'un siècle environ ; elle est marquée par la restauration ou la reconstruction du prieuré et elle est caractérisée par la diminution et la mort de sa vie religieuse.

Au début du xvi° siècle, l'abbaye d'Ainay tomba en commende et notre prieuré ne tarda pas à subir la même déchéance. Comme conséquence de cette situation, il fut désormais attribué à des personnages qui n'étaient pas tenus à la résidence, ni assujettis aux règles monastiques. Ce fut alors que la maison noble de Chandon donna successivement à notre moutier deux prieurs : Guy et Jean Chandon (1). Contemporains de Louis XII et de François I°r, ils firent restaurer, presque reconstruire l'antique maison des moines bénédictins, tout en lui conservant son caractère de maison forte, protégée par un fossé et un mur d'enceinte. Les événements qui devaient se dérouler un demi-siècle plus tard, allaient démontrer que cette précaution n'était pas inutile.

Parmi les successeurs de Guy et Jean Chandon il faut encore citer Jean d'Amanzé (2), chanoine et comte de Lyon et prieur de Riorges en 1547 ; puis Thomas Chandon qui prit possession du prieuré à l'époque où les troubles religieux allaient allumer la guerre civile dans le pays. C'est au cours de cette guerre que le prieuré de Riorges fut ruiné dans des circonstances qu'il est possible de préciser.

Au mois de février 1576, une forte armée de reîtres, levée sur les bords du Rhin, aux frais du Prince de Condé et des protestants de France, traversa la Bourgogne et s'empara de la ville de Marcigny. Le 9 février, cette armée reprit sa marche, traversa la Loire, puis se sépara en deux corps de troupes. Une de ces bandes, composée de six à sept cents cavaliers, prit par Lespinasse et Changy et vint mettre le siège devant Saint-Haon-le-Châtel. Les bourgeois de cette petite ville, se rendant compte de l'inutilité de leur résistance, entrèrent en pourparlers avec les chefs des reîtres. Le siège et la discussion des articles de capitulation durèrent trois jours, que les soldats allemands mirent à profit pour piller et rançonner tout le pays jusqu'à Roanne et au fleuve de Loire (3). Ce fut alors que le prieuré de Riorges fut pillé et son église mise à sac et détruite, comme le déclarent les habitants vingt ans plus tard au visiteur ecclésiastique envoyé par l'Archevêque de Lyon et le parlement de Paris, pour enquê-

---

(1) La famille Chandon était originaire du village de ce nom, dans le canton de Charlieu.

(2) Il était fils de François d'Amanzé, seigneur de Chauffailles, et de Catherine de Semur.

(3) Nous avons raconté cette expédition dans la monographie de Saint-Haon-le-Châtel, insérée dans notre travail : *Les villes mortes du pays roannais.*

ter sur les faits de guerre (1). Quant aux prieurs et aux religieux « qui, au nombre de trois ou quatre » résidaient alors au prieuré, il est probable qu'ils n'avaient pas attendu l'arrivée des reîtres pour mettre leurs personnes en sûreté.

Cependant la ruine du prieuré ne fut consommée que quelques années plus tard, vers 1592.

Au cours de cette année et des années suivantes, ligueurs et royalistes parcoururent successivement le pays qui fut alors rançonné, pillé et saccagé par les uns et les autres. Le plus connu des chefs royalistes du voisinage, Henri d'Apchon, seigneur de Saint-André, s'empara du château de Boisy et le transforma en forteresse, ainsi que le petit castel de Vaux, paroisse de St-Romain-la-Motte. Installés dans ces deux places fortes, les soldats du sieur d'Apchon exercèrent leurs déprédations sur tout le pays voisin. Le prieuré de Riorges ne fut pas épargné et, dans cet humble moutier comme à l'Abbaye de la Bénisson-Dieu, « ils enlevèrent ce qui était à leur convenance et alimentèrent leurs feux avec les meubles et les boiseries de la maison (2).

Si la destruction de notre prieuré ne fut pas complète, à cause de l'épaisseur de ses murailles, sa ruine n'en fut pas moins totale ; car les gens de guerre ne furent pas seuls à l'accomplir. Fait particulièrement lamentable, plusieurs notables du pays, notamment les nommés Coste dit Jandon et Poupée, contribuèrent aussi à cette ruine. ainsi que le déclarèrent les habitants à l'enquêteur officiel qui vint les visiter lorsque la tranquillité eut été rendue au pays.

En 1596, la paix rétablie, un sieur Claude Gaillardon vint prendre

---

(1) On lit dans le procès-verbal de la visite pastorale faite le 10 août 1596, par Pierre Pomyers, curé de Saint-Germain-Laval et archiprêtre de Roanne : « Nous sommes transportés dans le Prioré dudit Riorges, auquel estants dans la chapelle ou esglise dudit Prioré, laquelle nous avons trouvé en ruyne et ne s'y faict aulcun service ains qu'il nous a esté affirmé par les dessuz nommez, puys vingt ans ensa, et auparavant ont veu le Prieur dudit Riorges y faire continuelle résidance, avec trois ou quatre religieux, comme partie des habitants nous ont certifié...... »

(2) D'après le procès-verbal publié dans le Bulletin de *La Diana*, l'abbaye de la Bénisson-Dieu fut occupée par surprise, par le sieur de Frétey d'Apchon et ses complices, qui vinrent à la dite abbaye : « soubz couleur de veoir feu dom Gilbert Limosin, prieur dudict couvent, qui estoict malade, et se saysirent de ladite abbaye, criant « Vive la Ligue ! » Les soldats du sieur d'Apchon séjournèrent plusieurs mois dans l'abbaye, pendant lesquels ils pillèrent et ruinèrent l'église, le manoir abbatial et la maison des moines. Les meubles et ustensiles de cuisine furent transportés en la maison de Montregnard et « ung fauconneaux qui estoict pour la garde de ladicte abbaye au lieu et maison de Vaux... »

possession du moutier en qualité de prieur ; mais il semble n'avoir fait que les réparations nécessaires pour tranformer l'ancien moutier en domaine rural. On constate toutefois qu'il n'éprouva aucune difficulté, soit à transformer son prieuré, soit à jouir de ses revenus. Il fut même assez heureux pour le transmettre à Guichard Cotton, un de ses parents alors novice de la Compagnie de Jésus. Ce dernier étant mort jeune encore notre « bénéfice » passa comme une terre patrimoniale à son frère Jacques Cotton, fondateur du Collège de Roanne. Ce seigneur qui avait assuré aux jésuites une rente annuelle de 3000 livres leur donna à valoir le prieuré de Riorges dont le revenu était évalué à 700 livres. Deux bulles données par le pape Paul V, les 9 janvier 1608 et 23 août 1609, ratifièrent cette donation, à la condition toutefois qu'une rente de 200 livres serait payée à l'Abbaye d'Ainay.

***

Cette nouvelle phase de l'existence de notre prieuré, constitue la troisième période de son histoire ; elle commence à la prise de possession des jésuites le 15 décembre 1610 et se termine à la vente du prieuré comme bien national, en 1792. Notre ancienne maison religieuse devenue un prieuré sans prieur, un moutier sans moines, n'est plus désormais qu'un simple bénéfice ecclésiastique, c'est-à-dire un domaine rural, jouissant de certaines immunités et prérogatives, dont la plus importante était sans doute le droit de nomination aux cures de Riorges, St-Léger, Saint-Cyr-de-Favières et Nandax. (1). Par suite de cette situation, on ne sera pas surpris de constater que la chronique de notre prieuré ait perdu de son importance et de son intérêt, toutefois, certains événements méritent d'être relatés, à cause de leur contact avec l'histoire générale.

Après leur prise de possession, les Jésuites achevèrent les réparations du prieuré, commencées par les trois derniers possesseurs. Ceux-ci, en effet, avaient fait reconstruire la chapelle et restaurer le bâtiment principal. Ce renseignement est confirmé par une requête adressée à la Cour de Rome, par Jacques Cotton de Chenevoux, en 1609, indiquant qu'à cette époque les diverses constructions du prieuré ont été remises en état. Deux dessins du P. Etienne Martellange, architecte du collège de Roanne, datés de 1610 et 1617, permettent de décrire à grands traits le prieuré après sa restauration (2).

---

(1) Cependant, au xviiie siècle, la cure de Saint-Léger était à la nomination de l'Archevêque de Lyon et la cure de Nandax en litige entre le Bureau du Collège de Roanne et l'Evêque de Mâcon.

(2) Ces deux vues ont été publiées dans le *Roannais illustré*, à l'occasion d'une remarquable étude de M. R. Chassain de la Plasse, sur le Prieuré de Riorges ; nous avons fait à cette étude de fréquents emprunts.

L'ensemble des bâtiments occupe un vaste quadrilatère entouré d'eau. Le bâtiment principal, édifié dans la direction nord-sud, présente d'abord au couchant une maison d'habitation coiffée d'une élégante toiture, et à la suite, au levant, la chapelle formée d'un petit édifice surmonté d'un campanile. L'angle nord-est du quadrilatère est occupé par un pigeonnier qui abrite la porte principale. Le pont-levis qui reliait jadis la porte à la terre ferme fut supprimé après 1610 et remplacé par un pont en pierre.

L'histoire de la Maison des Jésuites de Roanne indique que dès leur prise de possession les Pères de la Compagnie de Jésus rendirent un signalé service aux habitants de Riorges.

Le logement des troupes de passage était sous l'ancien régime une lourde charge pour les habitants des campagnes et lorsque ce passage se transformait en séjour cette charge devenait intolérable. Il n'en aurait pas été ainsi, si les soldats se fussent contentés des avantages que leur accordait le droit coutumier : le toit, l'eau et le feu selon la formule du temps ; mais dans la réalité ils profitaient des moindres incidents pour exiger des vivres, exercer des réquisitions et malmener les gens. Or, au printemps de 1613, il y avait plusieurs mois que les habitants de Riorges étaient excédés par les méfaits d'une troupe de soldats logés dans le pays. Grâce à l'intervention du Supérieur du Collège des Jésuites de Roanne, les troupes furent retirées, à la grande satisfaction des tenanciers de la paroisse. Disons en passant que ces troupes commandées par Jacques d'Apchon, seigneur de Saint-André, avaient pour but de paralyser l'influence de Louis Gouffier, marquis de Boisy et seigneur de Roanne, homme ambitieux et intrigant qui, après avoir été compromis en 1608, dans le complot ourdi par la marquise de Verneuil contre Henri IV, conspirait en 1613 avec Gaston d'Orléans contre la reine Marie de Médicis, régente du royaume pendant la minorité de Louis XIII.

En 1762, lorsque les Jésuites furent expulsés hors de France, on considéra avec raison que l'ancien prieuré de Riorges devait rester uni au Collège de Roanne, tenu alors par les Joséphistes. Toutefois, la nouvelle congrégation fut déchargée de l'administration des biens qui fut confiée à un Bureau qui, à la suite de divers arrêts du Parlement, se trouva investi des droits attachés à la propriété et notamment de nommer aux cures de Riorges, St-Cyr-de-Favières et Nandax.

Pendant la Révolution, en 1792, les Joséphistes ayant refusé de prêter serment à la Constitution Civile du Clergé, le collège de Roanne fut supprimé. Le prieuré de Riorges et ses dépendances, déclarés biens de la Nation, furent mis en vente. L'adjudication eut lieu le 3 prairial, an II (22 mai 1794), en 17 lots, et produisit 122.900 livres ; l'estimation préalable ne s'était élevée qu'à 29.200 livres. L'écart entre ces deux chiffres s'explique sans doute par la dépréciation des assignats.

Devenu propriété privée, le prieuré de Riorges a subi de grands changements. Les constructions anciennes qui jadis entouraient le bâtiment principal, ont disparu et celui-ci seul est resté debout, mais en perdant sa haute toiture et la plupart de ses détails architecturaux. « De la construction primitive, écrit M. E. Jeannez, il ne reste qu'une large baie double terminée par deux ogives en accolade, ornées chacune d'un écusson, et encore, pour accommoder les ouvertures à la vitrerie moderne, a-t-on fait disparaître les meneaux, entaillé les écussons, aplani les moulures.

M. Joseph Tixier, le propriétaire actuel, en le réparant, il y a quelques années, a tâché de faire revivre le caractère ancien de la construction, et a recueilli pieusement les quelques vestiges du passé qu'il a pu retrouver. On a découvert à ce moment, noyés dans la maçonnerie, quatre écussons armoriés. Le plus beau et le plus grand a été brisé par les maçons, deux autres, très frustes, ont été placés à l'extérieur du mur de clôture du jardin. On y distingue encore une fasce, avec une étoile en chef ; il est difficile de donner une attribution certaine à ces armoiries.

La dernière pierre, beaucoup plus importante et bien mieux conservée, a été placée au dessus de la porte d'entrée. Sur un cartouche ogival ajouré, à six branches, se détache un écusson portant une fasce accompagnée de trois trèfles et entouré d'une cordelière en bordure ; on reconnaît là évidemment les armes des Chandon de Briailles qui sont : « d'argent à la fasce de gueules accompagnée de trois trèfles de sable », ou d'or à la fasce engrelée de gueules accompagnée de trois trèfles d'azur ou de sable ». Il se peut que cette sculpture soit contemporaine de la construction du prieuré, qu'elle fixerait ainsi aux dernières années du XVe siècle, ou aux premières années du XVIe, sous les prieurs Guy ou Jean Chandon.

* * *

Cependant le prieuré de Riorges est le passé, la commune est le présent, et la paroisse, qui est à la fois le passé et le présent, sert de trait d'union. Retraçons brièvement l'histoire de la paroisse à travers les âges, avant d'esquisser celle de la commune.

La première église de Riorges fut la chapelle du prieuré, et les premiers desserviteurs furent les bénédictins. Jusqu'à quelle époque le service religieux fut-il ainsi donné par les bénédictins, il est difficile de le préciser. Toutefois, dès le XIIe siècle on constate la coexistence de la chapelle du prieuré, dédiée à saint Martin, et d'une église paroissiale placée sous le vocable de saint Laurent et desservie par un curé.

Les actes du XIVe siècle font connaître plusieurs détails intéressants de la vie paroissiale à cette époque. Ils permettent d'abord de constater que les habitants de la région avaient une particulière dévotion « à la Bienheureuse Vierge Marie de Riorges ».

Les paroissiens de Roanne et ceux de plusieurs paroisses voisines avaient coutume d'y venir en procession pour les Rogations. De plus, dans le but de secourir les pauvres et les malheureux, Riorges possédait à cette époque lointaine une confrérie de charité ; elle tenait une frarie ou réunion pour la fête de la Pentecôte et faisait distribuer ce jour-là aux pauvres de la localité du seigle, des fèves et du vin. Un paroissien de Riorges ordonna même par testament, en 1372, de distribuer aux pauvres « tout le blé de la récolte précédente qui resterait alors dans ses greniers. »

Si le territoire de Riorges avait connu à l'époque gallo-romaine les désordres des bacchanales, les chants des bacchantes, il fut le théâtre au moyen âge de nombreuses manifestations chrétiennes et d'une vie religieuse intense. En effet, dans un rayon peu étendu et non loin de l'église paroissiale il n'y avait pas moins de trois monastères : le prieuré où quelques moines suivaient la règle bénédictine, le « dévôt prieuré » des dames religieuses de Beaulieu, où trente dames environ vivaient selon la règle de Fontevraud et auprès de celui-ci un prieuré d'hommes assujettis à la même règle et appelé dans les documents anciens Saint-Jean de l'Habit. Les lecteurs connaissent les deux premières de ces maisons religieuses par ce qui a été dit plus haut, mais il n'est pas sans intérêt de faire revivre devant eux la maison de Saint-Jean de l'Habit ; cette évocation sera une résurrection, car cet antique monastère a disparu depuis près de quatre siècles.

En fondant l'abbaye de femmes de Fontevraud, Robert d'Arbrissel avait statué qu'un couvent d'hommes serait établi auprès de cette maison et qu'il en serait de même dans toutes les maisons de l'ordre. Afin de donner plus d'autorité à sa décision, il l'avait fait approuver par le pape Innocent II qui, en 1132, avait concédé une charte confirmative et approbative. Beaulieu eut, nous dit de La Mure, dès l'origine, une maison d'hommes auprès du prieuré habité par les religieuses et il cite les noms de quelques prieurs.

Les documents qui parlent du monastère de Saint-Jean de l'Habit de Beaulieu sont rares ; ils permettent cependant de constater que le supérieur, élu par les « frères », avait la qualité de prieur, qu'il était soumis à la prieure des dames et que ces religieux s'adonnaient au travail des mains et à la culture « pour ce que, disent les règles de Fontevraud, les femmes sont plus aptes à la vie contemplative et les hommes à la vie active. »

Un testament du début du xvᵉ siècle, fait connaître le nom d'un prieur de Beaulieu resté inconnu jusqu'ici et donne quelques détails curieux sur les personnalités religieuses de Riorges à cette époque et la topographie de Roanne.

Par son testament daté du 29 septembre 1420, Jean Charmeglon, clerc et juré de la cour de Forez « de la paroisse de Riorges », élit sa sépulture au tombeau de ses ancêtres, dans le cimetière de l'église paroissiale de Riorges ; il fait des legs au curé et à la luminaire dudit Riorges, plus « donne et lègue à vénérable et religieuse personne, frère Barthélémi Ollivier, prieur du prieuré de Beaulieu et à

Jeanne... la maison qu'il possède au château de Roanne, auprès de la
mure (masure) du seigneur de Couzan, des murailles de la ville de
Roanne et proche la maison de dame Isabelle de Moles, moniale de
Beaulieu. » Ce testament, reçu Guillaume Brunaud, clerc notaire,
juré de la Cour de Forez, fut passé en présence d'honnêtes Guillaume
de la Farge et Pierre Ollier, prêtre (1).

Ainsi au centre de la paroisse et dans un rayon peu étendu, il n'y
avait pas moins de quatre édifices religieux à Riorges ; ils entouraient
l'église comme des constellations : au midi, l'antique *cella* de Saint-
Martin servant de chapelle au prieuré bénédictin et, au nord, la
grande église de Notre-Dame de Beaulieu et la chapelle de Saint-Jean
de l'Habit. Cette dernière maison disparut dans la seconde moitié du
xvi⁰ siècle, après avoir eu pour derniers prieurs Gilbert de la Fin
(1540), abbé de la Bénisson-Dieu, et Claude de Mont-d'Or (1543). Au
siècle suivant, il ne restait plus que des vestiges du vieux moutier de
l'Habit, car le chroniqueur de la Mure écrit : « dans les vieilles masures de ses bâtiments, ce monastère (Beaulieu) montre encore les
vestiges d'une chapelle et d'un logement où se retiraient, près dudit
monastère, les religieux qui servaient les religieuses. »

A partir de 1610, la suppression du prieuré bénédictin donna un
regain de vie à la paroisse. Plusieurs fondations pieuses vinrent en
effet l'enrichir dans le courant du xvii⁰ siècle et au début du
xviii⁰. Ces fondations sont rappelées dans une déclaration faite en
1738 par le curé de Riorges à l'archevêque de Lyon. Dans cet acte,
Claude Giraud, qui reçoit un traitement de 300 livres des jésuites de
Roanne, observe que son casuel est nul à cause de la pauvreté de
ses paroissiens.

Au début de 1792, l'église paroissiale de Riorges fut fermée et
vingt mois plus tard elle fut transformée en temple « décadaire ».
Elle abrita pendant quelque temps les réunions des habitants, peu
nombreux d'ailleurs, qui, chaque décadi, venaient entendre la lecture
des lois et décrets de la Convention et des arrêtés municipaux. Cette
lecture faite par le maire ou un des officiers municipaux était coupée
par des chants patriotiques et révolutionnaires.

En 1795, le culte constitutionnel y fut rétabli, puis les prêtres catholiques romains prirent de nouveau possession de l'église (2).

---

(1) Archives départementales de la Loire.

(2) Voici les noms des curés qui administrèrent la paroisse de
Riorges au cours des âges et dont nous avons pu constater l'existence:
Jean Fabri, 1397 ; Pierre Surdel, vers 1580, Claude Farjon, 1584 ;
Etienne Chappuys, 1590 ; Jean-Baptiste Miraud, 1639-1663 ;
Georges Benoist, 1663-1691 ; Bergier, 1693-1724 ; Claude Giraud,
1727-1751 ; Froment, 1751-92. Entre 1795 et 1800 ; Beauchamp, Du-
rieux, Breulh, Colombier, Chambon, Vasseur, Druivon, 1800-1802.
Après le Concordat, les curés furent MM. Dubost, 1803-1812 ; Thibau-

Mais à cette époque il y avait déjà dix ans que la Commune avait remplacé la Paroisse, unité territoriale de l'ancienne France.

Ce fut en effet en janvier 1790, lors de la division de la France en départements, districts et cantons, que la Commune de Riorges fut créée ; elle comptait alors 750 habitants, qui payaient 3006 livres 12 sols d'imposition. La nouvelle commune était appelée «« Riorges et Beaulieu et faisait partie du « canton des Environs de Roanne ».

Il en fut ainsi jusqu'en novembre 1801, époque à laquelle le canton des environs de Roanne fut supprimé. Depuis, Riorges est une commune du canton de Roanne.

En 1814, lors de l'invasion du pays Roannais par les Autrichiens, la commune de Riorges fut particulièrement éprouvée. Une division forte de 3000 hommes, établit ses campements sur la route de Roanne à Renaison. Le soir, des montagnes de la Madeleine, ses bivouacs coupaient le plateau d'une ligne de feu. Cette division ne fit que traverser le pays ; mais plusieurs détachements occupèrent notre commune pendant quelques jours et, plus tard, lorsqu'on remboursa les frais d'occupation, on constata que la commune de Riorges avait été la plus durement frappée.

Cependant la population de la commune ne cessait de s'accroître, grâce surtout à une agglomération qui s'était formée aux portes de Roanne, sur les territoires appelés autrefois les Canaux, les Etangs, le Marais. L'importance de ce nouveau quartier et son voisinage de Roanne suggéra au Conseil Municipal de cette ville, la pensée qu'il pourrait être englobé dans l'agglomération urbaine. La municipalité roannaise justifiait ses prétentions par des raisons de voirie, de police et de topographie.

Une première demande d'annexion de partie de Riorges à la ville de Roanne, fut votée le 18 avril 1853, par le Conseil municipal, sur la proposition du maire, M. Louis Audra-Fauvel. Une deuxième supplique fut présentée à l'administration dans le même but, le 18 juillet 1858, par le conseil municipal, présidé par M. Clerjon, maire. Dans cette supplique, il est demandé : « que la limite des deux communes de Roanne et de Riorges, soit dorénavant déterminée par une ligne partant de la naissance du chemin du Mayollet, sur la route de Clermont, pour se diriger sur le ruisseau Marcellin, près le chemin d'Ouches à la Farge, en suivant ensuite ce chemin jusqu'à la Farge et de là en suivant les chemins des Canaux et du Grand-Marais jusqu'au fossé (le Fuyant), formant un affluent du ruisseau d'Oudan, et en suivant ce fossé jusqu'à la limite des deux communes vers ledit ruisseau ; le surplus du territoire de la commune de Roanne

---

dier, 1812-1822 ; Cheucle, 1823-1825 ; Douix, 1825-1829 ; Corgié; 1829-1879 ; Cros 1879-1891 ; Durieux, 1891-1899 ; Antoine Dévant, 1899-1915.

entre Villerest et Riorges (1) et entre Riorges et Mably fera partie
de Riorges. »

Cette délimitation, que M. E. Jeannez qualifie de naturelle et de
judicieuse, fut encore demandée les 5 juillet 1859, 15 mars 1860 et
27 mars 1861, et finalement adoptée par l'administration préfectorale
dans son arrêté définitif du 12 août 1862. Par suite de cette mutilation, la commune de Riorges, qui avait 2.355 habitants en 1861, n'en
compta plus que 1.100 au recensement de 1866.

Un auteur local, qui écrivait vers cette époque, nous a tracé de
Riorges cet agréable tableau :

« Le village de Riorges est dans une position agréable, bien boisée
et heureusement accidentée.  La petite rivière de Renaison, qui
fertilise en les arrosant les terres environnantes et sur les bords de
laquelle on trouve de jolis ombrages et une douce fraîcheur, fournit
une force motrice à l'industrie qui échelonne ses usines sur le parcours de ce ruisseau. Aussi, cette vallée riante, animée et champêtre,
réunit les richesses agricoles et industrielles, et joint l'agréable à
l'utile (2). A ces avantages, tirés de sa situation, il faut ajouter celui

---

(1) Les papiers terriers du milieu du XVII<sup>e</sup> siècle montrent qu'à
cette époque les limites des paroisses de Roanne et de Riorges semblaient assez exactement figurées par une ligne droite qui, partant
du quartier *du Pilory* vers la *Porte d'Or* (aujourd'hui place Bourgneuf), au nord-ouest de la ville, traversait la plaine dite *des Etangs*
ou *du Marais*, pour aboutir à la maison haute et basse du sieur
*Papon*, écuyer, seigneur de *Matorge*, sise au lieu *des Popets*, ancien-
ment de *Champ Follet* et joignant le chemin de *Beaulieu* à *Cornure*
et au *Temple*. Cette ligne était coupée par la route de *Beaulieu au pont
d'Aiguilly* et suivait à peu de distance le *chemin voisinal de Roanne
à Saint-Romain*. Elle laissait à droite, comme relevant de la paroisse
Saint-Etienne, les territoires de *Saint-Julien*, des *grands et petits Pon-
tets*, de *Peletin*, de *Terressus*, des *Clipottes*, la prairie et les varennes
des deux rives *d'Oudan*, depuis le gué du *Pont Marchat* jusqu'à la
planche *Chalumet*, et, en revenant vers Riorges, les territoires *des
Egaux*, de la *Coste et de La font de Boccuy (Beaucueil)*, des *Girar-
dières*, du *Perrier Roucher*, *partie* de *l'Essard du Grand-Marais*, des
dames religieuses de Beaulieu et partie *des Popets*.

Il résulte de ces indications que sous l'ancien régime, le territoire
de Riorges pénétrait jusqu'au cœur de Roanne, à cent mètres environ
de l'église paroissiale, alors que depuis 1863, il forme comme un
vaste croissant qui entoure Roanne du côté du couchant.

(2) Cette description, tracée par Ogier, dans *la France par Cantons*,
est antérieure au démembrement de 1862, époque à laquelle non seulement la filature Martin à la Croix Blanche et le moulin de Beaulieu
appartenaient à la commune de Riorges, mais encore plusieurs établissements industriels échelonnés le long du Renaison, entre Beaulieu et la Farge.

qu'elle tire du passage de la route départementale de Cusset à Ville-franche, et qui facilite les communications entre Riorges et les lieux circonvoisins.

« A la vérité, tout l'agrément de ce village réside dans sa position champêtre, car les habitations sont disséminées sur l'étendue du sol et la longueur de la route, sans aucune agglomération ; les alentours de l'église n'en ont même pas une. On dirait, à voir cette commune, que chaque habitant a voulu avoir sa part de ce riant tableau d'ensemble, en jetant ça et là, et au hasard, des maisons qui contrastent agréablement par leur blancheur, avec le riant tapis de verdure qui les entoure. »

Aujourd'hui, l'aspect de la campagne de Riorges n'a pas changé, mais il n'en est pas de même de la route de Cusset à Villefranche, en bordure de laquelle ont été élevées, au cours de ces dernières années, de nombreuses villas décorées de noms poétiques et fleuris.

Le territoire de la commune de Riorges a une étendue de 1554 hectares ; il se divise en deux parties : la plaine basse, constitué par les terres de la vallée du Renaison et le plateau dont les rebords sont formés par la berge qui limite la vallée au levant et, au nord, par des pentes qui s'inclinent doucement jusqu'à la plaine de Roanne. L'église est à 295 mètres d'altitude, alors que le plateau est à une altitude moyenne de 318 mètres.

Depuis un demi siècle la population de Riorges n'a cessé d'augmenter et cette progression constante est une promesse d'avenir. Il ne saurait en être autrement, puisque l'agglomération roannaise déborde sur la partie basse de notre commune, et que son plateau élevé se prête à merveille à la création de villas, permettant de jouir à la fois des charmes de la campagne, de l'air pur des coteaux et des commodités de la ville.

# LA BÉNISSON-DIEU

Au mois de septembre 1138, sous le règne de Louis VII, dit le Jeune, une cérémonie émouvante dans sa simplicité se déroulait dans l'église de l'Abbaye de Clairvaux. Après le chant des psaumes douze religieux, en tête desquels se trouvait Albéric, « disciple très cher de saint Bernard », quittant leurs stalles vinrent se ranger au pied de l'autel. Bernard laissant alors le siège abbatial, gravit les degrés de l'autel et après avoir adressé à ses fils une allocution sur les bienfaits de la pauvreté et les avantages de la règle cistercienne, prit une grande croix de bois et la confia à Albéric. Cela fait, au chant du psaume *In exitu Israël*, Albéric et ses religieux furent conduits en procession hors de la grande porte du monastère.

Albéric et ses compagnons cheminèrent longtemps à travers monts et vallées, et après plusieurs jours arrivèrent sur les bords de la Loire ; ils traversèrent ce fleuve, gravirent la côte qui domine Briennon, et, voyant à leurs pieds une vallée spacieuse et solitaire couverte de grands bois et de broussailles, ils y descendirent et là, sur les bords d'une rivière sinueuse et ombragée, Albéric planta la croix apportée de Clairvaux en s'écriant : *Hic Benedicamus Deo, Fratres !* Ici, mes frères, Bénissons-Dieu. Par cette exclamation le saint fondateur désignait à la fois, l'emplacement et le nom de la future abbaye royale de la Bénisson-Dieu.

C'était le troisième jour des calendes d'octobre, 29 septembre 1138, comme l'indiquait une inscription latine gravée jadis sur le porche de l'église qui portait :

> *Hic Scribitur Numerata*
> *Procul Dubio Vera Data*
> *Benedictionis Dei Fundatio,*
> *Quæ Fuit Kal. Octobris Tertio*
> *Mille Centum Currentibus*
> *Triginta Octo Sequentibus.*

Les moines se mirent aussitôt à l'œuvre ; ils construisirent quelques cases, défrichèrent et assainirent le fond de la vallée et plantèrent du blé sur les terres des coteaux voisins. Bientôt quelques tenanciers se joignirent à eux et, avec leur concours, des granges furent élevées dans les terres de Flachères et de La Brosse qui leur avaient été données par deux seigneurs voisins, Girin de Bonnefont et Ponce de Pierrefitte.

Cependant les épreuves ne manquèrent pas à la nouvelle maison religieuse ; elles vinrent de la nature qui cherchait à reconquérir le terrain défriché et des hommes représentés par les Bénédictins de Noailly (1), qui ne voyaient pas sans jalousie s'élever près de leur moutier un nouveau monastère protégé par l'abbé de Clairvaux, l'homme le plus influent et le plus considérable du temps. Toutefois, ces difficultés ne tardèrent pas à disparaître grâce à la haute intervention de Foulques, archevêque de Lyon, du roi Louis VII et de Guy II, comte de Forez, sur les terres duquel avait été construite l'abbaye. Celle-ci, du reste, avait reçu, en moins de trente ans, trois bulles approbatives et laudatives des Papes Innocent II, Adrien IV et Alexandre III.

Nous n'entreprendrons pas de citer les noms des bienfaiteurs de la Bénisson-Dieu ; il faudrait pour cela esquisser la généalogie des maisons de Forez et de Bourbon et dresser le nobiliaire des familles de la région. Disons seulement que l'église de l'abbaye renfermait les tombeaux de plusieurs comtes et comtesses de Forez et que cent ans après sa fondation, elle possédait des mas et domaines en Forez et en Bourgogne. Quant aux abbés qui pendant trois siècles administrèrent le moutier, la noblesse de leur origine est restée voilée sous l'humilité de leurs noms religieux.

Pendant les quatre premiers siècles de son existence, les disciples de saint Bernard et d'Albéric restèrent fidèles à la règle et aux recommandations de leurs fondateurs. Leur costume se composait d'une robe blanche ou tunique descendant jusqu'aux genoux, avec ceinture de corde, d'une coule ou cuculle de même couleur avec capuchon et de socques ou sandales en cuir. Les religieux avaient de plus un scapulaire qu'ils pouvaient quitter ou revêtir à leur gré. La règle proscrivait frocs, fourrures, étamines, chaperons ou larges capuces.

Leur nourriture se composait de deux portions de légumes et de fruits crus à la collation. Chaque religieux recevait en outre, pour la journée, une livre de pain commun dit « tout à tous » et un peu de bière remplacée plus tard par un flacon de vin. Les poissons, le lait, le fromage, les œufs ne furent admis qu'à l'extraordinaire ; mais ils constituèrent parfois la « pitance » ou supplément ajouté au repas des religieux.

, La couchette n'était formée que d'une paillasse avec une couverture que le moine jetait sur lui, car, assujetti à l'office de nuit, il devait se coucher tout habillé.

---

(1) Le prieuré de Noailly en Roannais dépendait de la puissante abbaye de Savigny.

Vêtements et nourriture trahissaient ainsi l'amour de la pauvreté qui se montrait jusque dans l'église et son mobilier. L'autel était orné d'un crucifix de bois peint, avec seulement deux chandeliers ; tous les ornements sacerdotaux étaient de laine, les vases sacrés eux-mêmes devaient être en plomb ou en étain et argentés à l'intérieur.

La prière et le travail partageaient la journée du cistercien qui pratiquait en quelque sorte, pourrait-on dire, la journée de huit heures. Couché vers sept heures, il se levait à minuit pour l'office de nuit, chantait matines et laudes, méditait ou travaillait jusqu'au point du jour qui le ramenait à l'église pour la messe matinale. Après la messe, il travaillait quelques heures aux champs ou à l'atelier, prenait son repas à midi, ou à trois heures les jours de jeûne, suivi d'une sieste d'une heure. Le reste de la soirée était consacré à l'étude, à la prière et au travail.

Telle fut la règle suivie par les religieux de la Bénisson-Dieu jusqu'à ce que l'abbaye tombât en commende sous Pierre de La Fin (1460), qui fut le dernier des abbés réguliers et le premier des Commendataires. Cet abbé qui appartenait à une riche famille de Bourgogne fit effectuer de grands travaux à la Bénisson-Dieu. On lui doit notamment le haut clocher carré qui attire de si loin les regards. Il fit en outre reconstruire en gothique flamboyant l'abside carrée (1) qui couronnait l'église au levant. Les changements qu'il apporta au monastère ne se bornèrent pas là, car il fit aussi reconstruire le logis abbatial, restaurer les cloîtres et édifier au devant de la façade une galerie couverte pour faciliter les communications entre l'église, le clocher et les autres bâtiments de l'abbaye.

Les successeurs de P. de La Fin furent Gilbert, son frère, Antoine de Lévis Châteaumorand, Antoine de Senneterre et Pierre d'Epinac, archevêque de Lyon.

Au cours des guerres de Religion l'abbaye eut à souffrir du passage des bandes protestantes, mais les guerres de la Ligue lui furent plus funestes encore.

Au printemps de l'année 1594, « vers les brandons », le sieur de Frétey d'Apchon, « soubz couleur de veoir feu dom Gilbert Limosin, prieur dudict couvent, qui estoict malade », pénétra dans l'abbaye avec quelques soldats et s'en empara au cri de : Vive la Ligue ! D'Apchon et ses adhérents s'y installèrent et y séjournèrent pendant plusieurs mois, brûlant les portes et les fenêtres, les planchers et la

---

(1) Pierre de La Fin fit aussi daller le sanctuaire de carreaux incrustés à deux tons et blasonnés de sa devise, *Laus Deo*, ainsi que de ses armes : « d'argent à trois fasces de gueules à la bordure engrelée du même ». Quelques-uns de ces beaux carreaux historiés portent en outre le nom de P. de la Fin. On doit aussi à cet abbé les stalles en bois que l'on voit encore dans l'église.

charpente. Non content d'avoir détruit planchers et toitures, le sieur d'Apchon fit enlever et transporter à Montregnard (1) et à Vaux (2) tous les meubles et ustensiles qu'il trouva dans ladite abbaye. Le capitaine Rochefort, qui remplaça d'Apchon à la Bénisson-Dieu, compléta si bien la ruine commencée qu'au dire d'un document du temps, le couvent, après avoir été occupé dix-huit mois, était totalement « ruiné et gâté ».

Lorsque les religieux réintégrèrent l'abbaye, vers la fin de 1595, le logis abbatial n'était qu'un amas de décombres, le grand bâtiment des religieux était dépourvu de sa toiture et de ses portes et fenêtres, l'église elle-même était ouverte à tous les vents. Dans ces conditions, nos religieux furent campés plutôt que logés et il n'est pas surprenant de les voir bientôt se plaindre et murmurer d'une telle situation. Le nouvel abbé, Claude de Nérestang, fit à la hâte les réparations les plus urgentes et s'efforça, par quelques concessions et de bonnes paroles, de ramener les moines au respect et à l'obéissance de la règle. Mais, en 1610, voyant ses efforts inutiles, et fortement influencé par son père, il négocia avec sa sœur, Françoise de Nérestang, abbesse de Mégemont en Auvergne, une permutation qui devait amener à la Bénisson-Dieu les religieuses de Mégemont et transporter dans cette abbaye d'Auvergne les moines établis sur les bords de la Tessonne.

Cette permutation, approuvée d'abord par Henri IV, le fut ensuite par Louis XIII, puis par le pape Paul V et eut lieu en 1611. Les religieux et les religieuses partirent le même jour de leur ancienne résidence pour la nouvelle, en évitant de prendre le même chemin. L'installation de la nouvelle abbesse de la Bénisson-Dieu eut lieu le 3 juillet 1611, en présence de l'abbé de Clairvaux et d'un délégué de l'archevêque de Lyon.

Ecoutons maintenant De La Mure nous raconter comment notre abbesse releva l'abbaye de ses ruines.

« Cette pieuse abbesse se voyant ainsi établie dans cette maison si fort désolée qu'il n'y avait aucun bâtiment régulier qui ne fût détruit et ruiné, assistée des soins et moyens de son illustre père, fit au plus tôt qu'elle put, édifier un chœur pour chanter l'office divin, sur la partie orientale de l'église ; couvrir et plancher le premier corps de logis du monastère, où elle fit construire le dortoir, le chapitre, le réfectoire et la cuisine ; élever les fondements d'un second corps de logis à trois étages, et y construire les infirmerie, apothicairerie, ouvroir, cellérerie, draperie, lingerie et autres appartements

---

(1) Ce château, appelé aujourd'hui Montrenard, est situé sur la commune de Pouilly-sous-Charlieu. En 1594 il appartenait au sieur de Frétey d'Apchon dont la famille l'avait acquis en 1550 du dernier seigneur du nom de Montrenard.

(2) Commune de Saint-Romain-la-Motte.

de ménagerie servant à la nécessité ou commodité de la vie religieuse ; dresser des parloirs et tournets, et faire la clôture du couvent et des jardins pour vivre en régularité.

« Outre les édifices qui viennent d'être rapportés, doivent être ajoutés la sacristie, le chœur des cérémonies et de plus, tout le grand corps de logis abbatial, avec le quartier des externes. »

Mais l'œuvre de Madame de Nérestang ne se borna pas à la reconstruction et à la restauration des bâtiments conventuels, elle fit subir à l'église des transformations inspirées par le goût du temps et le désir de faciliter à ses religieuses l'accès de la maison de Dieu. L'abside fleurie édifiée cent vingt ans auparavant par Pierre de La Fin fut démolie et le transept muré, et au devant du mur droit devenu l'abside, on créa le nouveau chœur qui fut surélevé de deux mètres environ au-dessus du sol. L'autel fut orné du grand rétable en bois sculpté et orné de peintures qui est encore en place, sous une crucifixion peinte à la détrempe et bien conservée. L'auteur de cette belle peinture murale s'est manifestement inspiré des divines fresques du couvent de Saint-Marc, à Florence.

Dans le but d'ouvrir un passage autour de l'église et de créer une tribune pour les religieuses malades, on suréleva les combles des collatéraux, ce qui amena l'obstruction des fenêtres de la grande nef sur un tiers de leur hauteur. Les vitraux furent enlevés et remplacés par un mur sur lequel on peignit les douze apôtres, auxquels on ajouta saint Paul et saint Barnabé.

Après ces modifications qui altéraient l'aspect primitif du monument, Madame de Nérestang voulut laisser un « spécimen magnifique » de sa piété et de son goût, en élevant en l'honneur de la Vierge une chapelle qui, dit La Mure, en somptuosité, ne le cède presque à aucune du royaume. »

C'est dans cette chapelle, dont nous traçons plus loin la description, que la pieuse abbesse fit déposer les cœurs de son père, d'un frère et d'un neveu : *Tria generosa corda*, trois grands cœurs, comme l'atteste l'épitaphe.

La dépouille mortelle de Françoise de Nérestang rejoignit ces tristes restes en 1652 ; elle était âgée de 61 ans et avait gouverné avec sagesse l'abbaye de la Bénisson-Dieu pendant quarante et un ans.

Sa sœur, Catherine-Adhémare de Nérestang (1), lui succéda et fut elle-même remplacée par leur nièce, Françoise II de Nérestang.

Voici les noms des abbesses qui succédèrent à la famille de Nérestang :

Mesdames de Morainville, Anne de Rochefort de la Voirette, de

---

(1) Le buste de cette abbesse, dont le corps fut déposé auprès de celui de sa sœur dans le caveau de la chapelle Notre-Dame, se trouvait jadis dans cette chapelle.

Thiard Bragny, sous laquelle l'abbaye comptait trente religieuses, de Chabannes (1), de Clermont-Gessan et de Jarente (2). « Cette abbesse, dit Courtépée qui visita l'abbaye en 1777, est cousine de Monsieur l'évêque d'Orléans et elle a profité du crédit de son parent pour faire reconstruire magnifiquement son abbaye en 1765. La façade à trois étages a dix-sept croisées, et il n'y a que treize religieuses de la filiation de Clairvaux. »

La dernière abbesse fut Madame de Sacqui.

En 1791, les religieuses furent expulsées de l'abbaye et les bâtiments mis en vente comme biens nationaux. L'église fut acquise par M. Charles Gambon (3), de Roanne, qui, en 1817, la revendit 3.600 fr. à cinq habitants de la localité, à la condition qu'elle serait affectée à l'exercice public du culte. Neuf ans plus tard, le 22 février 1826, une ordonnance royale érigeait la Bénisson-Dieu en paroisse, mesure qui assurait la conservation de l'antique église de l'abbaye.

Quant aux nombreux bâtiments qui formaient jadis les dépendances du monastère, la plupart avaient été détruits et il ne subsistait plus alors que le manoir abbatial formant le côté occidental des bâtiments, une masure du quartier des pensionnaires et des étrangers, les restes de deux tours autrefois surmontées d'un hourdage ou galerie de bois (4) et l'église aussi intéressante par sa construction que par son mobilier.

Les trois périodes de l'histoire de l'abbaye : des abbés réguliers, des commendataires et des Bernardines, ont laissé des manifesta-

---

(1) C'est sans doute cette abbesse (1738-1754) qui figure dans un tableau du musée de Roanne signé Masson (1749). Ce tableau, qui représente l'apparition de saint Bernard à une abbesse de la Bénisson-Dieu, mesure 1 mètre de hauteur et 1 m. 22 de largeur. Dans le fond on aperçoit le chevet de l'église de l'abbaye consumé par un incendie.

(2) L'œuvre de cette abbesse ne se borna pas à la reconstruction du manoir abbatial et du bâtiment des religieuses, elle se préoccupa d'améliorer le sort des tenanciers de l'abbaye et dans ce but échangea plusieurs lettres avec le subdélégué de l'intendance à Charlieu pour le prier de procurer aux habitants du pays des rouets à filer le coton et des métiers à tisser la toile.

(3) M. Gambon fit don plus tard au musée de Roanne d'un beau panneau en chêne sculpté aux armes de Pierre de La Fin et provenant de l'abbaye de la Bénisson-Dieu.

(4) Ces tours, édifiées au temps de la guerre de Cent ans pour la protection de l'abbaye, se trouvaient aux angles nord et nord-ouest et sont représentées dans les dessins du P. Etienne Martellange. Le peintre lyonnais Stella nous a conservé le dessin de l'une d'elles, dessin qui a été reproduit dans la première partie de l'architecture monastique par Lenoir.

tions, artistiques intéressantes dans l'église de la Bénisson-Dieu, telle qu'elle existe aujourd'hui. Construite à la fin du XIIe siècle, cette église a subi des modifications importantes à la fin du XVe. Ces remaniements expliquent l'assemblage bizarre d'un édifice roman, coiffé d'un comble immense et flanqué d'un clocher gothique et d'un pavillon à toiture en carène (1).

La construction primitive, orientée selon les règles liturgiques, ne mesurait pas moins de 54 mètres de longueur sur 17 de largeur. La nef principale se composait de neuf travées de chacune six mètres, dont deux ont disparu, après avoir successivement servi d'abside. Sur la nef centrale et à la croisée du transept, reposant d'un côté sur l'arc triomphal, s'élevait un clocher formé d'une tour octogonale de 20 pieds de hauteur et projetant à 40 pieds dans les airs une haute flèche de même dessin. Ce clocher a été détruit en 1823 et rien, aujourd'hui, ne peut donner une idée du caractère d'élégance et d'élancement qu'il communiquait à tout l'édifice.

La façade a été surélevée lors de la construction des combles ; mais en dehors de cela, elle est restée intacte. Elle est flanquée de deux contreforts et terminée par des murs qui fermaient les collatéraux et étaient jadis percés de deux baies plein cintre depuis longtemps murées.

Le portail, encadré par deux groupes de légères colonnettes annelées, à chapiteaux et bases variés, est couronné par un linteau, audevant duquel de fines moulures dessinent une croix potencée d'un relief élégant. Le tympan est chargé d'une série d'ornements d'un rare travail et d'un excellent effet qui lui donne un aspect des plus gracieux. L'ensemble est surmonté d'une archivolte aussi correcte comme dessin, que riche dans ses détails.

Au-dessus du portail est une rose romane d'un merveilleux travail. Le centre est formé par un quatre-feuilles d'où partent seize rayons formés de colonnettes à bases et chapiteaux reliés par des demi-cercles qui s'entrecroisent, le tout inscrit dans un cadre saillant composé de moulures concentriques, parmi lesquelles des tores unis ou chargés d'oves alternent avec un chevronnage de deux rubans contreplissés. La fermeté et la régularité du dessin, la richesse de l'ornementation, la délicatesse et le fini du travail, font de cette rose romane, une œuvre remarquable qui fait pressentir les magnificences des grandes rosaces de nos cathédrales gothiques.

L'intérieur présente l'aspect d'une vaste nef, avec basses nefs latérales symétriques. Les piliers sont de forme carrée ; par devant et sur leur face intérieure, paraissent en saillie les arcs doubleaux qui supportent la voûte de la grande nef. Carrés à leur base, ces arcs se transforment à la hauteur de la corniche et s'arrondissent en boudin

---

(1) D'après la description de M. E. Jeannez dans le *Forez Pittoresque*, description à laquelle nous avons fait de fréquents emprunts.

tout le long du cintre. Dans les deux travées du chœur, comme dans la plus rapprochée du portail, les arcs doubleaux descendent jusqu'au sol, tandis que, dans les travées intermédiaires, ils se terminent en encorbellement à quatre mètres au-dessus du sol, et là, reposent sur une console. Sur l'autre face des piliers, de même que sur le mur latéral, apparaissent également en saillie les arcs doubleaux qui supportent la voute des bas côtés. Enfin, chaque travée a ses nervures en pierre qui partent de la corniche, à côté des arcs doubleaux, et vont se croiser sur la douille.

Les deux dernières travées se distinguent par une décoration plus soignée, une ornementation plus riche, telles que sculptures aux chapiteaux des pilastres, colonnettes aux fenêtres et rose latérale, détails qui prouvent qu'elles faisaient partie du chœur des religieux ou profès, lequel comprenait en outre le chevet et le transept. On y pénétrait par la porte à linteau renforcé, encore visible dans le mur du collatéral nord, et qui donnait sur le cloître, dont l'emplacement est indiqué par le puits symbolique du préau et par les trous apparents du chevronnage de la galerie adossée à l'église.

Quant aux frères occupés dans les ateliers, granges et autres dépendances du monastère, et qui vivaient hors de la clôture, ils assistaient aux offices dans le bas de l'église, où ils pénétraient par une porte latérale ouverte à gauche près de l'entrée, et aujourd'hui murée.

Telle était la disposition de l'église de la Bénisson-Dieu sous les abbés réguliers ; au déclin du XVe siècle, l'abbé Pierre de La Fin fit reconstruire l'abside et édifier sur l'angle méridional de la façade le clocher gothique toujours debout, qui est à lui seul un monument. Construit entièrement en pierres de taille, « cette puissante tour carrée de 4 mètres 40 de côté à l'intérieur, a une hauteur totale de 51 mètres jusqu'au faite de la pyramide à quatre pans qui s'élance d'une terrasse à parapet et pinacles fleuronnés en pierre sculptée. Deux des angles de la tour sont flanqués de contreforts de 2 m. 60 de saillie, montant par ressauts jusqu'à l'étage du beffroi. Le troisième s'appuie à l'église ; le quatrième est cantonné d'une svelte tourelle d'escalier de 2 mètres en œuvre, s'élançant à une hauteur de 37 mètres 50. » (E. JEANNEZ.)

La tour carrée comprend quatre étages et chaque étage forme une chambre voûtée qui avait reçu une affectation spéciale ; ainsi, on indique encore la chambre de la justice, celle des archives, etc. « C'est principalement par l'ampleur, la solidité et la richesse de sa construction, que ce clocher attire et fixe l'attention ; mais aucune expression ne saurait donner une idée de la légèreté et de la grâce de la petite tour qui court, pour ainsi dire sur lui, comme un rameau de lierre sur le tronc d'un chêne vigoureux. » (J. GUILLIEN.)

Après l'ère gothique, c'est l'époque de la Renaissance qui apporte à l'église de La Bénisson-Dieu une contribution intéressante. Cette contribution est la chapelle édifiée à la seconde travée de droite par

Madame de Nérestang (1) et appelée pour cette raison chapelle Nérestane. Les fondements en furent posés en 1634 ; l'inscription commémorative de la dédicace porte la date de 1639 ; la mort du marquis Jean-Claude de Nérestang, frère de l'abbesse, survenue le 2 août de cette année, retarda l'achèvement de cet édifice, où la messé ne fut célébrée qu'en 1651, le 15 août, sept mois avant la mort de l'abbesse elle-même.

Cette chapelle, dédiée à la Vierge et destinée à servir de tombeau à la famille de Nérestang, est incontestablement un spécimen remarquable de l'architecture religieuse de l'époque.

La chapelle de Nérestang forme extérieurement un édifice à part, couronné d'une haute toiture à combles brisés.

A l'intérieur, l'autel est surmonté d'un rétable composé de deux groupes de colonnes supportant un fronton brisé dont les rampants semblent disjoints et comme suspendus. Sur chacun des rampants est assis un ange qui présente un écusson encadré dans un cartouche. Les armoiries ont été mutilées ; ce devaient être celles des fondateurs (2). Les colonnes, ainsi que les moulures, sont en pierre blanche, avec différentes sculptures, gracieusement entremêlées de petites plaques et de baguettes en marbre noir. Au milieu et dans l'intérieur du fronton est une niche en marbre de différentes couleurs et en forme de coquille, avec marqueteries au dedans où se dresse une belle statue de la Sainte Vierge portant l'enfant Jésus dans ses bras. Au dessus du fronton est une autre niche plus petite, abritant une seconde statue de la Vierge, don de Jean-Claude de Nérestang, qui en fait mention dans son testament. « Dans l'ensemble, ce rétable est d'une richesse, d'une somptuosité extraordinaires. Quelle profusion d'ornements, quel soin et quelle correction dans les détails ! quelle habileté de main, quelle délicatesse de ciseau ! Le mouve-

---

(1) Madame de Nérestang sépara de l'édifice l'abside et le transept Par suite de cette transformation, abside et transept se trouvèrent dans le jardin du couvent et on profita des petites chapelles pratiquées dans les transepts, pour y établir des espèces d'oratoires à l'usage des religieuses. Il y a soixante ans on voyait encore, dans celui que l'abbesse s'était réservée, tracée en caractères noirs et surmonté de têtes de mort, d'os en sautoir et de larmes, la curieuse inscription suivante :

> *Prends garde, Madame, à ta personne,*
> *Donne tel ordre à tes amours ;*
> *Qu'avec Dieu tu passes tes jours,*
> *Attendant que ton heure sonne.*

(2) Les de Nérestang portaient : « d'azur, à trois bandes d'or et trois étoiles d'argent entre la première et la deuxième bande », avec la devise : *Nec nimis, nes minus*, devise que Philibert de Nérestang changea pour adopter celle-ci : *stellæ manentes in ordine.*

ment même et la vie ne manquent pas au milieu de ce luxe, quoiqu'il y ait surabondance de décorations accessoires, et que le choix des sujets laisse parfois à désirer. Au XVII° siècle et à la suite de la Renaissance, l'idée purement chrétienne ne dominait plus dans les arts ; l'esprit païen, en se mêlant au sentiment religieux, l'avait altéré ; d'où résulte, pour les œuvres de cette époque, un ensemble qui flatte l'imagination et les sens plus qu'il n'élève l'âme et ne répond aux inspirations de la foi. Telles sont les conditions dans lesquelles fut décoré ce rétable. Rien n'y est épargné sous le rapport de l'ornementation : les moindres parties y sont traitées avec une extrême perfection : colonnes et pyramides, anges et nuages, volutes et guirlandes tout y est propre à charmer les yeux (1), mais non à satisfaire une piété austère. »

Les murs de la chapelle sont ornés de fresques représentant des scènes de la vie de la Sainte Vierge. Ces peintures, qui reproduisent des œuvres de l'école italienne, ne manquent ni de facilité, ni de grâce ; elles se couronnent au sommet de la voûte en forme de carène par une assomption d'une belle facture.

L'autel est éclairé de part et d'autre par deux grands vitraux, sur l'un desquels se détachent en couleurs éclatantes les armes de la fondatrice (2), surmontées de la crosse abbatiale, encadrées dans un losange et entourées d'un chapelet. La devise est tirée du cantique des trois enfants dans la fournaise : *Benedicite, stellæ cœli, Domino.*

Cependant, dans la pensée de sa fondatrice, cette chapelle n'était pas seulement destinée à honorer la Vierge, mais aussi à servir de tombeau à elle et à tous les membres de sa famille qui, par leur générosité avaient aidé à la restauration de l'abbaye. Cette pensée est nettement indiquée par le caveau ménagé sous la chapelle, la décoration de l'autel et les nombreuses plaques de marbre noir, chargées d'inscriptions funèbres.

On voit notamment à gauche, en entrant, gravée sur une plaque de marbre noir, une longue inscription rappelant la fondation de l'abbaye par saint Bernard, sa transformation en couvent de religieuses et sa restauration par la famille de Nérestang. L'inscription placée en face, à droite, raconte la fondation et la dédicace de la chapelle. A droite de l'autel il y a deux inscriptions séparées par un cartouche. La plus élevée relate la translation dans la chapelle des restes de Catherine d'Arhène et de Claude de Nérestang, abbé de Mégemond, mère et frère de l'abbesse, dont les corps avaient d'abord été inhumés à Firminy. La plaque inférieure mentionne que les cœurs de Philibert, Jean-Claude et Charles de Nérestang, père, frère et neveu de la

---

(1) *L'Abbaye de la Bénisson-Dieu,* par l'abbé J. B., p. 269.

(2) D'azur à trois bandes d'or et trois étoiles d'argent entre la première et la deuxième bande.

fondatrice, sont placés dans la chapelle, les corps de ces trois personnages étant restés aux Carmes Déchaux de Lyon, dont ils sont fondateurs. Une dernière inscription réunit dans un même éloge funèbre, Françoise de Nérestang, première abbesse de La Bénisson-Dieu, et Catherine, sa sœur, qui lui succéda et expira de douleur cinq jours après la mort de son aînée.

Ces plaques de marbre noir encastrées dans les murs, ainsi que les bandes et les cannelures aussi en marbre noir incrustées dans l'autel et les colonnes, donnent à l'ensemble un aspect solennel et triste qui contraste avec tout le reste ; il en résulte pour le visiteur une impression étrange qu'il conserve longtemps.

La vitrerie de l'église, bien que respectueuse de la règle cistercienne qui interdisait les couleurs composées et les personnages, ne manque pas d'intérêt, en raison des trois époques auxquelles elle appartient. La plus ancienne, du XII⁰ siècle, n'est qu'une mise en plomb de verres incolores, formant un réseau d'entrelacs romans des plus décoratifs. Au XVI⁰ siècle, après 1540, Gilbert de La Fin et Antoine de Lévis, firent placer dans le chœur et les collatéraux, des vitres blanches chargées d'écussons coloriés à leurs armes (1). Enfin, au XVII⁰ siècle, Madame de Nérestang, fidèle observatrice de la règle, éclaira sa chapelle de deux fenêtres closes de vitres blanches blasonnées d'un écu losangé à ses armes.

Il faut signaler dans le mobilier de l'église une boiserie gothique délicatement sculptée, composée de cinq sièges hiérarchiquement disposés.

Du trésor de l'abbaye proviennent aussi une pyxide, aux armes d'Antoine de Senneterre, évêque de Clermont et abbé de la Bénisson-Dieu vers 1570, et trois reliquaires précieux en argent. Le plus ancien est un étui cylindrique contenant un doigt de sainte Marguerite ; il est à son extrémité supérieure muni d'un anneau qui permettait de le porter suspendu au cou comme l'*encolpia* de l'antiquité chrétienne. Le second reliquaire, en vermeil ciselé, écussonné des armes de Madame de Nérestang, est une pyramide à faces de cristal portée sur trois statuettes. Il renferme plusieurs reliques, une entre autres de Marguerite de la Seaulve et porte la date de 1634. Le troisième reliquaire, de 0 m. 30 de hauteur, appartient à la même époque ; il est formé d'une boîte plate, arrondie par le haut, portée sur un pied ovale par une tige à nœufs.

Parmi les peintures qui ornent la sacristie il faut remarquer une vue d'ensemble du monastère de la Bénisson-Dieu, datée de 1548.

Telle est l'abbaye de la Bénisson-Dieu. Bien qu'elle n'ait pas la

---

(1) Les Lévis Châteaumorand portaient : « écartelé, aux 1 et 4 d'or à 3 chevrons de sable, aux 2 et 3 de gueules à 3 lions d'argent armés, lampassés, couronnés d'or » avec la devise : *Domus Levi benedicite Domino.*

magnificence et l'unité de style de l'église d'Ambierle, elle n'en est pas moins un des monuments les plus intéressants de l'arrondissement de Roanne. Elle nous présente en effet dans son ensemble des spécimens de l'architecture de l'époque de transition du roman au gothique, un beau clocher en gothique fleuri et une chapelle dans le goût de la Renaissance, estimée comme une merveille par les contemporains de Louis XIII.

# LE COTEAU

Le Coteau est situé sur la rive droite de la Loire, à l'endroit où ce fleuve, sortant du massif montagneux qui sépare la plaine du Forez de celle de Roanne, débouche dans la plaine roannaise. Le territoire de la commune du Coteau, couvre une superficie de 489 hectares, 10 ares, resserré entre les communes de Roanne, Commelles-Vernay, Parigny, St-Vincent-de-Boisset et Perreux. Ses limites sont tantôt naturelles, tantôt artificielles ; elles sont formées à l'ouest par la Loire, au nord par le fossé qui rappelle l'ancien confluent de Rhins, à l'est par le cours actuel de cette rivière (1) et au sud par une ligne brisée qui suit les allées de St-Vincent et d'Ailly, passe au bas de la côte de Commelles et va de là au ruisseau de Freydière, suit ce ruisseau jusqu'à la route de Varennes, puis le chemin tendant de cette route au lieu dit Boulogne, autrefois la Croix du Port de Varennes.

La commune de Roanne limite celle du Coteau à l'ouest et l'enserre au sud par l'espace compris entre le fleuve et la route de Varennes et au nord par l'île Berthier, c'est-à-dire par le terrain compris entre l'ancien confluent et le lit actuel de la rivière de Rhins.

Outre la Loire et la rivière de Rhins, le territoire du Coteau est arrosé par deux ruisseaux éphémères ; celui de Freydière qui servait jadis de limites aux provinces de Forez et de Beaujolais, ainsi qu'aux paroisses de Roanne et de Commelles (2) et celui dit « le Riot

---

(1) Le Rhins a un cours de 53 kilomètres ; il prend sa source dans les montagnes de Belmont, reçoit le Gand et la Trambouze, passe à Régny, Pradines et Saint-Vincent et se jette dans la Loire, à deux kilomètres environ du Coteau. Son confluent était jadis beaucoup plus rapproché de cette ville et le lit ancien de la rivière, à l'extrémité de la chaussée de Pincourt, sert encore de limite entre cette commune et Roanne.

(2) Les limites des provinces de Forez et de Beaujolais, sur le territoire de Varennes, commune du Coteau, furent l'objet de nombreuses contestations entre les comtes de Forez et les sires de Beaujeu. Des accords furent conclus en 1349, 1450 et 1470, fixant les limites des

des Plaines » qui limite encore aujourd'hui les paroisses du Coteau et de Parigny (1). A côté de ces ruisselets il y a un bief important, parallèle à la rivière de Rhins, et sur lequel se trouvent établies de nombreuses buanderies.

Le sous-sol du territoire du Coteau est constitué par l'argile qui se rencontre à une profondeur variant entre 3 et 6 mètres. Au-dessus, se trouve une couche épaisse et uniforme de sable, apportée ou formée par les eaux ; c'est ce qui explique pourquoi le sol du Coteau exige, pour être fertilisé, un engrais particulièrement riche et abondant.

Cependant, entre l'argile et le sol, il y a, çà et là, des couches intermédiaires curieuses à étudier.

C'est ainsi qu'aux Plaines, on trouve à une profondeur variable une couche de cailloux roulés, formée de fragments de porphyre rouge et de jaspes jaunes et bruns. Ce banc de pierre arrête les éléments calcaires dissous dans les couches supérieures du terrain, et forme avec eux une sorte de filtre qui ne laisse passer les eaux qu'avec une extrême lenteur.

L'existence de ce lit caillouteux se manifeste de plusieurs manières à la surface du sol (2). D'abord, les arbres aux racines profondes s'étiolent et meurent, parce que, lorsque leurs racines atteignent la couche de pierre, elles ne trouvent plus les sucs nourriciers nécessaires à leur développement ; ensuite l'imperméabilité du sol favorise la formation des nombreuses flaques d'eau qui émaillent ce terrain, pendant les saisons pluvieuses. C'est ce qui explique aussi les restes de marécages que l'on retrouve encore, çà et là, aux Plaines, et l'inondation subite du mois d'octobre 1907, qui faillit causer de graves dommages au Coteau. A la suite de pluies persistantes que le sol, déjà saturé d'eau, n'absorbait plus, une énorme masse liquide et boueuse, enflée par le trop plein de l'étang d'Ailly, trouva un écoulement naturel par la grande route qui se trouva changée en un lit de rivière et se déversa sur le Coteau. Pour éviter cette inonda-

---

deux provinces et des paroisses de Roanne et de Commelles. Mais malgré ces accords, ces limites restèrent pratiquement imprécises. — Voyez sur ces contestations et ces accords, les études publiées sur *Le Coteau, autrefois le Coteau-Beaujolais* et *Les Fiefs de Rhins et de Varennes.*

(1) Sur ce point les limites de la commune et de la paroisse ne se confondent pas ; cette anomalie vient de ce que la paroisse fut délimitée dix ans avant l'érection de la commune.

(2) Cette couche imperméable du sous-sol qui varie de profondeur, explique aussi l'existence d'une importante nappe d'eau souterraine formée par l'écoulement liquide du plateau de Commelles et qui s'étend depuis ce plateau jusqu'à Rhins, passant sous le cimetière, le clos Rochard et le quartier de la route de Perreux.

tion, on s'empressa de détourner les eaux en leur donnant issue de chaque côté de l'avenue de la gare.

On voit par ce qui précède que le Coteau n'est pas bâti sur roche, comme le dit une chanson locale, mais bien sur sable ; et cela est fort heureux, car la plaine unie et sablonneuse, favorise bien autrement la création et le développement d'une cité industrielle, que la roche inégale et dure.

Le sol du territoire du Coteau est à une altitude de 270 mètres et les cotes extrêmes ne s'écartent pas de dix mètres de cette moyenne. Le Coteau est donc construit sur un terrain plat et uniforme. Mais alors pourquoi son nom qui rappelle une élévation ou du moins un relief du sol.

Pour répondre à cette question et justifier la dénomination donnée au Coteau, il faut remonter dans le lointain passé des âges, aux périodes gallo-romaines et médiévales.

A l'époque gallo-romaine, une voie importante, venant de Lyon par Tarare, Saint-Symphorien et l'Hôpital, touchait la Loire sur notre territoire, à Varennes. De ce point élevé, elle descendait sur la rive et traversait le fleuve sur un gué pavé d'énormes pierres, dont on a retrouvé des traces dans la rue Poisson.

L'endroit où la voie romaine abordait le fleuve, porte dans les terriers du moyen âge, le nom de *Croix du Port de Varennes* et la place du Creux-Granger et le terrain voisin s'appellent le *Port Vieil*. Cette dernière dénomination indique le lieu où se trouvait le port le plus ancien de Roanne. Or, si de cet endroit, jadis au niveau du fleuve, on regarde les maisons situées sur la rive droite et construites sur la double terrasse des Balmes, elles apparaissent comme édifiées sur une hauteur, un coteau.

Ainsi se justifie le nom de notre localité qui, dans les vieux documents du moyen-âge, s'appelait le *Coteau-Beaujolais* parce qu'elle se trouvait à l'endroit où la province de Beaujolais touchait la Loire.

# I

*La situation du Coteau. — Causes de sa création : la navigation de la Loire sous l'ancien régime et le grand chemin royal de Paris à Lyon. — Les mariniers roannais, leurs qualités et leurs défauts. — Le chemin le plus fréquenté de France. — Voyageurs et marchands sur le grand chemin royal.*

*Passage de Louis XIII et de son armée en 1630. — Le premier pont sur la Loire. — Passage de Louis XIII et de Richelieu en 1642. — Relation du passage de Louis XIV à Parigny en 1659.*

*Les dernières années du règne de Louis XIV : la grande misère de 1694, doublement des droits sur la navigation.*

*Une rébellion sur le port de Roanne en 1709.*

Le Coteau doit son existence à sa situation sur la rive droite de la Loire et au passage d'une route très fréquentée que les documents anciens appellent « grand chemin Royal de Paris à Lyon ».

L'importance commerciale de la situation du Coteau apparaît en effet manifestement, si l'on considère que depuis les temps les plus reculés, les marchandises provenant du Levant, de l'Italie et du Midi de la France, à destination des provinces du Nord et de l'Ouest, étaient centralisées à Lyon pour être dirigées de là sur le port de Roanne, où elles étaient embarquées pour Paris ou l'Ouest. Mais la Loire est un fleuve capricieux, et il arrivait fréquemment que ces marchandises restaient plusieurs jours, parfois même des semaines, sur les bords du fleuve, attendant la fin de la sécheresse ou la diminution des hautes eaux. Il se forma ainsi sur la rive droite de la Loire une agglomération éphémère d'abord, puis stable, qui est devenue, l'Ile et le Coteau.

Quelques indications sur les mariniers roannais auxquels était confiée la navigation de la Loire et sur l'intensité de vie du grand Chemin Royal, contribueront à faire mieux connaître l'importance géographique de cette situation.

Voici notamment sur les bateliers roannais, l'opinion d'un auteur forézien qui vivait au commencement du xvii° sècle, bien placé pour être renseigné. « Roanne est un entrepôt célèbre dans toute l'Europe. C'est le premier port sur la Loire, fleuve qui offre à la navigation un parcours de plus de soixante-dix lieues. Les bois de sapins qui croissent en abondance aux environs de cette ville, servent à construire des bateaux beaucoup plus légers que les autres. Ces bateaux, servis par de bons rameurs, descendent le fleuve avec une telle rapidité, qu'ils semblent voler plutôt que marcher. Souvent les courriers pressés quittent leurs chevaux pour aller plus vite par cette voie » (1).

Cette constatation de l'habileté professionnelle des mariniers roannais, se retrouve fréquemment chez les écrivains et historiographes des xvii° et xviii° siècles; ils sont unanimes à louer les connaissances, l'expérience et l'énergie des bateliers de la Loire, qui, disent-ils, sont même susceptibles de désintéressement, de fidélité et de dévouement. Cependant, plusieurs d'entre eux laissent entendre que chez « les hommes de Loire », la probité n'était pas toujours à la hauteur de la valeur professionnelle (2).

Quoi qu'il en soit des qualités et des défauts des mariniers roannais, il faut reconnaître que leur vie était active et pénible ; ils vivaient presque constamment sur le fleuve dont la navigation intense était sans cesse alimentée par les voyageurs et les marchandises que « le grand chemin royal » amenait sur ses bords. Rien ne peut aujourd'hui donner une idée de la vie débordante dont cette grande route était le théâtre, alors que des caravanes et de longs convois de chariots lourdement chargés, la sillonnaient en tous sens, Toute la vieille France a défilé sur cette grande route et c'est par milliers, dit M. le chanoine Reure, « qu'il faudrait compter les personnages de marque, jetés sur cette route par la politique, la guerre,

---

(1) Extrait d'un ouvrage publié à Paris en 1618 sous ce titre : *Description de la France par les Fleuves*, par Papire Masson.

(2) Il serait intéressant de citer quelques témoignages anciens ; à défaut de place, voici du moins celui du voyageur Thévenot, qui semble les résumer tous. Celui-ci écrivait vers 1653, au début du règne de Louis XIV :

« Les gens de Roanne ne valent rien, principalement les mariniers, qui vous vendent si vous n'y prenez garde, c'est-à-dire qu'ayant fait marché avec eux et leur ayant tout donné l'argent, car ils veulent tout recevoir sous prétexte d'achepter un basteau, ils vous donnent à conduire à un autre à bon marché, de sorte que, lorsque vous voulez partir croyant d'avoir trois mariniers vous n'en trouvez qu'un que vous n'avez jamais veu, lequel, si vous n'y prenez garde, vous laisse au premier lieu où vous descendez et s'en retourne, c'est pourquoi il fait bon connaître à Roanne, quelqu'un qui vous choisisse vos mariniers et fasse votre marché. »

l'intérêt, le devoir, le plaisir. Papes, empereurs, rois, princes, grands seigneurs, cardinaux, évêques, légats, ambassadeurs, ministres, généraux, gens de robe. Il n'y a rien que le grand chemin royal n'ait cahoté sur ses fondrières ».

La route faisait vivre et prospérer les villes et villages échelonnés sur son parcours et parfois même, aux bons endroits, donnait naissance à des agglomérations non dépourvues d'importance. C'est notamment ce qui arriva au Coteau, construit à l'endroit où la route touchait le fleuve « ce grand chemin qui marche » selon la pittoresque expression de nos pères.

Les premiers faits historiques qui forment la chronique de notre localité, mettront en lumière cette constatation, ils auront de plus l'avantage d'établir de nombreuses et étroites relations, entre notre histoire locale et l'histoire de France.

Le Coteau n'apparait pas dans l'histoire sous d'heureux auspices ; car la première page de ses chroniques raconte des scènes de pillage et d'incendie.

En 1570, après avoir pris Saint-Galmier, où ses troupes séjournèrent du 15 juin au 1ᵉʳ juillet, Coligny se dirigea sur Roanne, dans l'intention de traverser la Loire. Toutefois son approche ayant été signalée, les habitants transportèrent sur la rive gauche les « bachots » amarrés sur l'autre rive. Le chef protestant, irrité, livra aux flammes les masures de la rive droite, pour éclairer son passage et terroriser les habitants de la ville.

Cependant, comme les masures du Coteau étaient peu importantes, et, pour la plupart, construites en pisé et en bois, les habitants eurent bientôt fait de les reconstruire. Mais l'agglomération était à peine reconstituée, qu'elle sembla menacée d'une nouvelle destruction.

Un beau matin de l'année 1575, un ordre signé Mandelot, gouverneur général pour le roi des provinces du Lyonnais, Forez et Beaujolais, parvint aux consuls et habitants de Roanne ; il prescrivait de faire enlever incontinent tous les bachots et thoues qui se trouveraient sur la rive droite du fleuve. Cet ordre causa une profonde émotion parmi les habitants du Coteau-Beaujolais et de l'Ile, qui se demandèrent anxïeusement si leurs maisons allaient de nouveau être livrées aux flammes.

Or, voici exactement ce qui se passait :

Dans le courant de cette même année 1575, le prince de Condé, qui tenait pour les protestants, ayant levé un corps de reitres (soldats allemands), avait manifesté l'intention de traverser la Loire au Coteau pour se rendre en Languedoc.

Aussitôt qu'il avait eu connaissance de cette nouvelle, le roi Henri III avait écrit au gouverneur de Lyon, pour lui mander de « faire oster et retirer tous les basteaux qui se trouveraient sur la rive droite de la Loire, et d'enjoindre aux paysans de la région de porter leurs vivres, munitions et fourrages, dans les villes fortifiées et les châteaux forts du voisinage. »

Bien qu'il n'eût aucune confiance dans l'efficacité des mesures ordonnées par le roi, Mandelot s'empressa de faire exécuter les ordres de son seigneur et maître. Cela fait, croyant cependant nécessaire de dire, à ce sujet, le fond de sa pensée, il prit sa bonne plume et écrivit en substance à Henri III : « L'enlèvement des bateaux de la rive droite est une mesure inutile, car il sera facile de trouver, en aval de Roanne, des bateaux pour traverser le fleuve ; j'ai appris d'ailleurs qu'il y avait, non loin de cette ville, plusieurs bons gués. »

Passant ensuite aux ordres donnés aux paysans de la région, il ajoutait : « Il n'est pas possible de faire retirer les vivres des paysans dans les forts, car on leur a fait entendre que, où cette armée trouve les maisons vides, elle les brûle, et chacun craint de perdre la sienne. »

C'était l'exécution des ordres donnés par Mandelot aux consuls et habitants de Roanne, qui avait excité une si vive émotion au Coteau et dans l'Ile. Hâtons-nous d'ajouter que, cette fois-ci du moins, nos compatriotes en furent quittes pour la peur.

Ces alarmes et les désordres que causaient les gens de guerre, se renouvelèrent plusieurs fois encore aux jours troublés de la Ligue, particulièrement entre les années 1592 et 1595. Dans la suite, l'administration prudente d'Henri IV, puis la prévoyance de Sully, enfin l'autorité de Richelieu, achevèrent de rendre au pays l'ordre et la paix.

Pendant tout le cours du dix-septième siècle, notre chronique locale n'a guère à enregistrer que le passage, sur notre territoire, de nombre de personnages célèbres du temps. Mais ce sont là des menus faits, dont les années et les changements survenus dans les idées et les mœurs, ont singulièrement diminué l'importance. Cependant nos lecteurs nous sauront gré de leur raconter brièvement le passage de Louis XIII et de Richelieu, qui traversèrent en hâte notre localité, au cours d'événements importants.

Le 1er septembre 1632, Louis XIII, accompagné d'une armée de vingt mille hommes, traversa la ville de Roanne et sans s'arrêter « à cause de la maladie contagieuse, qui lors ravageait cette ville » se rendit incontinent à Parigny et logea dans une pauvre auberge, située au bas du village, en bordure du grand chemin royal de Paris à Lyon.

Le transbordement des vingt mille hommes de troupe et de plus de « quatre-vingts charrettes, chargées de mesches et de balles à mousquets » dut être particulièrement long et laborieux, car à cette époque un simple bac assurait le passage de la Loire (1). Aussi, n'est-

---

(1) On lit dans les mémoires laissés par le curé du Donjon : « Loys treiziesme, notre roy de France et la royne sa femme, ont faict leur entrée en la ville de Molins en Borbonnois le 29 aoust 1632, et le 30,

il pas surprenant de voir, l'année suivante le grand voyer de France, faire commencer la construction du premier pont de Roanne. Ce pont se divisait en deux parties. La première qui reliait la ville à l'île, était située à l'extrémité de la rue des Minimes et abordait en face, près d'un logis où pendait pour enseigne l'image de saint Nicolas. La seconde partie qui réunissait l'île au Coteau, abordait cette localité, non loin de l'endroit où commence actuellement la rue de Pincourt, appelée dans les anciens terriers « vieux chemins de Charlieu. »

Dix ans après, le 14 février 1642, Louis XIII se rendant à Lyon traversa de nouveau notre pays. Le roi n'éprouva pas cette fois les dificultés qui marquèrent son premier passage en Roannais ; car il put loger à Roanne, à l'hôtel de Saint-Germain, situé quai de la Galère, aujourd'hui quai du Bassin (1), et traverser la Loire sur un pont de bois, construit aux frais et dépens du seigneur du lieu, dont les biens avaient été mis sous séquestre.

Le roi fut suivi peu de jours après par le cardinal de Richelieu qui, disent les mémoires du temps, « fatiguant les relais, et brûlant les étapes » se rendit en toute hâte à Lyon, où il rejoignit le roi le 19 février (1642).

Sept mois après, au retour de l'expédition, le tout-puissant ministre suivit la même route dans une situation bien différente.

En effet, étant gravement malade, il remonta le Rhône en bateau et arriva à Lyon le 6 septembre 1642. Comme il ne pouvait quitter le lit « à cause de ses incommodités et de ses souffrances, on fut obligé de rompre les portes et les fenêtres de l'abbaye d'Ainay, où il logea, pour y pouvoir introduire la machine dans laquelle il était transporté... »

Le cardinal séjourna plusieurs semaines à Lyon, puis il quitta cette ville pour gagner Roanne, où il devait s'embarquer sur la Loire. Pour ce trajet, on construisit une litière qui, portée sur les épaules robustes de ses gardes, lui permit d'effectuer sans danger, mais non

---

de Varenne sont venus coucher à la Palisse et de là sont allés à Rouanne et à Lion. On dict que notre roy a bien vingt mille hommes à sa suite. Il a bien passé quatre-vingts charrettes chargées de mesches et de balles à mousquets par le Donjon avec plusieurs compagnies de gardes qui ont logé par les paroisses autour. Le tout allait à Lion afin de poursuivre Monsieur qui a faict une armée en Languedoc..... »

(1) Louis XIII partit de Saint-Germain-en-Laye le 27 janvier, il s'achemina sur Montargis, puis sur Briare. Là, il s'embarqua sur la Loire et remonta le fleuve à petites journées jusqu'à Roanne où il arriva le 14 février. Il séjourna à Roanne le 14 et le 15 et en partit le 16 au matin pour aller coucher à Tarare. Le 17 au soir, il se présenta à la porte de Vaise à Lyon où il fut reçu et complimenté par le sieur Mascrany, prévôt des marchands.

sans souffrances, la traversée des montagnes de Tarare (1). Le cardinal mourut à Paris le 4 décembre suivant.

Au milieu de janvier 1659, Louis XIV traversa aussi notre pays en se rendant de Lyon à Paris. Les détails de son passage sont consignés dans une curieuse relation, écrite par le sieur F. Marcenais, alors curé de Parigny. Cette relation mérite d'être citée in-extenso, en raison de l'intérêt qu'elle présente non seulement pour l'histoire locale, mais aussi pour l'histoire de France, toujours attentive à signaler les déplacements du roi et de la cour, ainsi que les faits et gestes du monarque et des personnes de son entourage (2).

« A la plus grande gloire de Dieu, et pour mémoire perpétuelle, je subsigné François Marcenais, curé de l'église paroissiale Sainte-Marie-Magdeleine de Parigny en Beaujollois, diocèse de Lyon, certifie et atteste, qu'en l'année dernière, mil six cents cinquante-huit, Louis quatorzième par la grâce de Dieu, roy de France et de Navarre, partant de la ville de Paris avec Madame Anne d'Autriche, reyne régente, sa très-chère et très-honorée mère, M. le duc d'Anjou, son frère unique, Son Altesse Mademoiselle de Montpensier, Monseigneur le cardinal Mazarin, M. le Chancellier et plusieurs autres grands de la cour pour venir en la ville d'o Lion, prit son chemin par la Bourgogne, et fit quelques jours de séjour en la ville de Dijon; et environ la fin du moys de décembre, fit sa première et triomphante entrée dans ladite ville de Lion, où, quelques jours après, Leurs Altesses de Savoye, savoir Monseigneur le duc de Savoye son cousin, avec Madame Royale la mère, et tante de Ladite Majesté, et Mademoiselle de Savoye, arriva et fust reçu en triomphe par Leursdites Majestés ; et après quelques jours de séjour, s'en retourna par le même chemin en ses états de Savoye ; et Leurs Majestés très-chrétiennes partirent de ladite ville de Lion, le treizième jour du moys de janvier de l'année 1659, prirent collation dans cette dite paroisse de Parigny, sans sortir de leur carrosse, laquelle fut préparée par les cuisiniers de Leursdites Majestés, dans la maison des héritiers de Bernard S., dit Laforge, située sur le grand chemin, lieu appelé le Bas-de-Rhins; dans laquelle maison habite présentement Georges Treffont, dit

---

(1) Un voyageur resté anonyme et qui parcourut le même chemin en sens inverse vers 1640, parle en ces termes de cette partie de la route : de Saint-Symphorien à Tarare « ce ne sont que montagnes, rochers ou précipices, vous portez la tête dans les nues et néanmoins vous avez les pieds sur les bords des enfers ; mais il faut marcher sur les épines pour cueillir les roses de Lyon. Mais, devant que d'y venir il faut passer la haulte montagne de Tarare qui faict une partie des montagnes d'Auvergne, sur laquelle se commettent bien souvent des voleries... »

(2) Cette relation a été publiée par J. Guillien, dans son remarquable ouvrage *Roanne et le Roannais*, p. 201.

Viendy, hotte dudit lieu, icelle collation de diné fust portée dans la terre du seigneur d'Ailly, joignant ladite maison, où Leursdites Majestés arrivèrent ledit jour quinzième de janvier, environ l'heure de midy, dans leur carrosse, où le Roy, la Reyne, M. le duc d'Anjou, Mademoiselle de Montpensier, la Manchiny, niepce du cardinal Mazarin et Madame la comtesse de Noaille, estaient et prirent collation dans ledit carrosse, à la veüe de tout le peuple, et par une bonté et douceur extraordinaire, me firent l'honneur de me permettre d'approcher de leur carrosse ; et après leur avoir fait un petit discours en forme d'harangue, me firent plusieurs interrogats, et permirent que j'eusse l'honneur de les entretenir plus d'une heure et demye qu'ils demeurèrent arrestés avec toute la cour. Rencontre du tout imprévue et inopinée, et après que la Reyne se fust informé de toutes les particularités, soit de ma paroisse ou autres, me donnat de sa propre main du pain qu'elle mangeait, avec trois demyes pistoles d'or, avec ces mêmes termes : « Monsieur le Curé, voilà du pain que la Reyne vous donne, et cela pour les pauvres malades de votre paroisse, que vous distribuerez selon votre discretion. » Et après plusieurs interrogats à moi faicts par le Roy, du nom et à qui appartenait ma paroisse, de quelle province elle estait, et par plusieurs fois me remettait entre les mains des plats et des assiettes ; quoi après, mit la main en sa poche, et me fist don de sa propre main de quatre loys d'or valant onze livres pesant, avec *ses* paroles : « Monsieur le Curé, priez Dieu pour moy » ; et après leur avoir fait un remerciement en meilleurs termes qu'il me fust possible, sans préméditation, que Leurs Majestés trouvèrent et témoignèrent avoir pour agréables ; et après plusieurs autres paroles tant du Roy, de la Reyne que des autres estant dans le carrosse, le Roy sortit d'icelui pour s'en aller chauffer en ladite maison ; où après avoir demeuré quelques temps, réentra dans le carrosse, après avoir visité une grande partie des carrosses de sa cour ; et à leur départ la Reyne me dit : « Adieu Monsieur le Curé ; » et le Roy : « Priez Dieu pour moi. » Le dix-septième janvier suivant, M. le cardinal Mazarin passat avec M. le mareschal de Villeroy, Monseigneur l'Archevêque de Lion, son frère, lieutenant pour le Roy au gouvernement de Lion, sondit frère estant gouverneur ; et le lendemain, fust tué un des pages de Son Eminence, prince allemand, nommé Dantelot, en la maison du sieur Cozon, par le fils de la femme, nommé Mousin. Monseigneur le Chancellier *passat* le vingt et un ; et n'ont faict qu'une couchée à Roanne, à la relevée de Monseigneur le cardinal, qui séjourna, qui prist l'eau avec M. le chancellier. Le Roy et la Reyne s'en allèrent par terre, par le Bourbonnais, pour se rendre à Paris. Prince le mieux faict et la meilleure mine *d'hot* de son royaume ; faisant sa 22ᵉ année de son age, lequel je supplie la divine Bonté vouloir conserver et toute la maison royale et vouloir soulager son pauvre peuple, oppressé au dernier poinct. Et tout ce que dessus je certifie contenir la vérité, que j'ai creu estre obligé de concter par escript, en mémoire de tant de faveurs et bienfaicts rendus de Leurs

Majestés; et pour la satisfaction de plusieurs personnes qui ont estées témoings oculaires de tout ce que dessus, tant ecclesiastiques qu'autres ; et le tout fidèlement observé et escript, les jours cy devant marqués ; et pour plus grande assurance j'ai signé de ma propre main.

« Signé : F. MARCENAIS, *curé de Parigny.* »

Telle est la relation du curé de Parigny, elle ne se contente pas de nous mettre sous les yeux le tableau d'une collation royale prise dans un carosse, sur le bord d'un grand chemin ; elle nous fait connaître encore l'entourage du roi et les nobles personnages qui, deux jours après, suivirent le même chemin. Cette relation nous apprend même un de ces faits divers si fréquents au cours des voyages des grands personnages de l'ancien régime à savoir : l'assassinat d'un page de Mazarin, « par le fils de la femme, nommé Mousin. »

Ce crime, « commis en la maison du sieur Coson », est resté mystérieux, mais on en devine facilement le mobile, étant donné la personnalité de la victime qui « était prince allemand ».

Au cours des trente années qui suivirent (1660-1690) les plus belles et les plus glorieuses de notre histoire, un grand nombre de personnages célèbres et de voyageurs illustres, traversèrent notre localité.

Quelques-uns d'entre eux ont consigné leurs souvenirs de voyage, mais aucun ne nous donne des renseignements précis ou intéressants, sur l'obscure bourgade qu'était alors le Coteau Beaujolais. Les mémoires et documents officiels ne nous éclairent pas davantage sur les dernières années du dix-septième siècle et les premières du dix-huitième. Il est certain cependant que pendant ces années, nos ancêtres furent très malheureux. En 1697, le curé de Roanne écrivait que depuis trois ans, il avait perdu « le tiers de ses paroissiens », par suite de la guerre et de la misère (1). La guerre prit fin, mais ce fut pour recommencer bientôt, aggravée cette fois par les maladies contagieuses et la famine (2). Le « grand chemin royal » de Paris à Lyon par Roanne, fut alors presque complètement abandonné, les voyageurs lui préférant la grande route de Bourgogne, de création récente et mieux entretenue et les marchands ne fréquentant plus le port de Roanne, en raison du « doublement des droits de navigation » qui rendait le commerce impossible (3). Fort heureusement le réveil de l'industrie qui se manifesta au milieu du XVIIIᵉ siècle, fut favorable au Coteau, si bien que l'on put croire qu'il allait devenir le grand faubourg industriel de Roanne.

----

(1) Voyez notre travail : *Roanne au dix-septième siècle,* p. 29.

(2) Sur l'hiver de 1709 et de ses conséquences, voyez le *Bulletin paroissial du Coteau* janvier, février 1909 et mars 1910.

(3) Le *Bulletin paroissial de N.-D. des Victoires* explique ce « doublement de droit », dans un article intitulé: Une rebellion sur le Port de Roanne en 1709.

## II

*Les dernières années de l'ancien régime. — Premiers établissements industriels du Coteau. — La verrerie de Pincourt. — Le manoir Couzon. — Procédés primitifs de fabrication du verre. — Bénédiction des fours, 23 déc. 1743. — Premières difficultés. — Le roman du sieur Bigot de Clairbois. — Causes qui amenèrent la ruine de la verrerie.*

*La fabrique de « quincaillerie » de l'Anglais Alcok. — Rectification de la grande rue du Coteau, près du pont. — La rue Ducale à Roanne. — Construction des ponts destinés à réunir les deux rives du fleuve. — Démolition du petit pont et vente de ses débris. — Le projet de M. de Varaigne, ingénieur en chef des ponts et chaussées, et ses conséquences. — Expropriation de trois maisons situées au Coteau.*

Jusqu'en 1743, le Coteau n'avait été qu'un hameau vivant du passage de la grande route et de son port sur la Loire ; mais à cette époque, l'industrie y fit son apparition.

Le premier établissement industriel installé sur le « Coteau Beaujolais », comme on disait alors, fut une verrerie, dont il est intéressant de retracer la trop brève histoire (1).

Dans le courant de l'automne 1743, cinq gentilshommes : le sieur Bigot de Clerbois et ses associés : Otrequin Antoine, Mertrude Jacques, Armand Leséneschal de Rivières, et Claude-Louis Pigalle de Marvilly sollicitèrent du Conseil du Roy l'autorisation de créer et d'exploiter une verrerie à Roanne. Cette autorisation leur fut accordée par un arrêt du Conseil en date du 29 octobre 1743. Le privilège royal leur fut également concédé par lettre en date du 11 février 1744 et par arrêt du Parlement du 16 mars. La permission accordée ainsi en haut lieu fut appuyée par l'avis favorable du procureur fiscal de la ville de Roanne.

---

(1) L'histoire de cet établissement industriel a été racontée par M. G. Guigue, archiviste du Rhône, dans une étude parue dans la *Revue du Lyonnais*, sous ce titre : *La verrerie de Roanne (1743-1757)*.

Munis de toutes ces autorisations, les gentilshommes verriers passèrent à la période d'exécution. Dans ce but, ils louèrent sur le « Coteau
Beaujolais », au sieur Tardy, un « vieux petit château » dans lequel
ils aménagèrent des appartements pour eux et leurs familles, tout
en disposant les caves et les dépendances pour leur verrerie.

Les premiers travaux d'aménagement qui eurent lieu au mois de
mai, excitèrent vivement la curiosité publique, de telle sorte que la
nouvelle création fut l'objet d'une enquête de l'intendant de la généralité de Lyon, qui invita M. Hue, son subdélégué à Roanne, à se
rendre sur les lieux pour dresser procès-verbal, sur l'état de la
future verrerie.

Le rapport de M. Hue donne de curieux détails sur les procédés
de fabrication employés par les verriers au milieu du XVIII$^e$ siècle :

« Monseigneur,

« Je me transportai hier chez les entrepreneurs de la verrerie,
pour examiner leur établissement et vous en rendre compte.

« Ils ont loué du sieur Tardy au prix de 800 livres par année, un
petit vieux château appelé Couzon (1), sur le bord de la rivière de
Rhins, à une portée de carabine de Roanne ; le loyer comprend environ trente mesures de terre autour de la maison, et une île entre
deux bras de Rhins, qui renferme quelques parties de terre, de prés
et de bois ; la situation est assez heureuse pour un pareil établissement, par le voisinage de la Loire qui facilitera le transport des
ouvrages, et même par la commodité de la rivière de Rhins qui
dans les crues ou avec un peu de soins dans d'autres temps, peut
porter batteau depuis ce château jusques à la Loire.

« J'ai vu différents ouvriers travailler aux réparations et à l'agrandissement de cette maison pour la mettre en état de loger cinq
personnes intéressées dans cette entreprise; mais je ne vois pas qu'ils
puissent être arrangés avant l'hiver prochain.

« A l'égard des autres bâtiments pour la manufacture, j'ai vu les
caves croisées avec leur cintre simplement sur lesquelles on se
prépare de voûter, mais les quattre fourneaux qu'on se propose de
faire dans les quattre angles de la cave croisée ne sont point encore
commencés et on voiture les matériaux. Dans une grange dépendante
et située dans la cour du château, j'ai vu trois ouvriers pilant dans
un mortier de bois doublé de lames de fer, des cailloux de la rivière
de Rhins et de la Loire qui ont été calcinés dans un fourneau par un
autre ouvrier que j'ai vu travailler ; ces trois ouvriers ne pilent que

--------

(1) Le « manoir Cozon ou Couzon » était ainsi appelé de la famille
à laquelle il appartenait dans la première moitié du dix-septième
siècle. De la famille Cozon il passa par alliance à la famille du Treuil
de Rhins.

grossièrement ces cailloux, ils sont portés en grosse poussière à deux autres ouvriers qui les pilent de nouveau le plus fin qu'ils peuvent, les passent au tamis, et en composent des briques pour les fourneaux de plus d'un pied de long, d'un demi pied de large et de plus de quattre poulces d'épaisseur ; ce gravier ce mesle avec de la terre blanche pour composer ces briques.

« J'ai vu aussi dans un grenier quattre grands pots tout frais pour la cuite et la fonte des matières, ils sont d'une terre blanche que les entrepreneurs tirent de Charlieu, ils m'ont dit qu'il leur fallait 150 pots de cette façon, je ne sçais quand ils seront faits. Mais je ne crois pas qu'on puisse rien espérer de cet établissement avant l'hiver prochain. Ces messieurs m'ont dit avoir fait des épreuves qui ont réussies.

« J'ai l'honneur d'être Monseigneur votre très humble et très obéissant serviteur. Huc. »

Les travaux d'installation furent menés rapidement pendant les mois qui suivirent. Vers la fin décembre, les fours furent mis en activité et le 23, sur la demande des gentilshommes verriers, le clergé procéda à la bénédiction des fours allumés. Selon le programme, cinquante personnes notables de Roanne avaient été invitées, mais onze seulement furent présentes, en raison du « temps épouvantable » qu'il fit ce jour-là.

En 1745, la verrerie du Coteau donna ses premiers produits ; mais à peine avaient-ils paru sur les marchés de la région, que des oppositions se manifestèrent. Elles vinrent d'abord des subdélégués de l'intendance des localités voisines, qui demandèrent la limitation de la fabrication, sous prétexte que les cendres nécessaires aux verriers nuiraient « aux blancheries » échelonnées sur les bords de la rivière de Rhins, « lesquelles employaient grande quantité de cendres pour blanchir les toiles ». D'autres opposants firent observer que les cendres utilisées par la verrerie feraient défaut à l'agriculture, alors qu'elles étaient si nécessaires pour amender les terres fortes du Beaujolais et du Forez.

L'intendant de la généralité de Lyon ne s'arrêta pas à ces plaintes et la fabrication continua.

Sur ces entrefaites une difficulté plus grande survint.

Les sieurs Gérando et de Vaux, fermiers du port de Saint-Rambert et, par privlège royal, adjudicataires des mines de charbon de Roche-la-Molière, refusèrent de livrer du charbon aux entrepreneurs de la verrerie. Ceux-ci leur adressèrent plusieurs requêtes, voire même une instance en vers, qui finirent par vaincre l'opposition des fermiers des mines. Si l'on en croit certains documents, le refus des sieurs Gérandos et de Vaux auraient eu pour but de favoriser la manufacture royale de Sèvres, au détriment de la verrerie du Coteau.

A peine les fours eurent-ils été remis en activité, qu'une nouvelle épreuve imprévue et romanesque vint mettre l'entreprise en péril.

Depuis son arrivée à Roanne, bien qu'il fût, paraît-il, de bonne noblesse, le sieur Bigot de Clairbois n'avait pu forcer les portes des salons de la noblesse et de la bourgeoisie roannaises. En 1747, cette bouderie devint de l'opposition et bientôt, on raconta dans les salons roannais, les choses les plus singulières sur les origines et la vie du sieur Bigot. Ces indiscrétions transpirèrent au dehors et il fut bientôt de notoriété publique que le sieur Bigot était un ancien forçat, qui avait été vu à la chaîne sur le port.

Ces bruits parvinrent aux oreilles des associés de Bigot ; ils firent une enquête rapide qui leur permit de constater l'exactitude des faits. De plus, l'ex-forçat, mis en surveillance discrète, fut surpris détériorant les pots de fonte qui servaient à la cuisson et altérant les matières premières qui devaient servir à la fabrication du verre.

Ces constatations faites, les associés de Bigot s'empressèrent de déposer une plainte contre lui, d'abord entre les mains du juge de la Châtellenie de Perreux ; puis au Parlement de Paris.

L'affaire suivit son cours et en 1748, après enquête, le Parlement de Paris déclara le sieur Bigot déchu de ses droits et privilèges avec interdiction pour lui, sa femme et ses enfants de se rapprocher à moins de trente lieues de la verrerie du Coteau.

Après le départ du sieur Bigot, plusieurs anciens associés se retirèrent et l'entreprise fut conduite par les sieurs Leséneschal de Rivières et de Cattigny. Sous cette nouvelle direction la verrerie donna des produits estimés ; mais ces deux gentilshommes ayant voulu créer d'autres affaires industrielles et commerciales, voire même un service de coche sur la Loire, les ouvriers verriers, laissés sans surveillance, ne produisirent bientôt que peu de choses et des spécimens inférieurs, ce qui amena la ruine de l'entreprise (1).

Moins de sept ans après la fin lamentable de la verrerie du Coteau, un nouvel établissement industriel vint s'installer dans notre localité.

Vers la fin du règne de Louis XV, une fantaisie de la mode introduisit l'usage de mettre aux vêtements des boutons en acier et en ivoire et d'orner les revers et parements des habits de garniture de marcassite, d'écaille ou de nacre. La fabrication de cette « quincalle » donna naissance à l'industrie de la quincaillerie.

---

(1) Pendant que les sieurs de Marvilly et de Cattigny étaient à Paris, pour obtenir autorisation et privilèges en faveur de l'établissement d'un coche sur la Loire et l'Allier, leurs ouvriers subirent plusieurs chômages à la suite desquels « deux maîtres-verriers déposèrent une plainte contre les entrepreneurs, réclamant payement de 6 livres par semaine qui leur étaient allouées par contrat pour indemnité de chômage. A la requête de ces maîtres verriers, les sieurs Guérin de Charleroy et J.-B. Boilet, venu de Carmaux, les meubles et l'outillage furent saisis pour gage de leur salaire et de leur indemnité de chômage.

Pendant quelques années, l'Angleterre garda le monopole de cette fabrication, mais l'usage de ces ornements s'étant généralisé, un anglais, M. Alcock, pensa un beau jour qu'il pourrait réaliser de beaux bénéfices en créant en France une fabrique de quincaillerie. Son choix se fixa sur le « Coteau Beaujolais », où il sollicita du Conseil du Roi l'autorisation d'établir son atelier et fabrique. Cette autorisation lui fut donnée par arrêt du Conseil, en date du 4 mai 1765.

M. Alcock se mit aussitôt à l'œuvre et commença la fabrication des boutons de métal dans une vaste construction « sise sur le Coteau et qui ne mesurait pas moins de 22 toises de façade ». Mais l'affaire était nouvelle et inconnue et la fabrique ne tarda pas à chômer faute d'argent. Ce fut alors, en 1766, que dans le but de se procurer des ressources, M. Alcock s'associa avec Adrien Mathieu, notaire à Dijon, et Michel Belot.

L'année suivante, Michel Belot mourut et l'affaire sous sa nouvelle raison sociale qui avait paru donner quelques résultats appréciables, périclita de nouveau.

Devant la nécessité de trouver d'autres bailleurs de fonds, M. Alcock père, découragé, se retira et passa l'affaire à ses fils, MM. Joseph et Michel Alcock, à condition qu'on lui ferait une rente annuelle de 2.000 livres.

Le 20 décembre 1769, les fils Alcock passèrent un nouveau traité avec Monsieur Mathieu, en vertu duquel le notaire de Dijon s'engageait à mettre dans l'entreprise le double de la somme à laquelle l'inventaire estimerait la fabrique et le matériel (1).

Grâce à cet apport, les associés achetèrent à noble Claude-Marie Ponchon, maire de Roanne, une maison avec terrain contigu situés à Roanne, près de la chapelle Saint-Jean (2).

La fabrique Alcock fut transportée dans ce tènement où elle éprouva tout comme au Coteau, les vicissitudes des affaires nouvelles. Pendant que naissaient et disparaissaient les premiers établissements industriels établis sur le Coteau, le « Grand chemin Royal » subissait dans cette localité, à son point de contact avec le fleuve, une rectification qui a subsisté depuis. L'explication de ce changement oblige à remonter un siècle en arrière.

Au milieu du dix-septième siècle, comme il a été dit plus haut,

------

(1) L'acte d'association attribuait aux fils Alcock 2.000 livres par an « jusqu'à ce que le prix de vente des marchandises ait élevé le chiffre d'affaires à 300.000 livres. Passé cette somme, ils devaient percevoir 1000 livres pour 100.000 livres d'augmentation. »

(Dumoulin, *En pays roannais*, p. 179.)

(2) La chapelle Saint-Jean était située sur le terrain resté libre à l'angle des rues Beaulieu et Brison. La « fabrique Alcock fut établie en face, à l'angle des rues Benoît Malon et Brison. »

les deux rives de la Loire étaient unies par un pont divisé en deux
parties par le quartier de l'Ile. C'est pourquoi, le voyageur se rendant du Coteau à Roanne, suivant le grand chemin qui se prolongeait
pendant 50 mètres environ dans le lit actuel du fleuve, traversait la
partie du pont dite « petit pont », le quartier de l'Ile et gagnait l'autre partie du pont, grâce à laquelle il arrivait à l'entrée de la rue
des Minimes. Vers 1680, le pont qui unissait l'Ile et Roanne, fut
emporté par une forte crue et c'est en vain que pendant un demi-
siècle, les riverains et les voyageurs réclamèrent son rétablissement.

En 1730 cependant, les pouvoirs publics s'émurent et le Conseil du
Roi Louis XV ordonna que le duc de la Feuillade, qui possédait le
droit de péage du pont de Roanne, serait contraint de reconstruire au
plus tôt le dit pont et jusqu'à sa mise en état, d'entretenir à ses frais
le bac qui mettait en communication l'Ile et la rue des Minimes.

Le duc, qui fréquentait la Cour, ne s'émut pas de cette mise en
demeure et opposa la force d'inertie à toutes les injonctions et ordon-
nances du pouvoir royal. Ce déplorable état de choses menaçait de
durer, lorsqu'en 1750, un incident qui faillit provoquer un accident,
réveilla l'opinion publique et stimula la bonne volonté de l'autorité
royale.

En cette année 1750, l'intendant de la généralité de Lyon, se rendant à Roanne pour traiter des affaires urgentes, prit le bac pour
traverser le fleuve, entre l'Ile et la rue des Minimes. Le fleuve
était grossi par les pluies et, sous la poussée des eaux, le *bachot* fut
emporté à la dérive. Les passagers eurent un moment d'inquiétude ;
mais les mariniers roannais, gens expérimentés, après quelques
minutes d'efforts, déposèrent sains et saufs, sur le quai de la Tête
d'Or, l'intendant et sa suite.

Impressionné par le danger qu'il avait couru, l'intendant invita
les ponts-et-chaussées à mettre immédiatement à l'étude la reconstruction du pont de Roanne. Ceux-ci s'empressèrent d'obéir aux
ordres d'un si haut personnage et comme on s'occupait en ce moment
de la création de la rue Ducale (aujourd'hui rue Jean-Jaurès), ils décidèrent que le nouveau pont serait construit dans l'axe même de
cette rue, mettant ainsi en communication la ville et le « bec de l'Ile ».
Ce déplacement nécessitait une rectification sur la rive droite du
fleuve et c'est ainsi que la grande rue du Coteau dut dévier pour
aborder le nouveau pont destiné à relier le Coteau à l'Ile.

Les deux ponts construits entre le Coteau et l'Ile, et entre l'Ile et
la rue Ducale, eurent, sur les deux bras du fleuve, un développement
total de 249 mètres 47 centimètres. Chaque partie fut composée de
15 travées, ayant chacune un peu plus de 8 mètres d'ouverture. Les
piles étaient formées par une série de piliers et d'aiguilles en bois,
profondément enfoncés dans le lit du fleuve et protégés en amont
par une poutre inclinée, formant avant bec, et destinée à diminuer
le choc et la violence des eaux.

Les travaux durèrent plusieurs années et les dépenses dépassèrent le devis prévu ; c'est pourquoi l'œuvre achevée, des réclamations se produisirent de la part de l'entrepreneur, le sieur Désarnod. L'intendant de la généralité de Lyon, ému de ces réclamations, fit procéder à une enquête par l'ingénieur en chef des ponts-et-chaussées de la généralité. Après visite et expertise des travaux, celui-ci décida qu'à titre d'indemnité, il serait accordé au sieur Désarnod la propriété de deux « langues de terre situées à l'entrée du pont, sur le Coteau Beaujolais ». Peu de temps après, le sieur Désarnod rétrocéda ces deux « langues de terre » au sieur Favre, sous-entrepreneur, qui avait effectivement conduit les travaux et accepté les responsabilités (1).

En 1786, la partie du pont comprise entre le Coteau et l'Ile ayant éprouvé de graves dégâts, par suite de deux crues successives, un rapport fut adressé sur ce sujet à l'ingénieur en chef des Ponts-et-Chaussées. Celui-ci, qui, sans doute, ne connaissait la Loire que par les cartes et plans exposés dans son bureau de travail, résolut de supprimer cette partie du pont et, en conséquence, ordonna la mise en vente de ses débris.

L'adjudication eut lieu « le 12 janvier 1787, à deux heures de relevée, en l'hôtel du sieur Thévenon, subdélégué à Roanne. Les pierres, bois et fers, provenant du petit pont, furent attribués au sieur Michon, voiturier par eau, pour le prix de trois mille six cent cinquante livres ».

Le nouveau projet de l'ingénieur en chef des Ponts-et-Chaussées changea complètement l'aspect de cette partie du Coteau. En effet,

---

(1) Les archives du Duché de Roannais contiennent plusieurs pièces se rapportant à cette affaire, notamment le procès-verbal de la visite des deux ponts construits sur la Loire, dressé par l'ingénieur en chef des Ponts-et-Chaussées de la généralité de Lyon, puis cession « à titre d'indemnité » à l'entrepreneur Antoine Désarnod de deux langues de terre vacantes à l'entrée du Coteau et rétrocession des dites langues de terre au sieur Claude-Joseph Favre, sous entrepreneur ; enfin, quelques pièces de procédure se rapportant à un procès intenté au sieur Favre par Adrien Michon, avocat en Parlement, demeurant à Paray et dame Anne-Marie Joard son épouse, qui revendiquaient la propriété des deux langues de terre concédées. Le procès se termina par une transaction, par laquelle le sieur Favre reconnaissait « tenir d'eux à titre de vente, les dites deux parcelles, aux prix de vingt livres de rente annuelle. »

La rétrocession des deux langues de terre était faite au sieur Favre, sous la condition qu'il construirait de chaque côté du pont « deux maisons uniformes. »

Cette condition ne fut pas exécutée, mais il est curieux de constater que trois quarts de siècle plus tard, on édifia cependant à l'entrée du pont deux maisons monumentales : la maison Guillet et celle dite du Café des Mille Colonnes.

sous prétexte que le « petit bras du fleuve était ordinairement à sec »,
il ne trouva rien de mieux que de le supprimer et il remplaça le pont
par une « belle et large levée » qui formerait avenue au pont construit entre l'Ile et Roanne.

Ce projet excita de nombreuses réclamations justifiées par les
crues rapides et fréquentes que subissait la Loire. Mais l'ingénieur,
M. de Varaigne, refusa de modifier ses plans, alléguant que le lit
du fleuve compris entre l'Ile et la ville suffisait à l'écoulement des
eaux et que les améliorations projetées en amont du fleuve dissipe-
raient toutes les inquiétudes. Sur ces assurances, le projet fut aussitôt mis à exécution ; mais pour dégager l'entrée de la levée en
construction, du côté du Coteau, il fallut procéder à l'expropriation
de trois maisons appartenant aux sieurs Bertillot, Simonin et Antoine
Tabouret, « ce dernier représentant les héritiers Tardy » (1).

---

(1) Les travaux étaient encore loin d'être terminés en avril 1789,
époque à laquelle les intéressés adressèrent à l'intendant de la généralité de Lyon une supplique pour qu'il fût procédé à une nouvelle
expertise ; en voici le texte :

« Supplient humblement Louis Bertilliot, Antoine Simonin et les
héritiers Tardy représentés par Antoine Tabouret, disant qu'ils ont en
propriété dans l'encaissement du Pont que l'on va construire à
Roanne trois maisons hautes et basses, que M. Liard, ingénieur de ce
département les a avertis le 29 mars dernier de les faire démolir pour
que l'on put sans embarras continuer la fouille commencée — sa circulaire ne contenait pas d'autres détails — ; qu'en 1787 M. Bompar fit
commencer ces démolitions sans les prévenir, conséquemment sans
estimer avec eux les objets démolis : les matériaux qu'ils ont produits
ont disparu, qu'en 1787 M. Liard a dicté et fait signer à Berthilliot que
le 9 mars 1787 il a fait démolir à ses frais une petite maison qui faisait partie de sa propriété. — Ce particulier affirme qu'il n'a pas senti
la conséquence de cette déclaration.

« Les suppliants, qui ont intérêt avant qu'il soit passé outre de faire
donner à leurs maisons une valeur déterminée et de la faire régler
sur le pied de ce qu'elles étaient et de ce qu'elles sont actuellement,
ont l'honneur de recourir à vous afin qu'il vous plaise Monseigneur
ordonner que par experts pris à l'amiable et la présence de M. votre
subdélégué, il sera incessamment procédé contradictoirement avec
eux à l'estimation de leurs maisons, tant pour ce qui concerne les
objets démolis en 1787 que pour ceux à démolir.

« Vous ferez justice.

« A Roanne, ce 9 avril 1789. »

Après en avoir référé à M. Thévenon subdélégué à Roanne, l'intendant rejeta la demande des requérants. Mais cette pièce montre qu'à
la veille de la Révolution (avril 1789) la question du « petit bras » du
fleuve, n'était pas encore tranchée. La grande inondation qui survint
dix-huit mois plus tard, (novembre 1790) devait lui faire donner une
solution imprévue.

L'avenir ne devait pas tarder à condamner le plan de M. de Varaigne et à prouver combien étaient justifiées les plaintes des riverains, les réclamations des commissionnaires par eau et les protestations des autorités locales.

# III

*Les « notables » de six paroisses du Beaujolais se réunissent au
Coteau pour rédiger le cahier des plaintes et doléances du
« pauvre peuple des campagnes » (1789). — La grande
peur, ses causes locales. — Enlèvement des canons de l'Aubépin par un détachement de la garde nationale de Roanne
et du Coteau. — Protestations des habitants de Sainte-
Colombe et de Fourneaux. — Médiation de M. de Saint-
Vincent. — La conciliation rendue inutile par suite d'une
« effroyable catastrophe ».*

*L'Inondation du 11 novembre 1790. — Destruction du pont. —
Projet de M. de Varaigne ; il excite d'unanimes protesta-
tions. — Modifications apportées au projet primitif. —
Construction du pont actuel commencée en 1792.*

*La constitution civile du Clergé et M. Captier, curé de Parigny ;
il refuse le serment et la promulgation de l'élection de
Lamourette. — Troubles à Parigny. — La Terreur ; les victimes du Coteau.*

Au début du printemps de 1789, quelques semaines avant la convo-
cation des Etats Généraux, une députation composée de notables appartenant à six paroisses du Beaujolais, se réunirent dans un hôtel
du Coteau. Cette réunion avait pour but d'amener une entente sur
les différentes matières qui devaient faire l'objet des remontrances
à formuler dans la future assemblée des Etats du Beaujolais, à
Villefranche. Dans l'esprit des membres de la réunion, les « plaintes
et doléances » ainsi exprimées, devaient avoir plus de force et d'autorité.

Après s'être mis d'accord, la « rédaction des remontrances » fut
confiée à « MM. Rochard et Desplante, députés de St-Vincent » dont
la note servirait ensuite de modèle aux députés des autres paroisses,
qui restaient libres d'y insérer « ce qui serait conforme aux intérêts
particuliers de leurs localités. »

La feuille des remontrances de Saint-Vincent contient en huit
articles les principales revendications « du pauvre peuple des campagnes », mais elles peuvent se résumer en quelques mots : protes-

tations de respect et d'affection pour le roi et leur curé, vives plaintes contre la noblesse et contre tous les droits et privilèges féodaux « dont la noblesse peut encore user avec une rigueur déplorable contre le peuple », enfin, demande l'aliénation des domaines royaux et des biens des abbayes, dont le prix comblerait le déficit du trésor et constituerait un traitement pour les curés des campagnes (1).

Telles furent, en effet, les réclamations formulées à l'assemblée de Villefranche et qui servirent de base à la rédaction du cahier général des Etats du Beaujolais. Ces réclamations furent ensuite portées par les députés de la province aux Etats Généraux, chargés de déterminer les mesures appropriées.

Lorsque les députés des Etats Généraux furent réunis, un grand sentiment de confiance s'empara de la France et pénétra jusque dans les campagnes les plus reculées, dont la population comptait sur les ordres privilégiés, pour guider le Tiers-Etat dans les voies « politiques propres à assurer le bonheur du peuple ». Mais un sentiment bien différent ne tarda pas à se manifester.

Vers la fin du mois de juillet 1789, dix ou douze jours après la prise de la Bastille, une effrayante rumeur courut sur la France entière : « Les brigands arrivent ; ils pillent les demeures, incendient les récoltes ; ils égorgent femmes et enfants. » Cette alarme se répandit du nord au sud et de l'est à l'ouest du royaume, presque dans le même moment.. Le décret, que l'Assemblée nationale publia le 10 août 1789, constate dans son préambule la généralité et la simultanéité de la panique. « Les alarmes ont été semées dans les différentes provinces dit l'Assemblée, à la même époque et presque le même jour. »

Un messager paraissait, haletant, les yeux fous, la voix étranglée sur son cheval blanc d'écume. Il se penchait sur sa selle et, étendant le bras dans la direction qu'il voulait désigner : les brigands approchent ; ils sont là-bas, derrière le coteau ; j'ai vu luire leurs armes dans la feuillée du bois. Sur la route, les sabots de leurs chevaux soulèvent des nuées de poussières, l'horizon est rouge des incendies qu'ils allument : ils vont comme un ouragan !

Un jour, la terrible rumeur circula au Coteau. C'était vers la fin d'août, à la nuit tombante. Un courrier, couvert de poussière et montant un cheval qui paraissait exténué, s'arrêta aux premières maisons de l'agglomération et jeta aux habitants ces mots sinistres : « Les brigands sont à deux lieues d'ici ! »

---

(1) D'après une « Copie des remontrances qui ont été présentées par les députés de cette paroisse à l'assemblée des trois ordres de la province tenue à Villefranche le 16 mars 1789, les députés ont été les sieurs Rochard et Desplante, le premier syndic et le second membre de la municipalité. »
Registres de Saint-Vincent-de-Boisset.

Nul ne songea à vérifier l'exactitude des paroles du courrier auquel une coïncidence bizarre vint donner quelque créance.

Vers la même époque, la maréchaussée de Roanne arrêta au bas de Rhins, deux pauvres diables déguenillés et incontinent, « en raison du crime commis dans le voisinage, » les conduisit aux prisons du bailliage. Les vagabonds suivirent le grand chemin et traversèrent le Coteau, escortés par les cavaliers de la maréchaussée. Il n'en fallut pas davantage pour confirmer les bruits mis en circulation. C'est en vain que l'enquête de la justice reconnut dans l'un de ces vagabonds un faux saunier incorrigible, plusieurs fois condamné à Villefranche, et dans l'autre, une façon de sorcier de campagne, au sujet duquel une plainte avait été déposée par le curé de Sainte Marguerite de Neaux et deux habitants de cette localité ; la rumeur publique n'en continua pas moins à voir dans ces pauvres diables, les chefs des brigands tant redoutés.

Cependant, la panique se dissipa, mais ce fut pour renaître quelques jours plus tard. Comme il arrive ordinairement aucun fait précis ne lui donna naissance, les détails ne firent pourtant pas défaut.

D'après la rumeur publique, un voyageur venant de Lyon et se rendant à Roanne, avait raconté qu'il venait de traverser un pays terrorisé. Près de Lyon, les routes étaient encombrées de fugitifs gagnant la grande ville, poussant devant eux leurs bestiaux et traînant sur des charrettes leurs objets les plus précieux. En approchant de Roanne, la même panique régnait, les villes importantes, comme Lay, St-Symphorien et Régny, organisaient à la hâte des « milices civiques » ou des « gardes citoyennes. » Les localités moins importantes, envoyaient des messagers demander aide et secours aux villes de Tarare et de Feurs (1). Quant aux habitants des hameaux, ils quittaient leurs demeures et se cachaient dans les plus épais fourrés des bois, parfois même se creusaient des retraites souterraines dont ils dissimulaient l'entrée avec des ronces et des buissons épineux; ceux que la maladie obligeait à rester chez eux, n'osaient ni parler, ni faire du feu pour ne pas dévoiler leur présence aux brigands (2).

Telles étaient les rumeurs qui couraient alors au Coteau et que les bruits d'émeutes et de troubles populaires qui arrivaient de toutes parts, contribuaient à confirmer. Il faut pourtant reconnaître que

------

(1) Un beau jour les habitants de Feurs, virent arriver un messager couvert de poussière ; il demandait aux habitants aide et secours contre les brigands, en faveur des paroisses de Sainte-Colombe et de l'Aubépin et comme preuve de sa mission, présentait un billet, signé du curé de Sainte-Colombe.

E. Brossard, *Histoire du Département de la Loire pendant la Révolution.*

(2) Funck-Brentano, conférence sur « la Grande Peur de 1789 ».

chez nos bons ancêtres la panique fut moins vive que dans les localités isolées, à cause du voisinage de la ville de Roanne (1).

Mais une affaire regrettable, survenue à la même époque et dont le dénouement eut lieu au Coteau, contribua à entretenir longtemps la surexcitation des habitants.

Le château de l'Aubépin en Beaujolais, dont on admire encore aujourd'hui la belle ordonnance, renfermait à cette époque deux pièces de canons. Ces curieux spécimens d'une artillerie démodée, avaient été donnés deux siècles auparavant par le roi Henri IV à Antoine de Sainte-Colombe, seigneur de l'Aubépin (2). Par ce don, le roi avait voulu reconnaître la fidèle et loyale amitié de son ancien compagnon d'armes. Or, dans le courant de l'automne 1789, deux mariniers roannais, qui avaient des relations dans le voisinage de l'Aubépin, rappelèrent à leurs compatriotes l'existence des canons. Les mariniers s'émurent et projetèrent d'aller les enlever. Mais, les autorités locales, redoutant le danger, prirent les devants et ce fut un détachement de la garde nationale (3) qui fut chargé de cette opération.

Le détachement partit avant le jour, s'adjoignit, en passant au Coteau, quelques gardes de cette localité, commandés par le sieur Théodet et arriva sans encombre à l'Aubépin. Les canons furent réparés à la hâte et amenés au Coteau. Là, comme il faisait nuit noire, et que les travaux en cours et une crue du fleuve rendaient l'accès de Roanne difficile pendant l'obscurité, on décida de laisser les canons « à la vigilance et au patriotisme » des habitants du Coteau.

---

(1) La ville de Roanne elle-même ne fut pas exempte de cette panique, car le 26 juillet le maire et les officiers municipaux envoient un messager du côté de Charlieu, à l'effet de se renseigner sur ce qui se passe.

(2) En septembre 1595, Henri IV, étant à Lyon, écrivit à Antoine de Sainte-Colombe ce laconique et pittoresque billet: « *Grand pendu, j'irai taster de ton vin en passant.* » Le roi s'arrêta en effet, au château de l'Aubépin le 24 septembre. Une réception magnifique fut organisée en son honneur par Antoine de Sainte-Colombe qui avait été le fidèle compagnon d'armes du Béarnais, au cours de ses campagnes.

(3) La garde nationale de Roanne fut créée le 23 juillet 1789. Dans une réunion préliminaire tenue le 22, et où étaient MM. Dumyrat père, Geoffroy, Passinges, Gambon, Déchatellus, Verdellet, Debalichard, Moreau, Jars l'aîné, Thy de Milly, Courbeville, etc, un membre dit que la création d'une garde nationale était rendue nécessaire par « les troubles qui éclataient un peu partout et jusque dans cette ville. »

Dans l'acte d'organisation, Roanne fut divisée en quatre sections dont la première fut « le Coteau Beaujolais, l'Ile et le port de Roanne ».

L'expédition avait été préparée en secret et exécutée si rapidement, qu'elle n'avait rencontré ni opposition, ni protestation. Mais lorsque l'enlèvement fut connu, il excita dans la région, particulièrement dans les paroisses de Fourneaux et de Sainte-Colombe, une très vive effervescence. Une réunion de protestations fut tenue à Fourneaux où l'on parla de prendre contre le Coteau et Roanne les mesures les plus extrêmes. Un membre proposa même « d'affamer » ces localités, en invitant les habitants des campagnes à ne pas y transporter leurs denrées. A quoi il fut répondu que cette mesure ne produirait aucun effet parce que si l'on pouvait agir sur les habitants de la région de Lay et de Saint-Symphorien, il n'en serait pas de même pour les cultivateurs des autres régions de la rive gauche qui continueraient à approvisionner la ville. Une motion finale parut plus efficace ; elle consistait à solliciter l'intervention de François Courtin, marquis de Saint-Vincent, qui jouissait d'une grande autorité dans le pays et avait des relations à Roanne où il possédait un hôtel.

Dans le but d'arranger cette affaire regrettable, M. de Saint-Vincent provoqua une assemblée générale de la communauté des habitants de Saint-Vincent, et dans cette réunion, fit nommer comme « conciliateurs » MM. Dansard et Rochard. Ceux-ci se mirent aussitôt en rapport avec les autorités roannaises qui les accueillirent plutôt froidement et l'affaire en resta là pour l'instant. Peu de temps après, au début de janvier 1790, les « conciliateurs » firent une nouvelle démarche ; mais cette fois il leur fut répondu que la « catastrophe effroyable » qui s'était produite, supprimait « toute démarche ultérieure » (1).

Le 6 janvier, MM. Rochard et Dansard rendirent compte de leur mandat au Conseil communal de Saint-Vincent.

Quelle peut bien être la catastrophe effroyable survenue à cette époque ? Les recherches les plus minutieuses n'ont pas encore permis de la déterminer.

Quoiqu'il en soit, l'effervescence populaire soulevée par ce que l'on a appelé : l'affaire des canons de l'Aubépin, se calma peu à peu. Bientôt, du reste, l'attention publique fut sollicitée par d'autres événements.

Sur ces entrefaites, l'assemblée nationale vota la loi qui supprimait les anciennes provinces et divisait la France en départements (2).

---

(1) On lit dans le registre de la municipalité de Saint-Vincent, à la date du 6 janvier 1790 : « MM. Dansard et Rochard rendent compte de leur mission. Pendant qu'ils s'en acquittaient et qu'ils avaient lieu d'espérer des habitants du Coteau de Roanne les dispositions les plus conciliantes, la catastrophe la plus effroyable a terminé toute démarche ultérieure. »

(2) Le 20 décembre 1789, une assemblée importante des notables et délégués des communes voisines se réunit au Coteau pour demander

Par suite de cette loi, le Coteau, hameau de la paroisse de Parigny en Beaujolais, devint une parcelle communale ou section de la commune de Parigny, district de Roanne, département de Rhône et Loire (1).

Ce fut vers la fin de cette année 1790, qu'une « catastrophe » vraiment « effroyable » éprouva le pays.

A la suite des pluies torrentielles, survenues les 9, 10 et 11 novembre, le 11, à 7 heures du soir, la Loire emporta les faibles levées qui protégeaient les bas quartiers de la ville et envahit le Creux-Granger, les Charpentiers et les Vies-Vieilles. Malgré la nuit noire, les secours furent promptement organisés et nombre de victimes furent arrachées à la mort par M. Liard, ingénieur, et les sieurs : Sylvestre Magneux, François Boulard, Antoine Dubuis, Bertrand Prelanges, François Verger et François Thélis, tous mariniers auxquels le Conseil municipal vota des remerciements : « faibles témoignages de la reconnaissance de leurs concitoyens ».

Il est inutile de faire observer que ce désastre avait été causé, ou du moins singulièrement aggravé, par la levée que M. de Varaigne avait fait construire entre l'Ile et le Coteau. Celle-ci, en effet, avait fait refluer les eaux en amont, provoqué la rupture des digues de la Loire et du Renaison et amené l'effondrement du pont qui avait été emporté par les eaux .

Un grand nombre de personnes qui se trouvaient sur la rive droite, furent hospitalisées provisoirement au Coteau, et pendant près de six mois, les communications entre les deux rives du fleuve furent très difficiles.

Au mois de mai 1791, M. de Varaigne, qui était toujours ingénieur en chef des ponts et chaussées à Lyon, fut mis en demeure par les autorités du district de Roanne, de présenter : projet, plan et devis, pour la reconstruction du pont. L'influence désastreuse de la « levée Varaigne » qui obstruait le fleuve entre l'Ile et le Coteau, avait été si manifestement démontrée, que les Roannais comptaient bien la voir disparaître. Il n'en fut rien, et M. de Varaigne proposa de la rétablir en lui donnant plus de largeur et d'élévation.

De vives et unanimes protestations accueillirent le projet de M. de Varaigne et la municipalité invita M. Liard, sous-ingénieur à Roanne, à dresser un projet qui rétablirait les deux ponts. M. Liard s'exé-

---

à l'Assemblée nationale que ces communes fussent réunies au district de Roanne où serait établi un tribunal civil, et non à Villefranche qui est éloigné de dix lieues. (Registre de la municipalité de Saint-Vincent.)

(1) En 1793, le département de Rhône et Loire fut subdivisé en deux : celui du Rhône avec Lyon et Villefranche pour district, et le département de la Loire ayant pour district Montbrison, St-Etienne et Roanne.

cuta et, en face du projet de son chef, donna des plans et devis qui reconstituaient le passage de la Loire tel qu'il était avant 1786. M. de Varaigne ne se tint pas pour battu ; mais grâce à la haute influence de M. Nompère de Champagny, les projets furent soumis au comité central des travaux publics à Paris. Les deux auteurs vinrent défendre leurs plans, mais les plaintes des Roannais contre le projet de Varaigne étaient si bien fondées et justifiées, que le comité décida que la chaussée construite entre l'Ile et le Coteau ne serait pas rétablie.

C'était la condamnation du projet de M. de Varaigne qui, mécontent de voir son plan rejeté, en proposa un autre qui plaçait une levée entre Roanne et l'Isle et construisait le pont entre l'Isle et le Coteau.

Malgré une vive opposition, et de manifestes défectuosités, ce projet fut adopté par le comité central et exécuté (1). Les travaux commencés en 1792, devaient durer 40 ans.

Pendant que les autorités et la population roannaise se préoccupaient de la reconstruction du pont, de graves événements se déroulaient à Paris. Les Etats généraux, transformés en Assemblée Nationale, votaient la Constitution civile du Clergé et par le décret du 27 novembre 1790, décidaient que tous les prêtres des paroisses seraient obligés, sous peine de déchéance, de prêter serment de fidélité à la Constitution. L'archevêque de Lyon, Mgr de Marbœuf, ayant refusé ce serment fut déclaré déchu de ses titres et de ses droits, par le Directoire du département de Rhône et Loire. Quelques jours après, le 1er mars 1791, les électeurs, réunis dans la cathédrale St-Jean à Lyon, nommaient l'abbé Lamourette, évêque constitutionnel de Rhône et Loire.

Les administrateurs du département s'empressèrnt de prendre un arrêté pour faire connaître aux habitants de la région ce qui venait de se passer et leur notifier la nomination de Lamourette. Un article spécial obligeait les prêtres des paroisses à lire, en chaire, l'arrêté du département.

A l'exemple de beaucoup d'autres, M. Captier, curé de Parigny, refusa. Ce refus ayant été rendu public, le dimanche 27 mars, un piquet de la garde nationale du Coteau, commandé par « l'officier municipal », se rendit à Parigny, pour faire exécuter l'ordre du Directoire. L'office était commencé lorsque la petite troupe arriva à Parigny ; elle pénétra néanmoins dans l'église paroissiale et la messe se termina sans incident.

Après l'office, l'officier municipal du Coteau ordonna au curé de faire lecture du décret ; mais celui-ci refusa, disant qu'il ne consentait pas à donner lecture aux fidèles d'un « écrit schismatique et sacri-

---

(1) F. Pothier, *Roanne pendant la Révolution.*

lège ». L'officier municipal s'avança alors au devant de l'assemblée et lut à haute voix le décret.

Les assistants écoutèrent sans mot dire, mais la lecture terminée, une femme dit : « Nous ne voulons pas être schismatiques ! » Aussitôt, comme si cette parole eut été un signal, une grêle de pierres s'abattit sur l'officier et ses hommes qui, au sortir du village, reçurent encore beaucoup d'injures et quelques pierres.

De retour au Coteau l'officier et les gardes nationaux se rendirent au district, pour faire leur déposition, à la suite de laquelle les administrateurs déposèrent une plainte contre le curé Captier.

Deux mois plus tard, la même scène se renouvela dans l'église paroissiale de Parigny, le curé Captier ayant refusé de lire aux fidèles le mandement de prise de possession de l'évêque constitutionnel. Cette fois encore, l'officier municipal du Coteau fut obligé de lire lui-même la composition de Lamourette et ce ne dut pas être un spectacle banal que de voir un officier municipal lisant en chaire un écrit sur le dogme, la morale et les principes essentiels de la constitution de l'Eglise (1).

Quant au curé Captier, il fut poursuivi par ordre de l' « accusateur public » du district de Roanne. Sur les instances de ses amis, il quitta sa paroisse (2), après avoir dit à ses paroissiens : « Nous serons séparés par la distance; mais chaque jour, au lever du soleil, je célébrerai pour vous le Saint-Sacrifice ; vous vous unirez à moi, je prierai pour vous et nous resterons ainsi unis par des liens de Foi et de Charité plus forts que la mort. »

Après le départ de M. Captier, l'administration de l'évêque Lamourette nomma curé de Parigny le sieur Pierre Méraud, prêtre assermenté. Celui-ci prit possession de son poste sous la protection d'un officier municipal et de deux fusiliers ; quant

---

(1) Dans son *Histoire du Département de la Loire pendant la Révolution*, M. E. Brossard raconte ainsi cet incident : « Captier, curé de Parigny, avait refusé également de se conformer à l'arrêté et, le 27 mars, le maire et les officiers municipaux du Coteau se rendirent avec un piquet de la garde nationale dans l'église où Captier disait la messe. Après l'office, le maire invita Captier à lire l'arrêté du Département ; celui-ci répondit qu'il ne pouvait publier un écrit schismatique et sacrilège. Le maire en donna connaissance ; mais à peine avait-il terminé la lecture, que les femmes lancèrent des pierres aux gardes nationaux. »

A remarquer la qualification de « maire du Coteau » bien qu'à cette époque le Coteau ne fût pas commune, mais seulement « parcelle communale » de Parigny.

(2) Il resta quelque temps caché sur sa paroisse, dans une ferme du hameau de Saligny, puis il gagna les montagnes de Tarare où il avait des parents et, plus tard, le canton de Belmont, où un de ses frères avait exercé, avant la Révolution, les fonctions de curé de Mars.

aux habitants, ils témoignèrent à son égard une indifférence qui frisait le mépris. Dans la suite, la plupart d'entre eux refusèrent d'assister aux offices du prêtre « intrus » ; quelques-uns même, très irrités contre lui, se firent ministres du culte et présidèrent des services religieux et des enterrements. Cette attitude à l'égard d'un prêtre assermenté conduisit plusieurs habitants notables sur les bancs de justice, et il fallut de longs jours et beaucoup de prudence pour ramener le calme dans les esprits.

Cependant, à cette époque si troublée de la Révolution, la route qui traversait le Coteau avait repris une grande animation. Les contemporains virent alors défiler sous leurs yeux, nombre de personnages célèbres : le jacobin Chalier envoyé à Lyon pour gagner les Lyonnais à la cause de la Révolution (1) et les conventionnels Javogues, Couthon, Collot-d'Herbois et bien d'autres chargés de réduire Lyon par la force. Chaque jour passaient de nombreux détachements allant renforcer l'armée « sous Lyon » et d'interminables convois destinés au ravitaillement des troupes de la Convention.

Lorsque Lyon eut été pris, par une négligence inexplicable, la liste des officiers et soldats de l'armée lyonnaise tomba entre les mains des Conventionnels. Alors, ce fut la terreur dans le pays, et le Coteau lui-même fournit plusieurs victimes aux émissaires de Javogues. La famille Tardy, alors établie au château de Rhins, fut la plus éprouvée et ne perdit pas moins de cinq de ses membres, savoir : Jean-Jacques Tardy, « juge de paix au Coteau », arrêté à Lyon, en octobre 1793, condamné à mort le 2 novembre, et exécuté le lendemain pour avoir été administrateur d'un département rebelle et chargé d'une mission importante à Bordeaux (2) ; J.-J. Tardy, agri-

---

(1) Dans ses mémoires, Mademoiselle A. des Echerolles raconte ainsi le passage de Chalier à Roanne (août 1792) :

« Le trop fameux Chalier, revenant de Paris, profita de son rapide passage à Roanne pour y prêcher les doctrines nouvelles ; monté sur l'impériale de la diligence, pérorant de la voix et du geste, il appelait le peuple à la connaissance des bienfaits du 10 août. Sa bouche vomissait l'imprécation et le blasphème ; une bave sanglante coulait de ses lèvres impies et portait son ardeur dans la foule agitée. J'entends encore les mots terribles qui finissaient la harangue de cet énergumène : « Frères et amis, vous avez détruit l'infâme Bastille, mais vous n'avez abattu que des murailles ; un travail plus beau vous attend. Abattez des têtes et vous serez libres. A bas le roi ! Mort au tyran ! Vive le peuple ! Vive la liberté ! » La voiture partit et il criait encore : « Mort au tyran ! »

(2) J.-J. Tardy est mentionné dans une plaque de la chapelle de Rainneville, en l'église du Coteau. Cette plaque rappelle au visiteur le souvenir de Marc-Louis marquis de Tardy, bienfaiteur de la paroisse.

culteur, âgé de 22 ans, lors de son exécution, le 28 novembre 1793, et Jérôme Tardy-Desmures, ancien capitaine au 45ᵉ régiment, condamné à mort par la Commission révolutionnaire de Lyon, et guillotiné le 17 février 1794, pour avoir « donné sa démission en 1792, à l'effet de désorganiser sa compagnie. »

Les femmes mêmes ne trouvèrent pas grâce devant la Commission instituée par les conventionnels. En effet, elle envoya à l'échafaud Marie-Louise Tardy de Rhins, baronne de Vaugirard, comme étant « une aristocrate forcenée et la femme d'un général qui commandait à Montbrison et à Lyon les contre-révolutionnaires » (1). Le même sort était sans doute réservé à la veuve Tardy « mère et grand'mère d'émigrés », arrêtée à Roanne comme suspecte et emprisonnée aux Ursulines, puis aux Minimes, mais délivrée par le 9 thermidor.

Deux autres victimes intéressent encore le Coteau : la veuve Elie Servajean, « domiciliée au Coteau », domestique, « arrêtée pour propos inciviques », et M. Gonindard, de Parigny (2), « arrêté au Coteau de Roanne ». Tous deux furent rendus à la liberté après la réaction thermidorienne et la mort de Robespierre.

---

(1) La baronne de Vaugirard fut condamnée à mort sous le nom de Marie Du Crozet qui n'était pas son nom de famille et que tous les auteurs ont répété. Elle était fille de Benoît Tardy, écuyer, seigneur de Rhins et de Jeanne-Marie-Pierre de Saint-Cy.

(2) Le sieur Gonindard de Parigny était prêtre ; il fut arrêté en l'an II et enrôlé de force « dans l'armée des sans culottes » destinée à combattre Lyon. Au moment où il quittait le Coteau « étant sur la route de Commune-Affranchie » (Lyon), une femme « la nommée Mingois servant chez le citoyen Pradines au Coteau », lui remit une lettre dans laquelle un de ses confrères lui recommandait la prudence et l'assurait que de loin il veillerait sur lui. Cette lettre, que le défaut de place empêche de reproduire, est fort suggestive, tant au point de vue des recommandations morales que des traits de mœurs qu'elle renferme.

# IV

*Le Consulat. — Passage de Bonaparte, Premier Consul. — Les
brigands à Roanne et dans les environs. — Un fait divers de
la chronique du Coteau. — Le souterrain de M. de Tardy.
— Arrestation du chef des brigands.*

*L'Empire : Passage de Pie VII. — Dix années de guerre. —
L'invasion : les Autrichiens en Roannais. — Triple démonstration contre le Coteau. — La redoute du pont, ses défenseurs. — La capitulation. — Abandon de la redoute du pont.
— M. Popule au château de Rhins. — Entrée des Autrichiens
à Roanne.*

*La Restauration. — Le premier chemin de fer. — La ligne
d'Andrézieux à Roanne (lisez : au Coteau). — Comment on
allait du Coteau à Saint-Etienne en 1834. — Confortable,
sécurité et rapidité du voyage. — Formation du Petit-Coteau.
— Inauguration du pont sur la Loire, mai 1834.*

Comme tous les grands événements politiques et militaires, la
Révolution avait vivement surexcité les passions populaires. Cette
surexcitation lui survécut et une des premières préoccupations du
Consulat, puis de l'Empire, fut de rétablir l'ordre, afin de rendre au
pays la tranquillité et la paix. Mais le rétablissement de l'ordre ne
fut pas une chose facile, étant donné l'intensité des passions, les
conflits d'intérêts et la grande quantité de gens sans aveu, cachés sous
de faux noms dans les agglomérations urbaines et dans les campagnes
reculées. Les criminels évadés, les insoumis au service militaire et
les déserteurs alimentaient sans cesse cette armée du crime. La plupart de ces misérables incapables de travailler, ou dans l'impossibilité
de le faire par suite de leur situation, demandaient au vol et à
l'assassinat, des moyens d'existence. Ces brigands formaient des associations et, sous le nom de « chauffeurs », exploitèrent indifféremment les notables des villes et les pauvres gens des campagnes. Ici,
usant de violence, ils « chauffaient les pieds de leurs victimes pour en
tirer soit de l'argent, soit l'aveu des trésors cachés », d'où leur nom
de « chauffeurs » ; là, ils obtenaient par des menaces de l'argent ou

des aliments ; ailleurs, ils réclamaient par chantage de fortes sommes aux personnes riches, aisées, ou passant pour telles.

Pendant quelques mois, Roanne et les campagnes environnantes vécurent sous le régime de la Terreur. Dans chaque maison, on tremblait et, certes, avec raison, étant donné les menaces et les procédés des brigands. Dans les maisons voisines de la ville, le soir venu, on se renfermait avec soin, et, dans les fermes isolées, on barricadait les portes et on se mettait en état de résistance.

Du reste, les moyens employés par les brigands étaient variés. La petite bande qui opérait sur les communes d'Ouches et de Lentigny agissait par violence ; au nord de Roanne, et sur le territoire de Mably, des hommes barbouillés de suie et appelés pour cette raison les « nègres de Roanne », opéraient par persuasion ou par menace, alors que dans le canton de Saint-Symphorien-de-Lay un mystérieux malfaiteur agissait sur ses victimes par chantage et persuasion. Ce maître chanteur, qui opéra successivement à Lay, au château de la Verpillière et à Pradines, signait ses lettres du pseudonyme exotique de « Rio de Panama ». Dès la fin de 1801, il mettait la police roannaise en émoi.

Sur ces entrefaites, Bonaparte, Premier Consul, venant de Lyon et se rendant à Paris, arriva à Roanne. C'était dans les premiers jours de 1802 (30 pluviose, an X). Le Premier Consul voyageait dans une lourde berline qu'il occupait seul, avec Joséphine. Une escorte restreinte accompagnait la voiture.

Le cortège traversa le Coteau et se rendit dans l'Ile, où la municipalité roannaise, ayant à sa tête le maire M. Jars, le complimenta et lui présenta les hommages et « l'admiration » des habitants.

Bonaparte occupa des appartements mis à sa disposition par la ville qui lui offrit aussi un dîner préparé par le traiteur Vianney. Les actes officiels du temps nous ont conservé le menu de ce repas, dont le règlement souleva quelques difficultés entre le maire et le traiteur.

Voici ce menu : « 2 potages, 2 relevés de potage, 10 entrées, 2 grosses pièces de poisson, 4 plats de rots, 10 plats de douceur, 4 plats de légumes, plus 30 assiettes de dessert, 1 fromage à la glace, 20 bouteilles de vin ordinaire, 8 bouteilles de vin de Bourgogne ».

La nuit venue, des illuminations furent organisées en l'honneur de « l'Hôte illustre » qui daignait visiter la ville. Les monuments publics firent apparaître en traits de feu leurs lignes architecturales et la symétrie de leurs ouvertures. On remarqua surtout la belle ordonnance des lumières disposées sur la façade du vieux couvent des Capucins qui servait de Sous-Préfecture ; le Sous-Préfet de Roanne était alors M. Hue de la Blanche, ancien compagnon d'armes de Bonaparte, au régiment de la Fère.

Le lendemain Bonaparte quitta Roanne, non sans avoir remercié les autorités et les habitants de la réception qui lui avait été faite. Le Premier Consul était alors dans tout l'éclat de sa réputation militaire et de sa gloire. Douze ans plus tard, il devait de nouveau traverser Roanne et le Coteau, mais dans des circonstances bien différentes.

Trois mois après le passage de Bonaparte, le mystérieux Rio de Panama recommença ses exploits et ne craignit pas de s'adresser aux plus notables personnages du temps : Madame de Grosbois « en sa maison des Côtes », M. Hue de la Blanche, sous-préfet de Roanne, et M. Tardy, au château de Rhins.

Ce dernier fut invité par lettre, sous peine de mort, à déposer dans une cachette, en un lieu marqué d'une « serge verte », une forte somme en bon argent. M. Tardy, qui avait subi au cours de sa vie d'émigré nombre de vicissitudes, ne se laissa pas effrayer. Il déposa une plainte contre inconnu entre les mains du procureur du district de Roanne et se rendit auprès du sieur Palabost, lieutenant de gendarmerie afin de s'entendre pour opérer l'arrestation de l'insaisissable brigand.

Sans perdre de temps, le 13 nivose an XI, le lieutenant Palabost se rendit au château de Rhins où résidait le sieur Tardy.

Il plaça pendant la journée un gendarme de garde dans la maison de Rhins, tandis que, pendant la nuit, deux autres gendarmes désignés surveillaient les abords de la maison et que les domestiques de Tardy veillaient sur le toit pour désigner quiconque s'approcherait du trou où l'on devait déposer la somme réclamée.

Pendant quinze jours, on fit ainsi le guet sans découvrir « l'auteur de la demande ».

L'idée était vraiment par trop simple et faisait peu d'honneur à l'imagination du représentant de la force publique.

Tardy fut plus ingénieux. Il fit un trou dans le fond de son jardin et perça une petite galerie par laquelle on pouvait communiquer avec la cachette que l'audacieux brigand avait désignée et qui devait être marquée d'un morceau de serge verte. Dans ce trou, on plaça un pistolet chargé à poudre, ainsi qu'une boîte aussi chargée ; on joignit à ces engins explosifs un sac d'une capacité à tenir mille écus, qu'on remplit de pierres et de sable et à l'orifice duquel on étala des gros sous. Le sac placé à l'endroit convenu, on le lia avec un fil de laiton qui, passant sous la galerie, venait s'attacher dans la cavité placée au fond du jardin, à la gâchette du pistolet. De la sorte, quand on saisirait le sac, le pistolet partirait, mettrait le feu à la boîte, et dénoncerait ainsi le voleur.

Le 4 ventôse, entre trois et quatre heures de l'après-midi, chacun étant à son poste, on entendit une forte détonation. On accourut et on arrêta un individu, âgé d'une cinquantaine d'années, légèrement voûté, blond, pâle, que l'on conduisit sur le champ en prison, où on le fouilla.

On le trouva porteur de lettres de menaces analogues à celles dont le parquet avait déjà été saisi, d'une écritoire en corne, du pistolet et du sac révélateur.

Interrogé, il déclara se nommer Zacharie Carret, être né à Villefranche et habiter Amplepuis.

Placé sous bonne escorte, on le conduisit ensuite au lieu de son domicile et l'on apprit qu'il avait acheté, pendant la Révolution, le château de Rébé, où il habitait.

C'était un homme qui vivait sans ressources connues et qui ne jouissait pas d'une excellente réputation.

La perquisition que l'on fit à son domicile amena la découverte des brouillons de toutes les lettres qu'il avait écrites.

Son interrogatoire fut long et minitieux. Il essaya d'abord de nier, refusant de reconnaître pour siennes les lettres écrites en caractères majuscules et déclarant qu'il n'était allé au Pont-de-Rhins « que pour chercher des simples. »

Puis, pressé de questions, convaincu par des preuves accablantes, il finit par avouer. On lui découvrit une complice, une femme Jeanne Servan, habitant Mâcon, dont le domicile servait de repaire à tous les brigands des environs. On produisit même une série de lettres impérieuses que lui avait adressées cette femme et qui dénotaient chez elle une certaine influence sur les Chauffeurs.

Dès lors son affaire fut vite expédiée. La loi était formelle, on l'envoya réfléchir dans les galères impériales, sur l'inconvénient qu'il y avait à pratiquer trop ouvertement, en pleine époque de réaction autoritaire, des procédés révolutionnaires, et le Roannais, l'homme une fois parti, fut délivré de sa terreur et de ses craintes (1).

Le général Bonaparte qui avait rendu à la France son prestige à l'extérieur et rétabli l'ordre à l'intérieur, fut sacré empereur des Français par le Pape Pie VII, le 2 décembre 1804. En se rendant de Rome à Paris, sa Sainteté avait traversé la France entre deux haies de peuple agenouillé, ainsi qu'elle le dit au cardinal Fesch, archevêque de Lyon. Pie VII traversa le Coteau dans la soirée du 29 brumaire et coucha à Roanne à l'hôtel de Livron (aujourd'hui la Sous-Préfecture) où des appartements lui avaient été réservés (2).

L'année suivante, retournant à Rome, le Souverain Pontife passa de nouveau par Roanne et le Coteau. L'escorte d'honneur, chargée d'accompagner sa Sainteté, fut commandée par M. de Tardy, « ancien adjudant général » (3) (23 août 1805).

---

(1) Dumoulin, *En pays Roannais.*

(2) Les 29-30 brumaire 1804, Sa Sainteté devant passer à Roanne, le maire, M. de Contenson, arrête que le soir la ville sera illuminée et qu'un piquet de la garde nationale rendra les honneurs. *(Archives municipales de Roanne).*

(3) Le 4 fructidor an XIII (23 août 1805), une garde d'honneur est organisée pour faire escorte à Sa Sainteté, qui doit traverser Roanne en retournant à Rome ; M. de Tardy, ancien adjudant général, est

Après avoir pendant cinq ans versé leur sang pour la République, les enfants du Coteau le donnèrent généreusement pendant dix ans pour la cause de l'Empire ; puis, ce fut l'écrasement sous le nombre et l'invasion, Le Coteau joua alors un rôle stratégique de quelque importance, qu'il est intéressant de retracer d'après le travail si curieux de M. A. Chorgnon : *Roanne pendant l'invasion.*

Les Autrichiens pénétrèrent en France par la frontière de l'Est et le 21 mars 1814 occupèrent Lyon. De là, un corps d'armée fort de 12.000 hommes environ remonta vers le nord et occupa Tarare et Saint-Symphorien. Le 22, le général autrichien, comte Hardegg, établit son quartier général dans cette dernière localité, avec comme objectifs immédiats le passage de la Loire et l'occupation de Roanne.

Cependant les Roannais n'avaient pas attendu cette menace pour fortifier leur ville. Dès le milieu de mars, ils avaient établi deux redoutes sur la Loire ; l'une, à l'entrée de la rue du Creux-Granger, l'autre en face du Coteau à l'éperon de l'Isle. Comme fortification avancée, ils avaient édifié au Coteau, à l'entrée du pont en construction, une forte barricade pourvue d'une pièce de canon.

Le 23 mars, la garde de ce poste était confiée à une demi-compagnie du 60ᵉ de ligne, sous les ordres de M. Deaddé, lorsqu'une forte avant-garde autrichienne pénétra dans la grande rue du Coteau avec le but évident de forcer le passage de la Loire. M. Deaddé raconte ainsi cet engagement « C'était la première garde que je montais comme officier... lorsqu'une colonne de cavalerie se présenta pour surprendre la ville avant le lever du soleil. Il n'y avait qu'une petite pièce de canon en batterie sur la route du faubourg du Coteau, couverte seulement par une barricade qui laissait d'un côté le passage libre. Cette pièce ne tira que deux ou trois coups à l'approche de l'ennemi qui, nous trouvant sur nos gardes, arrêta le gros de la colonne sur la route, en déployant seulement une centaine de cavaliers à sa droite, au bas du Coteau (1) comme s'ils avaient voulu nous tourner par notre gauche ; mais ils furent maintenus à distance par mes tirailleurs que j'avais embusqués dans quelques maisons du faubourg et derrière les blocs de pierre.... »

Au bruit du canon, de la fusillade et à l'appel de la générale, « les gardes nationaux accoururent en masse au Coteau, traînant une seconde pièce d'artillerie qu'on plaça en batterie à côté de la première, et se montrèrent très disposés à défendre le passage de la rivière.... »

---

nommé commandant de la garde d'honneur à cheval et M. Villard, ancien chef de bataillon d'artillerie, est nommé commandant de la garde d'honneur à pied.

(1) Il s'agit évidemment de la grande allée du château de Rhins qui débouchait sur la Loire, à Pincourt, et de la rue tortueuse qui porte ce nom.

En même temps était arrivé un fort détachement de la garnison avec le colonel Genty. « Les cavaliers, voyant la pièce si bien gardée se retirèrent peu à peu : à dix heures du matin, il n'y en avait plus en vue.

En prévision d'autres tentatives, on suréleva, dès le soir même, la barricade du Coteau avec les matériaux du pont, on pratiqua au devant une large et profonde tranchée et on doubla l'effectif du poste.

Sages précautions, car, les jours suivants, la garde nationale et la troupe, envoyées en reconnaissance, signalèrent dans les environs, sur le parcours de la route de Lyon, le passage ou la présence de nombreux éclaireurs ennemis qu'elles dissipèrent à coups de fusil. Il arriva même que des hussards vinrent parader en vue de Roanne, comme pour en braver les défenseurs.

Cette démonstration fut suivie de plusieurs autres ce qui décida un groupe de mariniers roannais à aller attaquer les Autrichiens jusque dans leur cantonnement. Le 26 mars, une cinquantaine d'entre eux se rendirent en armes à la Verpillière, surprirent un bataillon autrichien arrivé la veille, lui tuèrent quelques hommes et firent prisonniers six hussards qu'ils ramenèrent à Roanne (1). Ce hardi coup de mains eut un certain retentissement sous le nom d'« affaire de Saint-Symphorien, » et c'est pour commémorer cette affaire que la ville de Roanne a élevé sur la place de l'Hôtel-de-Ville le monument de 1914.

L'affaire de Saint-Symphorien ne diminua pas l'activité des Autrichiens. Dès le lendemain, des cavaliers firent leur apparition au Coteau, puis se retirèrent sans tirer un coup de feu. Quelques jours après, ils revinrent en plus grand nombre et firent mine de vouloir forcer la barricade et traverser le fleuve à Bachelard ; mais le commandant Faure, de garde ce jour-là à la barricade du pont, les accueillit par un feu de deux rangs si nourri qu'ils déguerpirent en toute hâte. Quant aux hussards, qui tentèrent le passage du fleuve en face du rivage, la plupart furent emportés par le courant, ou tués par d'habiles tireurs, embusqués à l'abri des « verdiaux ».

Toutes ces reconnaissances annonçaient une affaire décisive ; elle eut lieu le vendredi 8 avril. Ce jour là, dès la pointe du jour, les colonnes autrichiennes se mirent en marche, elles dessinèrent autour du Coteau un arc de cercle qui en se resserrant finit par s'établir

---

(1) Parmi les quarante-cinq Roannais qui allèrent à la Verpillière attaquer les Autrichiens, il faut signaler : J.-B. Thiodet, du Coteau, qui « armé d'un fusil double, tira un premier coup de feu et coucha dans la boue la sentinelle ennemie ».

Plusieurs autres noms paraissent appartenir à des volontaires domiciliés au Coteau, notamment : Bertillot Jacques, dit Raquelot, tambour ; Bertillot, dit Pain-Mollet, marinier, ancien militaire, et Falcot aîné, m,archand.

au petit Coteau comme point central, avec Pincourt et Varennes aux deux extrémités.

Ces dispositions prises, le général Hardegg, selon l'usage du temps, envoya un parlementaire chargé de notifier aux autorités ses exigences. Celles-ci pouvaient se résumer ainsi : le pont serait laissé intact, les autorités livreraient les partisans de l'affaire de Saint-Symphorien, la ville serait occupée militairement et abandonnée pendant deux heures au pillage des soldats.

Monsieur Populle, alors maire, écouta avec sang-froid les dures propositions de l'ennemi, et fit observer qu'il était impossible de livrer les auteurs du coup de main de Saint-Symphorien, la plupart ayant quitté la ville, et qu'avant d'accorder deux heures de pillage, le tocsin sonnerait pendant deux heures, ce qui amènerait à Roanne vingt mille paysans des environs ; alors, on verrait !

Le parlementaire promit d'en référer au général en chef qui, trois heures plus tard, signait avec le colonel Genty, représentant la ville, une capitulation dont étaient exclues les conditions refusées par M. Populle.

Il était environ cinq heures du soir, lorsque le général Hardegg et le colonel Genty se furent mis d'accord.

Ils avaient convenu que l'armée autrichienne occuperait à sept heures du soir le faubourg du Coteau et la rive droite de la Loire, et que le lendemain matin, à huit heures, elle entrerait en ville.

A sept heures donc, le détachement roannais, emmena ses deux pièces de canon et évacua la grande redoute du Coteau. Les Autrichiens en prirent possession et se répandirent le long de la rive droite, que bientôt les bivouacs bordèrent d'une ligne de feu. Tout à coup ils firent entendre des cris, des clameurs furieuses, qui semblaient présager pour le lendemain un terrible déchaînement de violences. Des soldats même cherchèrent à s'introduire en ville par le pont, mais en prévision de cette tentative, on avait eu la sage précaution, de rendre impossible le passage en ôtant presque tous les madriers (1) des deux premières travées.

Alors un bruit sinistre se propagea en ville : on dit que le général autrichien, manquant à sa parole, n'a pu refuser à ses soldats le pillage qu'il leur avait peut-être fait espérer. On a vu les militaires de la garnison se préparer à partir avec les pièces de canons ; ils ont déjà abandonné les postes : la ville est donc sans défense ; « la nuit régnait, et avec elle le trouble et la consternation. »

M. Populle voulant mettre fin à cette poignante anxiété propose au conseil, qui siège en permanence, de déléguer un de ses membres

---

(1) Deux travées du pont étaient encore inachevées ; mais afin d'utiliser le passage, on avait jeté, entre les piles, de longues poutres de bois qui permettaient ainsi communication entre les deux rives.

auprès du général afin d'en obtenir des explications. Tous les regards, toutes les mains le désignent. Il accepte, le voilà prêt, il part ceint de son écharpe, il se présente à l'entrée du pont, il fait annoncer sa mission par un roulement de tambour et le déploiement du drapeau parlementaire. Et c'est sur un madrier vacillant, à la lueur d'une torche, qu'il franchit le fleuve, au risque de tomber dans l'abîme ouvert sous ses pas.

Mais un autre péril l'attendait : au moment où il parut sur la chaussée, entre l'Ile et le Coteau, la sentinelle, se refusant à lui reconnaître le caractère de parlementaire, le mit en joue... Heureusement, l'officier chef de poste intervint aussitôt et le fit conduire au château de Tardy, où le général résidait avec son état-major.

M. Populle fut reçu avec les plus grands égards. « Général, dit-il « en substance, la convention qui nous lie n'a pas été formulée par « écrit ; mais, à défaut de signature, elle repose sur votre parole, la « parole d'un homme d'honneur ; cela me suffit. Vous le savez, la « ville de Roanne a consenti à livrer passage à votre armée, à la « condition que les personnes et les propriétés seraient respectées. « Eh bien, j'ai entendu et je viens d'entendre encore les clameurs et « les vociférations de vos soldats : ce sont des menaces qu'ils comptent « sans doute réaliser demain par le pillage. Je fais appel à votre « loyauté et vous demande si vos officiers pourront les maintenir « dans l'ordre. Si vous ne pouvez me le garantir, je rentre en ville « et aussitôt je ferai rompre le pont de bois et je prendrai, comme « c'est mon devoir de maire, toutes les mesures que je croirai de « nature à sauvegarder la vie et les biens de mes concitoyens... »

Le général aurait répondu : « Rassurez-vous, Monsieur le maire. « Vous avez raison de vous fier à ma parole : je n'y ai jamais manqué. Le pillage n'aura pas lieu. J'ai donné à cet égard les ordres « les plus formels. Mes soldats le savent et c'est pour cela qu'ils « manifestent leur mécontentement. Mais ils se calmeront et, quand « le tambour et la trompette auront donné le signal de la retraite, « tous rentreront dans l'ordre. Demain, ils se comporteront en soldats « disciplinés, et vous n'aurez, Monsieur le maire, pas le moindre « reproche à m'adresser à leur sujet. »

Par son énergie et sa franchise, M. Populle avait gagné l'estime du comte Hardegg, qui eut l'occasion d'en témoigner bien longtemps après.

M. Populle se retira satisfait. Sous la protection d'une escorte, il traversa les groupes ennemis, où l'accueillirent, au milieu des murmures, les cris haineusement proférés de « bourgmestre ! bourgmestre ! ». Avaient-ils deviné, ou savaient-ils déjà que le « bourgmestre » emportait avec lui l'assurance que la ville ne serait pas livrée au pillage ?

M. Populle a franchi le pont. La foule l'attendait anxieuse... « Pas de pillage, mes enfants ! » Porté pour ainsi dire en triomphe, il arriva à la mairie où les conseillers municipaux réunis le félicitèrent chaleureusement d'avoir rempli sa mission avec tant de dévouement et de succès (1). *(Roanne pendant l'invasion).*

Le lendemain, samedi 9 avril, veille de Pâques, les Autrichiens firent leur entrée à Roanne, ne laissant au Coteau qu'un détachement de 30 cavaliers, destinés à assurer la sécurité de plusieurs bataillons d'infanterie, envoyés comme renfort au général Hardegg. Quelques jours après, ces cavaliers ayant rempli leur mission, allèrent rejoindre en Auvergne le gros de la cavalerie autrichienne. Cependant, des détachements ennemis occupèrent encore à deux reprises le Coteau et Varennes, à l'effet d'y lever de fortes réquisitions .

Moins de quinze jours après l'entrée des Autrichiens à Roanne, le 22 avril, une chaise de poste amenait à Roanne l'ex-empereur Napoléon reconnu désormais comme souverain de l'Ile d'Elbe. La lourde voiture pénétra à Roanne par le « grand chemin » et la rue Mably, traversa la ville et vint s'arrêter à l'hôtel de la Poste, situé à l'entrée de la rue Nationale, sur l'emplacement actuel du café du Bosquet. L'empereur y passa la nuit pendant laquelle arrivèrent toutes les autres voitures de son escorte.

Le cortège repartit le lendemain et se trouvait ainsi composé lorsqu'il traversa le Coteau. En tête, venaient deux piqueurs suivis immédiatement de la « dormeuse » de l'empereur, attelée de six chevaux. Un piquet de hussards autrichiens l'accompagnait ; mais Napoléon n'avait pas fait cinq cents mètres au-delà de Roanne qu'il sollicita le renvoi du détachement.

Treize autres voitures suivaient la dormeuse impériale, elles portaient Drouot, Bertrand, le commandant polonais Jerzmanowski, le trésorier Peyrusse, un médecin, un pharmacien, un secrétaire, un régisseur, deux fourriers du palais, deux valets de chambre, deux cuisiniers, un maréchal-ferrant, une demi-douzaine de domestiques, valets de pied et palefreniers. Enfin, dans un dernier carrosse, se trouvaient les quatre commissaires étrangers chargés de conduire le souverain déchu à l'Ile d'Elbe : le feld-maréchal autrichien Koller, le

---

(1) Il est intéressant pour l'histoire du Coteau de connaître les motifs qui décidèrent le général Hardegg à accepter les propositions de M. Populle. Voici comment il s'exprime dans un rapport adressé au prince de Hesse-Hombourg : « ... Tout d'abord, je me rendis compte que l'attaque coûterait quelques centaines d'hommes et que, de plus, le pont qui est jusqu'ici l'unique passage pour l'infanterie, la cavalerie et l'artillerie, serait perdu.

« ...J'ai cru devoir accepter cette capitulation d'autant plus volontiers qu'il ne fallait pas compter sur une diversion du côté de Montbrison... d'autre part, je ne pouvais faire relativement que peu de mal à l'ennemi abrité par des tranchées et des murs, et j'aurais perdu tout l'avantage que me donne la conservation du pont intact, de poursuivre l'ennemi en retraite... »

général russe Schouwaloff, le général prussien Waldburg-Truchsess et le colonel anglais sir Neil Campbell.

Le cortège prit la route de Lyon et au delà du Bas-de-Rhins s'engagea sous les grands arbres qui bordaient alors la route de l'Hôpital. On raconte qu'au bas de Pradines, Napoléon fit ralentir la marche de la voiture afin de considérer quelques instants le monastère où sa mère et le cardinal Fesch avaient reçu l'hospitalité. La rigueur des ordres donnés aux commissaires chargés de la surveillance de Napoléon leur avait empêché de ménager une entrevue entre le fils et la mère.

Tels sont les faits qui constituent la chronique militaire du Coteau ; il faut souhaiter que l'avenir n'y ajoute aucun feuillet.

Pendant vingt années de guerre, le Coteau avait été sans cesse traversé par de nombreux convois militaires ; lorsque vint la paix, à la Restauration des Bourbons, la grande route reprit une vie nouvelle et le « roulage », comme on disait alors, redevint intense dans cette localité. Depuis quinze ans, gens de poste et charretiers remplissaient la grande rue de cris et d'appels, lorsque l'invention d'un nouveau moyen de locomotion vint offrir au Coteau un développement et une prospérité inattendus ; il s'agit de l'établissement du chemin de fer d'Andrézieux à Roanne.

Peu de temps avant la chute de Napoléon, au début de l'année 1814, un ingénieur de la Loire, M. Moissan Desroches, avait adressé à l'empereur un mémoire sur la possibilité d'abréger les distances en sillonnant l'Empire de sept grandes voies ferrées. Mais Napoléon avait, à cette heure, d'autres soucis plus pressants.

L'idée fut reprise, en 1821, par l'ingénieur Beaunier, qui s'associa à quelques propriétaires de mines pour demander au gouvernement l'autorisation d'établir à leurs frais un chemin de fer à plans inclinés « de la Loire au pont de l'Ane, sur la rivière de Furens ».

Louis XVIII accorda la concession demandée par une ordonnance en date du 26 février 1823, et l'année suivante (3 et 4 juin 1824) les concessionnaires formaient une Société anonyme dite « Compagnie du chemin de fer de Saint-Etienne à la Loire ».

La voie fut ouverte le 1er octobre 1828 de Saint-Etienne à Andrézieux. Ce fut le premier chemin de fer construit en France.

La ligne était à une seule voie, avec des garages de distance en distance pour le croisement des trains. Les rails étaient en fonte, ainsi que les coussinets, qui étaient fixés sur des dés en pierre.

L'année suivante, l'autorité royale concédait à une compagnie l'autorisation d'établir un chemin de fer d'Andrézieux à Roanne, lisez : au Coteau.

La construction de la nouvelle ligne, en tout semblable à la précédente, dura cinq ans ; elle ne fut achevée et livrée à l'exploitation dans toute son étendue qu'en février 1834. Le parcours de la nouvelle ligne était de 17 lieues et son prix de revient s'était élevé à 8.500.000 fr. environ.

Différents moyens de traction étaient utilisés sur le parcours de la voie. En quittant le Coteau, le halage était fait par des chevaux attelés chacun à trois wagons ; au bas de la côte de Neulise, la traction mécanique était substituée à la traction animale, car au sommet de la côte était installé un treuil autour duquel s'enroulait une corde qui remorquait les wagons. A partir de ce point, ceux-ci dévalaient par leur propre poids jusqu'au bas du versant opposé où reprenait le halage par les chevaux jusqu'à Andrézieux.

Au début, le chemin de fer ne transportait que de la houille. Bientôt, on accepta quelques voyageurs. Ceux-ci montaient dans des chariots à ciel ouvert, semblables à nos fourgons de ballast d'aujourd'hui, qu'on attelait en queue des wagons de houille. Ils s'y asseyaient sur de dures banquettes de bois et devaient ouvrir leurs parapluies, même en temps serein, pour se garantir des escarbilles et des flammèches.

Un voyage en de telles conditions était si peu confortable que le peuple seul osait l'affronter à l'origine, comme l'atteste un rapport du temps. Il fallait en effet un singulier mépris du confortable, voire même de la vie, pour livrer sa personne aux dangers que faisait courir le nouveau moyen de locomotion. Un contemporain qui, en 1835, prit le train au Coteau, écrit: « On prend le chemin de fer à un quart de lieue de la ville de Roanne. On va jusqu'à la Fouillouse dans des espèces d'omnibus où quelquefois on entasse jusqu'à 40 ou 50 voyageurs. » Ceux-ci doivent subir sans broncher les arrêts subits, une trépidation perpétuelle « à rendre fou le plus calme des mortels, la poussière du chemin, sans parler d'une suie noire et nauséabonde que vomit sans cesse la cheminée de la machine. »

Encore étaient-ce là les moindres inconvénients affrontés par les malheureux voyageurs, car un docteur du temps, et non des moindres, les menaçait des maux les plus terribles. Il assurait en effet « que la trépidation continue du train amènerait des affections nerveuses et épileptiques ; que l'anxiété perpétuelle où vivaient les voyageurs dérangerait leurs cerveaux ; que la poussière et la fumée qu'ils seraient contraints d'avaler leur occasionneraient des bronchites et des adhérences de la plèvre. Enfin, que la trop rapide succession des images amènerait infailliblement des lésions de la rétine. »

Quel courage ne fallait-il pas pour mépriser de telles menaces et affronter sans cesse la mort. Voici, en effet, ce qu'écrivait en 1830 l'ingénieur Marc Seguin, inventeur de la machine tubulaire et qui, le premier, substitua la traction mécanique à la traction animale : « Ce qui est surprenant, c'est l'audacieuse témérité des premiers qui se sont confiés à ces terribles moteurs... Chaque voiture renfermait un certain nombre de voyageurs qui se donnaient mutuellement du courage, et ils oubliaient que le moindre dérangement de ces puissantes machines serait pour tous le signal d'une mort terrible et inévitable ».

Sachant qu'à cette date, les mécaniciens avaient défense absolue de dépasser cinq lieues à l'heure, en quelque cas que ce fût, nous sommes portés à sourire un peu de « l'héroïsme » de ces premiers voyageurs. Mais songeons, pour être juste envers eux, que si le danger réel qu'ils affrontaient n'était pas considérable, ils bravaient un danger imaginaire cent fois plus terrible, et concluons que la génération de 1839 fut vraiment courageuse.

Elle était aussi plus patiente que la nôtre, qui se grise de vitesse.

« Notre voyage, écrit un contemporain, se fit du Coteau à Andrézieux par le nouveau chemin de fer de la Loire. Il y avait là tous les moyens de locomotion réunis : on allait tantôt en locomotive, tantôt avec des chevaux, plus loin, on était remorqué par des cordages jusqu'au sommet d'une montée, d'où l'on redescendait de l'autre côté en montagne russe. En plaine, par locomotive ou chevaux, on fait deux lieues à l'heure et sur le plan incliné, on fait une lieue et demie en 6 à 8 minutes. » A 2 lieues à l'heure, on mettait donc 9 heures et demie pour parcourir en chemin de fer la distance qui séparait le Coteau de Saint-Etienne.

C'était là cependant un véritable progrès et nos pères le célébraient en chantant :

> Vive le ch'min de fer !
> C'est un éclair.
>
> .. .. .. .. .. .. .. .. .. .. .. .. .. .. .. ..
> A l'envi prenant leurs vacances,
> De leur métier, tant soit peu las,
> Tous les chevaux des diligences
> Vont désormais croiser les bras.
> O merveille sans pareille !
> Comme l'éclair on fend l'air.
> Vivent les chemins de fer ! (1)

L'avenir devait réserver un prodigeux développement à la nouvelle invention et le Coteau devait singulièrement profiter de ce développement.

Pendant que le chemin de fer d'Andrézieux au Coteau donnait naissance au petit Coteau où il aboutissait (2), l'entrée du grand

---

(1) Nous empruntons ces détails à un intéressant ouvrage publié par la Compagnie Paris-Lyon-Méditerranée : *Hommes et choses du P.-L.-M.*, hommage à ceux qui ont créé, amélioré et développé cette œuvre, devenue un des instruments industriels les plus puissants qui soient en France.

(2) La gare du Coteau, point terminus de cette ligne, était construite en bordure de la route de Lyon, sur le terrain libre compris entre le chemin de la gare des marchandises et l'allée actuelle de la gare. Vers 1875, cette construction étant devenue inutile, elle fut démolie et ses matériaux mis en vente ; ils ont été utilisés depuis à l'édification de la maison qui sert actuellement de caserne de gendarmerie, au bas du bourg de Perreux.

Coteau et les quais des Balmes et de Pincourt recevaient d'importantes améliorations (1), grâce à l'inauguration du pont de pierre construit sur la Loire. Ce travail qui n'avait pas duré moins de 42 ans et coûté 3.500.000 francs, fut achevé en mai 1834.

(1) Un artiste anonyme, qui visita le Coteau et Roanne en 1833, a tracé ses impressions de voyage qui, bien que peu flatteuses, méritent d'être reproduites. Notre voyageur venait de Lyon. « On arrive à Roanne par un faubourg (Le Coteau) dont les maisons sont petites et assez mal bâties...

« La Loire se divisait en deux branches et formait une île habitée, jointe aux deux bords par un pont en bois qui, à en juger par ce qui reste, devait être hideux. On a remplacé la partie qui joint l'île au faubourg par un superbe pont en pierre.

« On était en train de construire un quai sur la rive de l'île, et on avait pour faciliter les opérations de terrassage (sic) établi deux chemins en fer sous les arches du pont. Une jetée provisoire réduisait le cours de la Loire aux premières arches du pont, afin d'empêcher l'eau de nuire aux travailleurs. L'ancien pont avait été comblé d'un côté. L'autre laissait voir le monument dans toute sa beauté native. Des bateaux chargés de charbon de terre, et d'autres en réparation allaient gissans (sic) dans l'espèce de havre que formait la seconde branche du fleuve dont le cours se trouvait arrêté de ce côté par le comblement du pont de bois. La Loire était loin d'être belle. Ses eaux retirées et stagnantes dans tous les endroits où l'on travaillait laissaient voir un fond fangeux et pierreux en même temps... »

Cette description donne, semble-t-il, une idée assez exacte de l'aspect que présentait cette partie du Coteau quelques mois avant l'inauguration du pont.

V

*La paroisse et l'église. — Premières démarches pour la création d'une paroisse comprenant l'Ile et le Coteau, 1744. — Pétition conditionnelle des habitants de l'Ile et du Coteau, après le Concordat, 1803. — Raisons qui déterminèrent la création d'un groupement religieux au Coteau. — M. Rigaud en est chargé avec le titre de vicaire de Parigny, 1834. — L'église, le presbytère et le cimetière. — Le Coteau est érigé en paroisse, 1836. — Les premières écoles, La Providence, 1841.*

*Le Coteau, sous la Monarchie de Juillet : postillons, rouliers et voituriers. — Les hôtels de la Madeleine, de l'Etoile, de l'Ancre et l'hôtel du Lion d'Or, tenu par le sieur Pomey. — Changement d'aspect après 1850.*

*Les successeurs de M. Rigaud : MM. Botton, Grataloup, Bouiller, Vignon, Célard et Juban. — L'église du Coteau : description, chapelles, état actuel.*

Les premières démarches faites en faveur de l'érection d'une paroisse sur la rive droite de la Loire et englobant l'Isle et le Coteau, sont antérieures de près d'un siècle à la réalisation de ce projet. Voici à quelle occasion elles eurent lieu.

En 1720, deux notables roannais, les sieurs Chassain et Jars « commissionnaires par eau », firent construire dans le quartier de l'Isle, une chapelle en l'honneur de Saint Nicolas, patron des mariniers. Les années suivantes, la chapelle fut pourvue du mobilier et des ornements nécessaires pour la célébration du service divin et flanquée de deux petites constructions basses, destinées à servir de sacristie et de « chambre au prébendier ». Le service divin fut ensuite organisé dans la chapelle et rempli par un prêtre sociétaire de Roanne et parfois par un religieux capucin.

Les habitants de l'Isle et du Coteau se contentèrent de ce service jusqu'en 1744. A cette époque, « les plus notables d'entre eux » et notamment : les sieurs Chassain, Dubois et Tamisier « représentant la communauté des habitants de l'Isle et du Coteau », estimèrent que le récent accroissement de ces deux quartiers justifiait la création d'un service paroissial régulier. En conséquence, au printemps de l'année 1744. ils adressèrent à l'archevêque de Lyon une supplique, dans le but d'obtenir la création d'une paroisse ou du moins l'établissement d'un service religieux régulier. La chapelle Saint Nicolas de l'Isle devait être érigée en église paroissiale ou en chapelle vicariale, annexe de l'église Saint Etienne de Roanne.

L'administration du cardinal de Tencin, archevêque de Lyon, accueillit favorablement la demande des habitants de l'Isle et du Coteau et, le 28 avril 1744, rendit une ordonnance prescrivant l'enquête nécessaire à l'érection de la future paroisse. Cette enquête eut lieu le 16 juillet suivant, elle avait un double objet : recevoir et enregistrer les dépositions des suppliants et des opposants ; enfin dresser procès-verbal descriptif et estimatif des lieux et des personnes qui devaient faire partie de la future paroisse. De la première partie il n'y a rien à retenir, la plupart des opposants intéressés ne s'étant pas présentés; mais il faut citer le procès-verbal de la seconde, dans lequel messire Rostain, curé de Saint-Cyr-de-Favières et commissaire de l'administration diocésaine, décrit les lieux et fait connaître une entreprise et un personnage dont il a déjà été question. Voici le texte de ce procès verbal.

« Nous, commissaires susdits... avons trouvé que la rivière de Loire sépare le quartier de l'Isle, le Coteau, de la ville et paroisse de Roanne ; qu'il y a environ un quart d'heure et demi de chemin de l'église paroissiale de Saint Etienne de Roanne jusqu'au pont (1) où l'on passe ladite rivière pour aller dans ladite Isle, et que de ladite Isle, pour aller aux dites mêmes limites, il y a pour une grande demie heure de chemin ; que le quartier du Coteau n'est séparé de celui de l'Isle que par un espace de terrain peu considérable, où une partie des eaux de la rivière de Loire a passé autrefois ; qu'il n'y a dans lesdits lieux de l'Isle et du Coteau aucune communauté régulière, ni chapelle, que celle qui se trouve auprès du pont de l'Isle, qui a été bastie depuis environ vingt-deux ans par les habitants de l'Isle, qui sont les sieurs Chassain et Jars ; laquelle chapelle est de soixante pieds de longueur, sans y comprendre la sacristie, et de vingt-un pieds de largeur ; que nous avons trouvée duement ornée, le Saint-Sacrement y reposant ; les fenêtres suffisamment barrées et vitrées; y avons trouvé une lampe ardente devant le Saint-Sacrement.

« Et enfin que ladite sacristie a des ornements suffisants pour dire la sainte messe, lesquels ornements sont renfermés dans des armoires en menuiserie nouvellement faites...

« Puis avons suivi toutes les maisons de ladite Isle de Roanne et celles du Coteau et les domaines dépendants de ladite partie de l'Isle où s'y est trouvé 568 communiants et de non communiants 333.

« Le sieur Petel, requiert qu'il nous plaise vouloir entrer dans la

---

(1) Le pont sur la Loire se trouvait alors à l'extrémité de la rue des Minimes.

maison appelée Couzon (1), dépendante de l'Isle de Roanne, pour s'y informer du nombre des communiants à cause de l'établissement d'une verrerie qui s'y fait depuis quelques mois ; auxquelles réquisitions, nous commissaires susdits avec lesdits dessus comparants, sommes entrés dans ladite maison appelée Couzon où s'y est trouvé le sieur de Clerbois, entrepreneur de ladite verrerie, qui nous a dit que quant à présent il y a trente communiants qui travaillent à établir ladite verrerie et que lorsqu'elle sera parfaite, ce qui peut être à la fin de l'année, il y aura environ deux cents communiants, ce qui forme, quant à présent, 598 communiants et 333 non communiants... »

Certaines influences et la faillite de la verrerie du Coteau empêchèrent de donner suite au projet.

Pendant soixante ans, il ne fut plus question de créer une paroisse sur la rive droite de la Loire. Cependant, en 1803, sur le bruit que la succursale nouvellement créée dans la chapelle des Minimes, allait être déplacée, plusieurs notables de l'Isle et du Coteau adressèrent une pétition au cardinal Fesch, alors archevêque de Lyon, pour empêcher ce déplacement ou, s'il avait lieu, demander l'érection d'un centre religieux dans l'Isle ou au Coteau « éloigné d une grande lieue de l'église de Parigny dont il dépend. »

La « succursale » de Notre-Dame des Victoires n'ayant pas été déplacée, il ne fut pas donné suite à la demande des pétitionnaires.

Toutefois, en raison de la distance qui séparait les habitants du Coteau de l'église de Parigny, le 30 septembre 1807, l'administration diocésaine autorisa les curés de Notre-Dame des Victoires et de Parigny à conclure un accord en vertu duquel « le Coteau fut soustrait à la juridiction du curé de Parigny et réuni spirituellement (sic) à la paroisse de Notre-Dame des Victoires » (2). Il en fut ainsi pendant vingt ans.

En 1827, la municipalité de Roanne sollicita, pour la troisième fois, l'autorisation d'annexer le Coteau à la ville. Elle justifiait sa demande en alléguant que les habitants du Coteau jouissaient de tous les avantages (3) de la ville, sans en avoir les charges et les inconvénients.

La demande de la ville de Roanne ne fut pas acceptée, mais elle excita une vive agitation au Coteau. Monsieur le marquis de Tardy

---

(1) On se rappelle que c'est dans la maison Couzon (aujourd'hui le château de Rhins) que fut assassiné en 1659 un page du cardinal Mazarin. (Voyez chapitre I : passage de Louis XIV à Parigny).

(2) La convention n'entra en vigueur que le 12 mars 1808, après un arrêté des vicaires généraux portant approbation de l'administration diocésaine.

(3) Le mémoire porte que « les enfants du Coteau fréquentent les écoles gratuites de la ville et que les habitants du Coteau suivent régulièrement les offices de Notre-Dame des Victoires, et reçoivent la sépulture dans le cimetière de Roanne. »

prit alors l'initiative de convoquer quelques habitants notables, à
l'effet de s'entendre pour la création d'un centre religieux, en faveur
duquel il déclarait donner gratuitement « le terrain de l'église avec
une place autour et les emplacements nécessaires pour le presbytère
et le cimetière. »

Projet et donations furent acceptés à l'unanimité et une souscription aussitôt organisée rapporta 10.000 francs. On se mit à l'œuvre
et bientôt les murs de l'église s'élevèrent à cinq ou six mètres au-
dessus du sol. Faute de ressources, ils restèrent dans cet état pendant
cinq ans, jusqu'en 1833, date à laquelle une nouvelle souscription
donna les fonds pour achever le gros œuvre de l'édifice (1).

Le 2 juin 1834, l'administration diocésaine de Lyon chargea du
nouveau groupement religieux M. l'abbé Antoine Rigaud (2), alors
vicaire de Notre-Dame des Victoires à Roanne. Toutefois, comme le
Coteau n'était pas encore érigé en paroisse, le nouveau pasteur ne
reçut que le titre de « vicaire de Parigny », et comme il n'avait pas
de presbytère, il dut accepter l'hospitalité au château de Rhins.

L'église du Coteau, dédiée à Saint Marc, patron de M. le marquis
de Tardy, fut bénite et inaugurée le 24 juin suivant. Cette cérémonie
fut l'occasion d'une grande fête, au début de laquelle les murs de
l'édifice, enguirlandés et fleuris, furent bénis par M. Rigaud, et la
première messe célébrée par M. Lerailler, curé de la paroisse Saint-
Rémy, à Amiens (3). Plusieurs milliers de personnes visitèrent
ce jour là le nouveau sanctuaire et M. le marquis de Tardy, littéra-

-------------------------------------------------------------------

(1) D'après un mémoire adressé au conseil municipal du Coteau,
le 11 février 1849, par M. Rigaud, curé, et les membres du conseil de
fabrique.

(2) M. Rigaud naquit à Boën le 27 septembre 1799. Il fut ordonné
prêtre le 27 juillet 1823. Nommé vicaire à St-Symphorien-de-Lay le
8 août 1823, il fut ensuite envoyé à Beaujeu pour y remplir les mêmes
fonctions le 15 juillet 1825, puis à Notre-Dame des Victoires, à Roanne,
le 10 novembre 1832.

(3) On lit dans les registres paroissiaux :
« L'an mil huit cent trente-quatre et le vingt-quatre juin, je soussigné premier desservant de l'église Saint-Marc, Coteau de Roanne,
désigné par Monseigneur Jean-Paul-Gaston de Pins, administrateur
apostolique du diocèse de Lyon, pour établir le culte dans la dite
église, en qualité de vicaire de Parigny, ai béni, vu la délégation
nécessaire, la nef latérale du midi, les deux autres n'étant pas encore
finies. La bénédiction a été suivie de la célébration de la première
messe par M. Lerailler, curé d'Amiens. La cérémonie a été terminée
par le chant du *Te Deum*, suivi d'une seconde messe en action de
grâces. Dès ce jour, j'ai commencé, dans la dite église, l'exercice du
culte divin.

En foi de quoi j'ai consigné ici le présent procès-verbal.
                          Signé : RIGAUD, desservant. »

teur estimé, publia, dans les journaux du temps, une pièce de vers célébrant sa dédicace (1).

Il faut reconnaître que la situation de M. Rigaud était assez singulière, car il devenait curé d'une paroisse dont l'église était inachevée, dépourvue de presbytère et dotée d'un cimetière dont les murs de clôture n'étaient pas terminés (2).

Il se mit courageusement à l'œuvre et eut bientôt réuni la somme nécessaire à la construction du presbytère. C'est à la suite de cette construction que le Coteau fut officiellement érigé en paroisse, le 13 décembre 1836 (3).

A cette époque, comme aujourd'hui, l'instruction des enfants était au premier rang des préoccupations et, dès son arrivée, M. Rigaud eut soin d'intéresser ses paroissiens à cette œuvre. En décembre 1837, ayant déjà réuni 5.000 francs, somme importante pour le temps, il provoqua une souscription qui fit plus que doubler cette somme. Les noms des principaux souscripteurs : de Tardy, de Rainneville, Brissat, Bouchard, Rochard aîné, Charles Legrand, Pomey, Gonthier père, adjoint, Dozance, J. Dalléry, Ressort et Sarrasin, ne sont pas encore complètement oubliés. Ces ressources permirent plus tard à M. Rigaud d'obtenir deux frères des Ecoles chrétiennes qui vinrent chaque jour de Roanne instruire les enfants du Coteau.

L'instruction des petits garçons n'était encore ni établie ni assurée, que déjà le pasteur se préoccupait de l'éducation des petites filles.

Dans ce but, il s'entendit avec M. le marquis de Tardy qui avait

---

(1) Le plan de l'église du Coteau avait été dressé par M. Lesaule, ayent-voyer principal à Roanne, et les travaux furent exécutés par l'entrepreneur C. Chanudet, le père Claude, comme on disait familièrement.

(2) Le cimetière fut béni par M. Rigaud le 5 décembre 1834 ; voici en quels termes il a consigné cet événement dans les registres de la paroisse :

« L'an mil huit cent trente-quatre, et le 5 décembre, a eu lieu la bénédiction solennelle et publique du nouveau cimetière de la paroisse Saint-Marc. Elle a été donnée par nous, desservant soussigné, autorisé par Monseigneur l'archevêque de Pins, administrateur du diocèse de Lyon.                    RIGAUD, desservant. »

La première inhumation eut lieu le 9 décembre 1834, jour où fut inhumé le sieur Vincent Tréard. Il résulte de ce fait que si, selon un usage constant, on donnait au cimetière du Coteau le nom du patron de la première personne enterrée, notre nécropole devrait s'appeler : cimetière Saint-Vincent.

(3) Les membres du premier conseil de fabrique, collaborateurs assidus de M. Rigaud, furent : MM. Louis Chervet, Jean-Baptiste Pomey, Claude Rochard, Pierre Bouchard et Jean-Marie Dozance. Dans la suite, deux membres décédés furent remplacés par MM. Gontier et Lièvre (Mémoire de 1849).

déjà manifesté l'intention d'établir au Coteau une maison de Filles
de la Charité de Saint-Vincent-de-Paul, afin que cette communauté
s'occupât à la fois du soulagement des pauvres, des malades, des
vieillards et de l'éducation des jeunes filles de la paroisse. Ces
grandes pensées furent réalisées, en 1841, par la création de l'établissement de la Providence. On sait que depuis, les Filles de la
Charité ont dû renoncer à l'enseignement ; mais elles continuent, au
milieu de nous, à remplir leur rôle charitable, but de leur institut.

Cependant, l'organisation de la paroisse et la création des œuvres
de charité et d'enseignement n'absorbaient pas l'activité de M. Rigaud. Prêtre d'une piété éclairée, il savait que les confréries et les
associations pieuses entretiennent le feu sacré et la ferveur dans une
paroisse. C'est pourquoi il établit successivement les confréries du
Saint-Sacrement, des Enfants de Marie et du Rosaire. Cette dernière
devint même si florissante qu'en 1844 elle ne comptait pas moins
de 243 membres, c'est-à-dire plus du tiers des paroissiens. C'est à
cette association que fut confié le soin d'entretenir l'autel de la
Vierge et d'embellir sa chapelle, qui fut alors dotée d'une boiserie
en harmonie avec celle du chœur.

Au cours des années suivantes, M. Rigaud compléta son œuvre ;
il fit terminer le clocher, resté à la hauteur de l'église, et le meubla
de deux cloches, puis il enrichit l'intérieur de l'édifice d'une chaire
et de plusieurs statues.

Cependant, sa principale préoccupation et sa tâche la plus pénible
fut de mettre en harmonie ces créations religieuses avec les intérêts
de la commune.

Ce ne fut pas toujours une tâche facile, car l'érection de la paroisse
ayant précédé celle de la commune, l'administration religieuse avait
dû créer de toutes pièces des organes dont la charge revenait en partie
à l'autorité civile ; mais toutes les difficultés furent aplanies, grâce
à son esprit de conciliation et à sa droiture, ainsi qu'à la bonne
volonté de tous (1).

Monsieur Rigaud administra la paroisse du Coteau jusqu'au
1er mars 1857, date à laquelle il fut nommé curé archiprêtre du Bois
d'Oingt, où il mourut, le 1er septembre 1880. Sa vie administrative

---

(1) Dans un mémoire adressé au conseil municipal du Coteau, en
1849, il est dit :

« En 1827, pour se soustraire à la pression intéressée de la ville
de Roanne, les habitants du Coteau résolurent de créer un groupement religieux. En conséquence, ils chargèrent quelques-uns d'entre
eux de réunir des souscriptions volontaires et bientôt ces souscriptions formèrent une somme assez élevée pour commencer les travaux. M. le marquis de Tardy donna l'emplacement de l'église, une
place à l'entour, le terrain convenable pour la construction d'un
presbytère, et enfin celui d'un cimetière.... »

se partage ainsi en deux parties : 23 ans au Coteau, et autant au Bois d'Oingt. Pendant son séjour au Coteau, il avait vu changer presque complètement la physionomie et la vie de cette localité.

En effet, lorsque M. Rigaud était venu au Coteau, cette localité vivait de la grande route et, comme le dit un mémoire du temps, « les hôtels et les cabarets y abondaient. »

En 1834, les diligences sillonnaient encore nos routes. C'étaient d'énormes et lourdes machines, bruyantes, sonores et poudreuses, avec des grappes de voyageurs et de petites montagnes de colis ; tout en haut, le postillon, en veste courte, culotte blanche et bottes géantes, le chapeau de cuir baissé sur les yeux, excitant ses chevaux par des cris brefs et gutturaux, ou de secs claquements de langue. Lorsque la lourde machine pénétrait dans la grande rue, les cris stridents, les claquements du fouet redoublaient et, augmentés du grincement des roues et des sonnailles furieuses des grelots, appelaient les habitants sur le seuil de leur porte. Alors s'amorçaient d'interminables conversations sur les voyageurs qui passaient, les lieux qu'ils fréquentaient, les évènements et les potins du jour.

Après le postillon, le seigneur du lieu était le roulier. La tête couverte d'un feutre, déformé par les vents et décoloré par les ondées et les rayons du soleil, il était vêtu d'une ample limousine et chaussé de hautes bottes, toujours couvertes de poussière ou de boue. Toutefois, bien que moins lointaine, sa silhouette est moins ferme et moins nette, parce que le type était moins uniforme, le roulier venant de lieux très divers et ayant subi plus que le postillon ces changements que le temps et les modes imposent toujours aux costumes.

A côté des postillons et des rouliers, il faut évoquer les cochers des grandes maisons, conduisant berlines de voyage ou carrosses de gala, comme aussi les paysans de la région qui, la longue « gize » en main, aiguillonnaient leurs bœufs, traînant charrettes, barrots, chargés de tonneaux de vin, au port du Bassin. Ces pièces de vin de Perreux, Saint-Vincent ou Pradines devaient être expédiées à Paris, par le canal qui venait d'être inauguré.

Tous ces gens de passage donnaient à la grande rue du Coteau une animation extraordinaire et contribuaient à la richesse du pays, car ils s'arrêtaient dans les nombreux hôtels créés pour les recevoir : la Madeleine, l'Etoile, l'Ancre et chez le père Lièvre, comme on disait familièrement. Le plus célèbre de ces hôtels était celui du Lion d'Or, tenu alors par le sieur Jean-Baptiste Pomey. Situé au centre du Coteau, il occupait un tènement considérable, qui est resté intact, et qui aurait aujourd'hui accès sur trois rues, sans l'étroite bande de terre qui le sépare de la rue de l'Hôtel-de-Ville. Cet hôtel était du reste un logis déjà célèbre au siècle précédent, ayant logé au passage des terroristes comme Lapalus, Duret et Poquillon, et des conventionnels célèbres comme Reverchon et Moulins.

Tel était le Coteau au début de l'administration de M. Rigaud (1834) ; lorsqu'il le quitta, en 1857, son aspect avait bien changé, car

le chemin de fer avait déjà accaparé nombre de voyageurs et une
partie notable du trafic des marchandises.

L'dministration diocésaine, afin d'aider M. Rigaud dans son ministère paroissial, lui avait successivement donné comme vicaires
MM. Valladier, 1836-1842 (1) ; Cruiziat, 1842-1844 ; Chartier, 1844-
1847, et Lafay, 1847-1858.

Le successeur de M. Rigaud fut M. Laurent-Frédéric Botton, auparavant curé de Fleurieux-sur-l'Arbresle, prêtre d'un caractère ferme
et d'une régularité monacale ; il donna de la stabilité à l'organisation
parfois un peu hâtive créée par son prédécesseur et assura l'avenir
des œuvres paroissiales. Son passage au Coteau fut de courte durée ;
en 1864, pour des raisons de famille, il fut nommé curé de Villié-
Morgon. Ce changement était justifié par le fait que M. Botton, originaire de Beaujeu, désirait se rapprocher de cette localité où il avait
des intérêts.

Monsieur Grataloup, nommé curé du Coteau le 15 octobre 1864,
ne conserva ces fonctions que treize mois. Au mois de novembre 1865,
en raison du mauvais état de sa santé, il fut nommé chapelain de
la Primatiale (2). M. Bouiller, qui lui succéda (3), prit possession
de la cure du Coteau le 15 novembre 1865. Malgré le mauvais état
de sa santé, M. Bouiller conserva pendant sept ans l'administration
de la paroisse du Coteau (1865-1872). Au mois de septembre 1872, il
donna sa démission et se retira à Souternon, son pays natal, où il
mourut le 15 octobre 1873.

Si M. Bouiller avait pu exercer pendant sept ans les fonctions de
curé, il ne l'avait fait que grâce au zèle, à l'activité et au dévouement
de son vicaire, M. l'abbé Ogier. Nommé vicaire au Coteau en 1861,
l'action de ce jeune prêtre fut durable. Doué d'une grande rectitude
de jugement, il sut, tout en s'effaçant comme il convenait, développer
l'œuvre de MM. Rigaud et Botton. Son zèle était apprécié des catholiques notables qui lui savaient gré de son tact et de son activité, et

---

(1) M. Valladier est mort curé de Saint-Irénée à Lyon ; il aimait
à rappeler son ministère au Coteau et fonda une mission en faveur
de cette paroisse.

(2) Sébastien-Alphonse Grataloup, né à Lyon le 4 avril 1812, ordonné prêtre le 28 mai 1836 : 1° Vicaire à Saint-Bonaventure, le
17 octobre 1836 ; 2° Curé de Charentay le 8 février 1846 ; 3° curé
de Panissières le 17 septembre 1859 ; 4° curé de Fontaines Saint-
Louis le 29 novembre 1862 ; 5° curé du Coteau le 15 octobre 1864 ;
6° Chapelain de la Primatiale le 15 novembre 1865 ; décédé le 23 janvier 1879.

(3) Jean-Marie Bouiller naquit à Souternon le 15 août 1817. Ordonné prêtre le 1er juin 1844, il fut d'abord vicaire à Valbenoîte le
1er juin 1844, puis curé de Bagnols le 23 juin 1863 ; enfin curé du
Coteau le 15 novembre 1865.

son dévouement le faisait aimer des pauvres et des malades dont il s'occupait volontiers.

Cependant, à la suite de la guerre de 1870, et des changements dont elle fut la conséquence, les tendances religieuses du gouvernement français furent complétement modifiées ; à des temps nouveaux, il fallait des prêtres nouveaux ; M. Vignon fut le premier de ces prêtres.

Il naquit le 18 janvier 1827, à Amplepuis, jolie petite ville, pittoresquement groupée dans un pays accidenté et montueux.

Le contact de cette nature sévère qui fut le cadre de son existence d'enfant, et la première éducation qu'il reçut dans sa famille aux traditions patriarcales, où florissaient toutes les vertus sous l'autorité paternelle forte et respectée, lui firent montrer de bonne heure cet esprit sérieux, ce caractère énergique, ces allures parfois un peu rudes, mais toujours franches et droites, que l'on reconnut constamment en lui.

Après avoir fait ses premières études à Saint-Jodard, il entra au Grand Séminaire de Lyon et fut ordonné prêtre le 21 mai 1853. Les premières années de sa vie sacerdotale furent mouvementées. Nommé vicaire à Saint-Didier au Mont-d'Or le 27 mai 1853, il fut successivement vicaire à la Rédemption à Lyon (janvier 1858), aumônier à l'armée d'Italie, puis vicaire à Ronno, près de sa ville natale (29 novembre 1859), puis à Saint-Louis de Saint-Etienne (28 mai 1863), enfin curé du Coteau le 15 décembre 1872. C'est là qu'il devait donner la mesure de son âme sacerdotale. Son mérite fut de savoir adapter son zèle et ses méthodes aux circonstances nouvelles.

Dès son arrivée au Coteau, il se préoccupa de créer un cercle pour grouper les jeunes gens de la paroisse. Dans ce but, il aménagea en salle commune une vaste construction, située à gauche de l'église et mise à sa disposition par madame de Rainneville. Il fut aidé dans cette œuvre par son vicaire, M. Chassagne (1) qui commença alors à former les premiers éléments de la future Chorale Saint-Joseph qui depuis, sous la direction éclairée de M. Bérerd, a fourni une si utile et si belle carrière artistique. Une salle voisine fut destinée aux réunions des Dames de Charité, association à laquelle le zélé pasteur porta un vif intérêt. Ses vœux et ses exhortations ne cessaient d'inviter les adhérentes de cette œuvre à une action utile et personnelle auprès des pauvres.

Mais sa grande sollicitude fut pour les écoles chrétiennes, qui subissaient alors les premiers assauts destinés à les priver des subsides de l'Etat et des maîtres religieux. Vaillamment soutenu dans ses

---

(1) Peu de temps après la prise de possession de M. Vignon, M. l'abbé Ogier fut nommé curé de Saint-Médard et remplacé comme vicaire au Coteau par M. Troncy, prêtre laborieux et distingué qui quitta le Coteau pour conquérir le grade de docteur en théologie.

efforts par M. l'abbé Juban, devenu son vicaire en 1880, il parvint, non sans peine, et au prix de quels sacrifices, à créer ces écoles libres, qui continuent à former des générations chrétiennes.

L'embellissement de la maison de Dieu ne le laissait pas indifférent. Après avoir fait reconstruire la flèche du clocher, détruite par un incendie et l'avoir meublé de trois cloches (1), il fit remplacer les verrières des trois nefs de l'église par des vitraux, dont quelques-uns ne sont pas sans mérite. Plus tard, passant à la décoration intérieure, il fit exécuter les peintures de la grande nef, puis celles du chœur, où le peintre Zachéo représenta en deux tableaux, à la manière de Flandrin, les douze apôtres et tout au fond de l'abside : le crucifiement.

Les dernières années de M. Vignon furent attristées par les souffrances d'une douloureuse maladie. En 1885, le mauvais état de sa santé l'obligea à demander un second vicaire et il fit dès lors, de fréquentes absences. C'est au cours d'une de ces absences qu'il mourut chez son frère, à Champagne, près de Lyon, le 8 septembre 1891. Son corps fut ramené au Coteau, où il reçut les honneurs funèbres que l'église réserve à ses prêtres ; puis, inhumé dans le tombeau de sa famille à Amplepuis.

La vie de M. Célard qui, en 1891, succéda à M. Vignon, fut d'une extrême simplicité ; elle n'en a pas moins été pour ceux qui l'ont connu, une vie sacerdotale pleine de charité, de dévouement obscur, de labeur patient et inlassable.

Né en 1838, à Verlieux, sur les bords du Rhône, il fit ses premières études au petit Séminaire Saint-Jean à Lyon. Ordonné prêtre en 1861, il fut bientôt après nommé vicaire à Saint-Paul-en-Jarez. Les habitants de cette paroisse gardent encore, après un demi-siècle, le souvenir de ce prêtre à l'allure timide, aux paroles réservées et dont la direction était à la fois ferme et douce.

Les qualités et la prudence de M. Célard, appréciées de l'administration diocésaine, lui firent confier, mission toujours laborieuse, la création, au Grand Quartier, de la paroisse de Saint-Isidore. Sa patience et sa douceur inaltérables lui firent résoudre toutes les difficultés. C'est après un long séjour à Saint-Isidore qu'il fut appelé à la cure du Coteau. Là, il fut pendant vingt ans l'homme du devoir modeste, mais sans défaillance, sachant à l'occasion s'effacer et disparaître, pour laisser plus de liberté d'action au bon M. Juban, en

---

(1) Leurs inscriptions rappellent qu'elles furent fondues : « MM. Vignon, curé, Barthélemy Chassagne, vicaire, et Joanny Pomey, maire », et qu'elles furent données : la première par M. le vicomte et Mme la vicomtesse de Rainneville ; la seconde par M. Antoine-Joseph Dalin, aumônier de la Providence, et Mme Jeanne-Marie-Octavie Larue ; la troisième par M. Claude Rochard et Mme veuve Vicaire.

qui il avait toute confiance. Cependant, son zèle se manifestait dans la direction des âmes et s'ingéniait à les attirer à Notre-Seigneur par des conseils, des instructions et surtout par l'exemple de sa vie régulière et pénétrée d'esprit de foi.

Cependant, une maladie inexorable minait M. Célard. En 1904, sa conscience délicate le poussa, pour la seconde fois, à demander à être déchargé de la cure du Coteau ; dans son humilité, il s'estimait inférieur à sa tâche. L'administration diocésaine donna alors à M. Juban le titre de curé auxiliaire ; M. Célard resta encore sept années au Coteau, puis, en 1911, sentant ses forces diminuer, il se retira dans sa famille à Verlieux. C'est là qu'il rendit sa belle âme à Dieu en novembre 1914.

Rappeler ici le nom de M. Juban, successeur de M. Célard, est une tâche douce et facile pour un ami ; il redoute seulement de ne pas faire revivre au gré de ses lecteurs la douce, sympathique et originale physionomie d'un prêtre aimé, estimé et vénéré de tous ceux qui l'ont connu.

· Monsieur Juban naquit à Saint-Denis-sur-Coise en 1849, dans une famille où l'austérité des vertus chrétiennes était traditionnelle. Son curé, M. Roux, distingua son intelligence et sa piété et lui donna les premiers éléments du latin, puis l'envoya au séminaire de Largentière. Après avoir fait sa théologie au Grand Séminaire de Lyon, il fut ordonné prêtre en 1876, puis nommé vicaire à Trèves (Rhône). Il ne resta que quatre ans dans ce poste, aidant avec une ingénieuse bonté la bonne volonté d'un curé très âgé. En 1880, il fut donné comme vicaire à M. Vignon, dont il sut seconder l'activité et le zèle. En 1886, M. Vignon étant tombé malade, M. Juban le suppléa de son mieux et commença à s'initier à l'administration de la paroisse du Coteau. On peut dire que, dès lors, il fut vraiment curé, en prit toutes les initiatives et toutes les responsabilités. Qui dira sa charité pour les pauvres, sa douceur envers les malheureux, son accueil affable pour les éprouvés, sa compassion pour les malades, sa bonté envers tous ?

Mais M. Juban ne se contenta pas de remplir au milieu de nous les fonctions du bon pasteur, toujours préoccupé de conserver intactes la foi et les pratiques religieuses de ses paroissiens ; il créa, au prix de lourds sacrifices personnels, les écoles libres du Coteau. Malgré les difficultés croissantes il ne cessa de soutenir cette œuvre et sut si bien s'adapter aux circonstances, qu'un de ses amis disait : « Quand il s'agit des écoles il semble que rien ne lui coûte. » Pourtant, tout lui coûtait : particulièrement les démarches auprès des administrations de l'Etat et les sollicitations intéressées auprès des paroissiens ; mais il était l'homme du devoir et ce devoir il le remplissait avec une telle modestie, une telle humilité, que parfois on en attribua le mérite à d'autres.

Monsieur Juban mourut au début de février 1917, après un séjour de 37 ans au Coteau. Depuis 1904, il portait le titre de curé, mais son humilité ne fit connaître ce détail que lorsque M. Célard eut quitté la paroisse. Dès le milieu de février, l'administration diocésaine désignait pour son remplaçant M. l'abbé François Maire, premier aumônier de l'Hôpital de la Croix-Rousse.

La tâche qui incombait au nouveau pasteur n'était pas une tâche facile et les circonstances la rendaient plus laborieuse encore. On était alors en pleine guerre et M. Maire dut assurer avec M. Roffat, prêtre déjà âgé, tout le ministère paroissial et pourvoir seul à la direction et à l'entretien des écoles, au maintien et à la vie des œuvres. Bien que la vie d'un aumônier d'hôpital ne semble pas une initiation et une préparation à l'administration d'une paroisse, le successeur de M. Juban fut à la hauteur de la situation et bientôt la paroisse eut la conviction qu'elle pouvait attendre avec confiance la fin de la tourmente et le retour des vicaires qui s'occupaient auparavant des œuvres d'instruction, d'apostolat et de persévérance.

Tels sont les curés qui ont contribué à la fondation et au développement de la paroisse du Coteau. Tous ont travaillé avec ardeur au maintien de l'esprit de foi et des pratiques religieuses, chacun d'eux apportant à ce haut labeur les tendances de son esprit et ses qualités particulières. Cependant, la brève esquisse de leur vie expliquerait d'une manière insuffisante leur œuvre dans la paroisse si nous ne mentionnions les noms des vicaires qui furent leurs collaborateurs :

MM. Valladier, 1836-1842 ; Cruiziat, 1842-1844 ; Chartier, 1844-1847 ; Lafay, 1847-1858 ; Athiaud, 1858-1861 ; Ogier, 1861-1872 ; Troncy, 1872-1875 ; Chassagne, 1875-1880 ; Juban, 1880-1904 ; Giraud, 1885-1886 ; Echallier, 1886-1891 ; Vargoz, 1899-1900 ; Champagnon, 1900-1905 ; Thinon, 1905-1909 ; Zanoli, 1909 ; Séon, 1911-1913 ; Brulas, 1913.

MM. Zanoli et Brulas qui, tous deux, furent mobilisés pendant la guerre, continuent maintenant à faire fleurir au milieu de nous les œuvres établies par leurs prédécesseurs et celles qu'ils ont fondées.

L'église paroissiale du Coteau est une vaste construction très simple, dans le style néo-grec, encore en honneur sous le règne de Louis-Philippe. La façade, surmontée d'une croix, est formée d'un mur droit, percée à sa base d'un portail carré et de deux portes latérales symétriques et semblables. Ses lignes architecturales sont soulignées par des encadrements en pierre calcaire qui constituent toute son ornementation.

A l'intérieur, l'édifice se compose d'une nef centrale, flanquée de chaque côté d'une nef latérale plus petite et plus basse. Deux monuments de marbre blanc, en forme de rétable, sont adossés aux murs latéraux ; l'un sert de fonts baptismaux et l'autre encadre la statue de Saint Antoine de Padoue. C'est du même côté, plus près de l'autel que l'on a placé récemment les tableaux sur lesquels sont inscrits les noms des victimes de la guerre.

Le maître-autel, dédié à Saint Marc, est en marbre blanc. Son tombeau est orné de cinq personnages sculptés en haut relief : Notre-

Seigneur et les quatre évangélistes. Sur le devant, au centre, on voit le Christ tenant le livre de vie, et dans les niches latérales, à droite du Christ, Saint Jean, et à gauche, Saint Marc, patron de la paroisse. Sur les faces latérales, se trouvent, du côté de l'Evangile, Saint Luc, et du côté de l'Epitre, Saint Mathieu. Les quatre évangélistes sont reconnaissables aux animaux qui les accompagnent. L'aigle, qui fréquente les sommets, caractérise Saint Jean, dont l'Evangile nous transporte dans le sein même de Dieu ; le lion, habitant du désert, symbolise Saint Marc, parce que son Evangile nous conduit au désert écouter la voix du Précurseur ; le bœuf personnifie Saint Luc, dont l'Evangile débute par le sacrifice de Zacharie, et l'ange caractérise Saint Mathieu, dont l'Evangile commence par la généalogie du Verbe.

L'abside est entourée de stalles surmontées d'une haute boiserie d'un bel effet. Au-dessus de la boiserie, des peintures à fresque représentent les apôtres.

La nef du côté de l'Evangile abrite un autel dédié au Sacré-Cœur de Jésus, et dans le transept voisin il y a un autel placé sous le vocable de Saint Lucinien, dont on voit les reliques renfermées dans une châsse apportée de Rome par le cardinal de Bonald. Cet autel est surmonté d'un tableau représentant une vision de Sainte Catherine. Il faisait partie autrefois de la riche collection réunie à grands frais par le cardinal Fesch, archevêque de Lyon.

L'autel, placé dans l'absidiole située du côté de l'épitre est dédié à la Vierge. La chapelle voisine, qui occupe le transept, a été concédée à Monsieur le Marquis de Tardy et à sa famille. Elle renferme une belle statue de Saint Louis, roi de France, et des plaques de marbre rappelant aux habitants et aux visiteurs le souvenir de la plus ancienne famille du pays.

Voici les inscriptions gravées sur ces plaques ; elles mettent en contact le présent et le passé :

A la mémoire
de Marc-Louis, marquis DE TARDY
né à Montluçon (Bourbonnais), le 21 décembre 1769.
Chevalier de la Légion d'honneur, ancien adjudant général
Ancien président du Conseil général
du département de la Loire
Ancien maire de la Ville de Roanne
Ancien membre de la Chambre des Députés
Décédé en son château de Rhins, le 22 juin 1857
muni des sacrements de l'Eglise
Son corps a été transporté à Allonville, près Amiens
ainsi que celui de sa mère, dame Thérèse DE FERMÉ
Veuve de Jean-Jacques DE TARDY
Ancien mousquetaire du roi, mort au siège de Lyon, en 1793
Priez pour eux.

A la mémoire
de Marie - Suzanne RAMEY DE SUGNY
fille de Jean-Marie-Antoine de SUGNY
et de Marie-Anne-Augustine BERTHOLON DE BROSSE
épouse de Marc-Louis, marquis DE TARDY
née à Lyon, le 15 juin 1786
morte au château de Rhins
près Roanne (Loire), le 25 avril 1808
munie des sacrements de l'Eglise
Son corps a été inhumé dans le cimetière
de la paroisse de Parigny, près Roanne.
Priez pour Elle.

A la mémoire
de Alphonse-Valentin VAYSSE
Vicomte DE RAINNEVILLE
Ancien conseiller d'Etat, ancien député
né à Amiens (Somme) le 24 octobre 1798
marié le 8 septembre 1825 à Thérèse DE TARDY
décédé à Paris, le 31 décembre 1864
Son corps a été inhumé à Allonville, près Amiens
Il est mort muni des sacrements de l'Eglise
Que son âme repose en paix dans l'éternité.
Priez pour Lui.

A la mémoire
de Thérèse DE TARDY
Vicomtesse DE RAINNEVILLE (1)
née au château de Rhins le 16 décembre 1804
mariée le 8 septembre 1825
décédée au château de Rhins le 14 septembre 1885
munie des sacrements de l'Eglise
Priez pour Elle.

---

(1) Trois fils naquirent du mariage de M. A. de Rainneville avec
Thérèse de Tardy : Marc, mort jeune des suites d'un accident de
cheval ; Xavier et Joseph, morts sans postérité.

Le plus connu des enfants issus de ce mariage est Joseph de Rainneville qui habita le château de Rhins après la mort de sa mère.
Jeune encore, J. de Rainneville entra dans l'armée, puis s'engagea
dans les Zouaves pontificaux, se battit vaillamment à Castelfidardo
et devint aide de camp du général de Pimodan. Pendant la guerre
de 1870, J. de Rainneville prit part à la défense de Paris à la tête
d'un bataillon de mobiles. Il fut élu, le 8 février 1871, député de
la Somme à l'Assemblée nationale, il prit place au centre droit. En
janvier 1876, il fut élu sénateur de la Somme. Au renouvellement
sénatorial de 1882, il ne fut pas réélu. J. de Rainneville mourut
en 1894.

En résumé, l'église du Coteau est une vaste construction qui mesure trente-sept mètres de longueur sur dix-sept mètres cinquante de largeur. Ses murs, construits en pierre du pays, sont étayés par d'épais contreforts et on peut lui appliquer ces vers d'un poète :

> Notre église est sans style,
> Sombre tout à souhait ;
> Point de clocher gothique :
> L'ensemble est lourd et laid ;
> Aucun vitrail antique
> Où le soleil de mai,
> De son rayon magique,
> Allume le reflet.
> Mais quelle paix profonde
> Dès le seuil vous inonde !
> Dieu vous ouvre les bras ;
> Et l'on reprend courage
> Aux soirs pesants d'orage,
> En pleurant là, tout bas.

La création de la paroisse Saint Marc du Coteau prépara l'érection de la commune.

# VI

*La commune et les maires. — Décret royal, érigeant le Coteau en commune, 1845. — M. Etienne Legrand, premier maire. — L'inondation de 1846 et ses suites. — Le port de Varennes et ses relations avec le bassin et le canal de Roanne à Digoin. — Les mariniers roannais au milieu du siècle dernier. — Ouverture de la ligne de Saint-Etienne à Roanne, 1857. — Construction du pont du chemin de fer et raccordement avec Roanne, 1858. — Inauguration de la ligne de Lyon à Roanne par Tarare, 1864. — Création d'un établissement industriel au Coteau, 1874. — Construction de la ligne du Coteau à Paray-le-Monial. — Découvertes faites lors des travaux. — Inauguration de la ligne.*

*Le château de Rhins et ses derniers propriétaires. — Il est vendu ainsi que les terres situées sur le Coteau, par M. J. de Rainneville. — La société Meyer, 1886. — Les premières rues ouvertes dans le parc.*

« Au Palais de Neuilly, le 9 juillet 1845.

« Louis-Philippe, roi des Français, à tous présents et à venir, salut.

« Nous avons proposé, les Chambres ont adopté, nous avons ordonné et ordonnons ce qui suit :

## ARTICLE 1.

« La section du Coteau, désignée sur le plan annexé à la présente loi par une teinte rose, est distraite de la commune de Parigny, canton de Perreux, arrondissement de Roanne, département de la Loire, et érigée en commune distincte. En conséquence, la limite entre les communes du Coteau et de Parigny est fixée dans la direction indiquée audit plan par les lettres X et Z.

## ARTICLE 2.

« Les dispositions qui précèdent auront lieu sans préjudice des droits d'usage et autres qui pourraient être respectivement acquis.

« Les autres conditions de la distraction ordonnée seront, s'il y a lieu, ultérieurement déterminées par une ordonnance du roi.

« Fait au Palais de Neuilly, le 9ᵉ jour du mois de juillet 1845.

« Signé : LOUIS-PHILIPPE. »

Tel est le libellé du décret royal érigeant le Coteau en commune (1). A la suite de cet acte, en vertu de la Constitution, eurent lieu des élections qui dotèrent le Coteau d'un conseil municipal. Le premier maire, nommé par le gouvernement de juillet, fut M. Etienne Legrand, âgé de 47 ans, marchand de charbons au lieu dit « le Grand Coteau ». Le décret royal le nommant maire porte la date du 17 décembre 1845.

Le Coteau ne comptait alors que 1.340 habitants, disséminés dans quatre quartiers : le Grand Coteau et les Balmes, au couchant, le Petit Coteau et Varennes, au midi. Entre ces deux agglomérations, se trouvait une large bande de terrain, entre Rhins et Loire, appartenant à M. le marquis de Tardy, dont les propriétés enserraient le Coteau presque de toutes parts.

L'inondation de 1846 ne fit que des dommages insignifiants sur le territoire du Coteau ; elle fit pourtant décider le renforcement de la chaussée de Pincourt et son prolongement vers le nord. Au midi, les hautes eaux creusèrent profondément le chenal de Varennes, qui mettait en communication le chemin de fer de St-Etienne avec le canal de Roanne à Digoin. Dans les terrains bas, voisins de la gare terminus du chemin de fer de Saint-Etienne à Roanne, on éleva alors une estacade en bois, qui permit d'opérer directement le déchargement des wagons de charbon. Ceux-ci étaient amenés sur l'estacade du port de Varennes et le charbon tombait dans les bateaux placés au-dessous. On voit encore aujourd'hui, en cet endroit, les fendues en maçonnerie qui facilitaient l'accès des bateaux à la rive (2). Ces derniers, ainsi chargés, descendaient la Loire, passaient dans le bassin et de là gagnaient le canal de Digoin.

Le port de Varennes et le cours de la Loire au Coteau connurent alors une animation extraordinaire. Le va et vient des bateaux, les

---

(1) Au décret royal était annexé un plan indiquant les limites de la nouvelle commune, telles qu'elles ont été énoncées au début de ce travail.

(2) Ces fendues étaient aussi utilisées pour le chargement des bateaux, car une voie sur plan incliné permettait d'amener les wagons jusque sur le bord même du fleuve. Après leur déchargement, ils étaient remontés sur le plateau par un treuil, autour duquel s'enroulait une corde en fil de fer. Les anciens du Coteau se souviennent encore des joyeuses expéditions organisées par les enfants de la localité, qui aimaient à se faire véhiculer, — non sans danger parfois, — sur les wagons du plan incliné.

gestes et les cris des mariniers, les appels des passants, produisaient une intensité de vie dont on ne peut aujourd'hui se faire une idée. Il arrivait même parfois que, lorsque les bateaux passaient sous le pont de pierre, de brèves conversations, et combien pittoresques, s'engageaient entre les mariniers et ceux qui traversaient le pont.

Les mariniers roannais formaient alors une classe importante et tout à fait distincte. A première vue, on les reconnaissait à leur costume (1) et à leur patois, célèbre dans tout le département. Ils aimaient le vin ; mais ils le portaient bien. Ils aimaient aussi la bonne chère, et ils éprouvaient un certain plaisir à montrer de l'ostentation dans la dépense, pour éclipser la bourgeoisie, avec laquelle ils vivaient du reste dans d'excellents rapports.

Bruyants, parlant beaucoup, poussant des jurons formidables, les mariniers roannais, qu'une satire du temps accuse d'être « bavards, criards et vantards », étaient d'un sang-froid et d'un courage remarquables lorsque, en temps de crue subite de la Loire, un bateau se trouvait en danger de périr (2).

Les mariniers se divisaient en trois groupes, selon leurs fonctions : les « touquiers », qui montaient les « toues », barques légères qui précédaient les convois de sapines et indiquaient la route à suivre ; puis les hommes qui manœuvraient à l'avant du bateau ; enfin, ceux qui étaient placés à l'arrière. Le court trajet qui séparait le port de Varennes de l'entrée du Canal exigeait presque toujours la présence de quelques membres de ces groupes, car, comme chacun sait, le lit de la Loire est mobile et la moindre crue creuse des

---

(1) Ce costume se composait d'une chemise de grosse toile, à large encolure, retenue par une cravate, d'une veste en drap bleu foncé et d'un pantalon à pont en drap ou en toile, suivant la saison. Comme coiffure, un chapeau de feutre à larges bords garantissait la tête des ardeurs du soleil et de la pluie. (D'après une gravure de 1821).

(2) Un type célèbre parmi les mariniers de cette époque était le père Bottu. On racontait même volontiers, au Coteau, que c'était lui qui, pendant la Révolution, avait donné asile au marquis de Tardy ; mais ce fait est inexact. Cependant, le père Bottu était reçu familièrement au château de Rhins, où le marquis lui offrait volontiers une tranche de jambon et un verre de vin blanc.

Un jour que M. de Tardy coupait en maître expert une mince tranche de jambon, le père Bottu lui dit dans son patois :

— Monsieu le martyi, parqua don que ve copis le dzambion si mance ?

— Comment ! répondit M. de Tardy, ne sais-tu pas que le jambon est meilleur ainsi ?

A quoi le père Bottu répliqua :

— Copis gros, monsieu le martyi, copis gros, dze n'ome pos quind y est treup bon !

« gours » sur un fond qui paraissait stable et jette un banc de sable
à la place d'une eau profonde.

La Révolution de 1848 fit disparaître la Monarchie de Juillet. Cet
évènement amena la démission du premier maire du Coteau, Etienne
Legrand, le 12 février 1849. Il fut remplacé à la mairie, le 15 mars
suivant, par M. Pierre Lièvre qui ne conserva ses fonctions que
trois ans. Son successeur fut M. Auguste Bousson, nommé maire le
27 juillet 1852. Le 7 juin 1855, M. Bousson fut remplacé par M. Simon
Gontier, qui devait administrer le Coteau pendant seize ans.

Sous l'administration de M. S. Gontier, le Coteau changea d'aspect.
Diligences, guimbardes et voitures de toutes sortes qui sillonnaient
la grande rue, commencèrent à devenir moins nombreuses, et les
bateaux et sapines qui circulaient entre le port de Varennes et le
canal disparurent entièrement. La cause de ces changements était
due au développement des chemins de fer, lesquels remplaçaient
avantageusement pour le confort, la sécurité et la rapidité, les pata-
ches d'autrefois.

La ligne de Saint-Etienne au Coteau fut livrée à l'exploitation le
20 novembre 1857 et, un an après, la haute chaussée de la gasse
étant stabilisée et le pont sur la Loire achevé (1), le raccordement
entre Roanne et le Coteau était un fait accompli (1ᵉʳ novembre 1858).

Huit ans après, la ligne de Lyon au Coteau par Tarare était également achevée, et le premier train venant de Lyon arrivait au
Coteau le 16 juillet 1866.

On comprend sans peine, après ce qui a été dit plus haut, le pro-

---

(1) Le pont de maçonnerie, jeté sur la Loire pour relier les deux
gares de Roanne et du Coteau, fut construit, en 1857-1858, par
MM. Moreau, ingénieur, et Belin, entrepreneur. L'ingénieur en chef
qui dirigeait les travaux était M. Bazaine, frère du fameux maréchal.

Le pont du chemin de fer mesure 246 m. 32 ; il se compose de
sept arches en arc de cercle de 28 mètres de corde et 3 m. 50 de
flèche. Les culées, qui forment une saillie de deux mètres sur le
plan de tête, sont accompagnées de demi-piles et ornées de pilastres.
Les plinthes sont supportées par des modillons et tous les détails
ont été étudiés et dessinés avec un grand soin.

Comme on le voit dans ce travail, les piles furent réduites au mi-
nimum d'épaisseur et les voûtes ne prirent leur naissance et leur
appui qu'à plusieurs mètres au-dessus de l'étiage, dispositions qui
assurent aux eaux du fleuve un passage plus large et plus direct.

A l'époque où ce pont fut construit, la gare du Coteau était un
point terminus et les voyageurs étaient obligés de descendre pour
être transportés, en diligence jusqu'à la gare de Roanne. L'achèvement du pont, livré à la circulation le 1ᵉʳ novembre 1858, supprima
ce pénible et fastidieux transbordement.

Les dépenses occasionnées par la construction du pont s'élevèrent
à la somme de 1.108.000 francs.

digieux changement qui s'opéra alors dans la vie, les mœurs et les coutumes des habitants du Coteau. A partir de cette époque, les voyageurs disparurent, les hôtels devinrent moins bruyants et les auberges et cabarets ne retrouvèrent un peu d'animation que les jours de marchés. Il en fut ainsi jusqu'après la guerre (1870-1871), époque à laquelle M. Joanny Pomey, propriétaire de la maison où pendait jadis pour enseigne le Lion d'Or, fut nommé maire (7 mai 1871).

Privé des ressources qui, depuis sa fondation, assuraient sa prospérité, le Coteau aurait pu profiter largement du vif essor industriel qui se manifesta alors à Roanne, où de nombreux tissages pour les étoffes de cotonnade furent installés, entre 1874 et 1880. Mais la propriété de Rainneville qui enserrait le Coteau de toutes parts et que ses propriétaires refusaient d'aliéner, l'empêchèrent de profiter de cette renaissance opportune. Cependant, un fabricant roannais, — un seul, — M. Louis Déchelette, réussit à vaincre les répugnances de M. de Rainneville et à faire l'acquisition d'une parcelle de terrain, située sur les bords de la Loire, et dans laquelle il fit édifier aussitôt un tissage pour les étoffes de coton. Depuis cette époque, cette fabrique n'a cessé de fonctionner et de s'agrandir et il serait difficile de calculer aujourd'hui les salaires que, depuis cinquante ans, elle a distribués à ses ouvrières et employés.

Peu d'années après, en 1882, l'ouverture de la ligne de Paray-le-Monial au Coteau donna un nouveau développement au quartier de la gare. Lors de la construction de cette voie (1876), de nombreuses découvertes vinrent rappeler aux contemporains une sanglante bataille livrée en 1377, au cours de la Guerre de Cent ans, entre les troupes du duc de Bourbon et les bandes anglo-gasconnes qui parcouraient le pays. Ce n'était pas la première fois que de semblables découvertes étaient faites dans la plaine basse et marécageuse qui s'étend entre la rivière de Rhins et les monticules de Chervé, du Tourbillon et des Franchises ; car déjà, en 1820 et en 1852, les fouilles avaient mis au jour de nombreux ossements humains, tant auprès du pont de Rhins qu'aux lieux dits le Moulin Tampon et le Lac. Au reste, le terrain qui s'étend entre le bief de Rhins et la route actuelle de Perreux porte, dans les terriers anciens, le nom significatif de « cimetière des Anglais » (1).

---

(1) En 1377, raconte la chronique du bon duc Loys de Bourbon : « le bon et magnanime duc de Bourbon ayant pris les armes avec Monsieur Jean de France, duc de Berry et d'Auvergne, contre les Anglais et leurs adhérents qui s'étaient espanchés dans les pays de leur obéissance, les en chassèrent si absolument et rendirent le pays de Bourbonnais, Forez, Beaujolais, Auvergne et Berry si paisible qu'il n'y avait homme qui osât faire le moindre remuement et ce fut alors que fut faite par les armées réunies de ces princes

Quatre ans avant l'ouverture de la ligne de Paray-le-Monial au Coteau, en 1878, M. Joanny Pomey, maire depuis sept ans, avait donné sa démission. Certaines difficultés qu'il avait rencontrées et une critique un peu vive de son administration parue dans un journal du temps, lui avaient causé une grande irritation. On se rappelle encore les bizarreries de son humeur, les incohérences de son esprit, sa démarche saccadée et le tremblement convulsif qui agitait sans cesse tout son corps.

M. Joseph Grangette fut élu maire du Coteau le 16 juin 1878. Son administration eut à résoudre deux grandes difficultés : celle des écoles, qui jusqu'alors étaient restées confessionnelles, et celle qui résultait de l'aliénation et de la mise en vente du parc de Rainneville.

Madame de Rainneville, née Thérèse de Tardy, qui habitait le château de Rhins, étant morte le 13 septembre 1885, son fils, M. Joseph de Rainneville, vendit la terre et le château de Rhins à un groupe juif dit « Société Meyer ». Dans le but de tirer de son acquisition le meilleur parti possible, la Société Meyer résolut de tracer, dans la propriété, des rues et des voies de communication, puis de partager les îlots en tènements séparés, au gré des acquéreurs. Pour arriver à ce résultat, la Société proposa au Conseil municipal du Coteau, alors présidé par M. André Robert-Vivier, qui avait remplacé M. Grangette, démissionnaire (28 mars 1886), la combinaison suivante :

La Société Meyer cédait à la ville, gratuitement, pour la création d'une place, la construction d'une école de filles et d'une mairie : 2.730 mètres carrés de terrain, au lieu dit « le Parc ». Elle cédait, en outre, tout le terrain nécessaire à l'établissement de 1.500 mètres de rues, à charge pour la ville d'en mettre 800 le plus tôt possible en état de viabilité et d'y établir des becs de gaz et des bornes fontaines.

D'après le projet dressé par M. l'agent-voyer d'arrondissement, huit rues nouvelles devaient être créées au Coteau. L'une, la rue de l'Hôtel-de-Ville, ayant 12 mètres de large, serait perpendiculaire à la Grande rue et mènerait à la future place de l'Hôtel-de-Ville, au centre de la propriété, en passant par la cour des Chiffonniers. Les sept autres : rue Meyer, rue Parmentier, rue Ledru-Rollin, rue Gam-

---

une telle défaite de ces Anglais et des ceux dits de leur parti, sur l'extrémité de ce pays de Forez et de celui de Beaujolais, à savoir entre Roanne et Perreux, auprès d'un pont qui est bâti sur un ruisseau appelé de Rhins, qui non loin de là se dégorge dans le fleuve de Loire, que plusieurs de ces Anglais y ayant esté tués sur place et enterrés en un champ du territoire qui est situé sur cet endroit, le nom lui est demeuré dans les terriers comme dans l'usage du vulgaire de *Cimetière des Anglais.* »

betta, rue Dorian, rue Jules-Janin, rue Lamartine auraient des largeurs variant entre 12 et 8 mètres.

La municipalité du Coteau accepta la proposition de la Société Meyer, ainsi que le projet de l'agent-voyer, et, dès la fin de l'année 1886, le lotissement était dressé et certaines ventes effectuées.

Il est à peine inutile d'observer que, si la mise en vente du parc de Rainneville avait été faite quinze ans auparavant, le Coteau aurait certainement participé, dans de bien plus grandes proportions, au développement et à la prospérité de l'industrie roannaise.

La première préoccupation de la municipalité du Coteau fut la création des rues tracées dans le vaste rectangle compris entre la Loire et la route de Perreux d'une part, les dépendances des maisons de la Grande rue et l'allée des Marronniers d'autre part.

Ce travail de voirie accompli, elle fit construire l'Hôtel-de-Ville et l'école des filles qui donnèrent tout de suite au nouveau quartier de la vie et de l'animation.

Cependant, en raison de sa situation près de la Grande rue, les terrains de cette partie du parc furent mis en vente à des prix très élevés, ce qui découragea les acheteurs, qui se rejetèrent alors sur les terres de la route de Perreux et du pré des Sables à Pincourt.

Entre le quartier de l'Hôtel-de-Ville et le pré des Sables, se trouvait un vaste terrain, bordé au nord par une berge sablonneuse de six à huit mètres d'élévation, et traversé dans sa partie centrale par une belle avenue, conduisant de la place des Platanes au Château. Ce territoire fut également mis en vente. L'avenue du château, formée par une quadruple rangée de marronniers, bien que dépouillée de ses beaux arbres, devint la rue des Marronniers, et de cette rue partirent de part et d'autre de nombreuses impasses, amorces de rues futures et destinées à mettre en relation l'ancienne agglomération avec la nouvelle. Cinq de ces impasses se dirigeant vers le nord furent dotées de noms illustres : Voltaire, Pasteur, Condé, Marceau (1) et Moreau, et en attendant d'être transformées en rues véritables conduisirent aux buanderies échelonnées sur le bief parallèle à la rivière.

Quant au château de Rhins, on lui laissa ses dépendances immédiates et un terrain assez vaste pour qu'il puisse encore être compté parmi les plus belles résidences de la banlieue de Roanne.

Toutes ces transformations s'opérèrent sous l'administration laborieuse de M. Robert-Vivier, qui fut maire du Coteau de 1886 à 1900. Après les élections municipales qui inaugurèrent le vingtième siècle, M. Félix Baurier fut élu maire (20 mai 1900). Son administration ne dura que quatre ans ; aux élections suivantes, le 15 mai 1904, il fut

---

(1) En 1915, après la construction de l'abattoir, l'impasse Marceau prolongée prit le nom de rue de l'Abattoir.

remplacé par M. Didier Remontet, qui fit construire l'école des garçons et se préoccupa de solutionner la question des eaux.

En mai 1912, les membres de la municipalité récemment élus choisirent pour maire M. Félix Terrenoire qui, depuis plus de trente ans, n'avait cessé de faire partie de la municipalité. A sa mort, arrivée en janvier 1914, il fut remplacé par le premier adjoint, M. Bert, qui assuma la lourde tâche d'administrer la commune du Coteau pendant la grande guerre.

Le Coteau comptait alors 4.624 habitants, adonnés pour la plupart au commerce et à l'industrie. Jadis, au temps des diligences et de la batellerie, l'agglomération vivait uniquement du commerce ; mais aujourd'hui, en dehors des bois et des vins qui donnent lieu à quelques transactions, le commerce est réduit aux denrées alimentaires et aux tissus qui se consomment sur place, ou dans les localités voisines. Il y a dix ans, l'industrie n'était représentée que par le tissage Déchelette ; mais depuis lors un vif essor industriel s'est manifesté et le Coteau compte aujourd'hui trois scieries mécaniques, une poterie qui, outre les produits communs, donne des spécimens intéressants de grès flammés, et des fabriques de lainages, de rideaux, de serviettes éponges, de pantoufles, etc.

L'agglomération est également desservie par une importante usine électrique et possède plusieurs ateliers de teintures et apprêts, une usine de produits chimiques et pharmaceutiques, une tonnellerie mécanique et plusieurs chantiers de cimentiers. La guerre de 1914 a sans doute arrêté cet essor, mais il est facile de prévoir qu'une vive reprise ne tardera pas à se manifester. Le territoire des Plaines, les terres des Etines et le pré des Sables à Pincourt sont trop favorables à la création d'établissements industriels pour ne pas profiter largement de ce mouvement.

# VERNAY

Délicieusement encadrée dans les ruines d'une vieille forteresse féodale, la petite église de Vernay semble protéger les maisons qui se pressent autour d'elle. Là, comme ailleurs, le règne de la force a disparu dans sa personnification brutale, pour laisser subsister l'église, symbole de justice et de paix.

Le joli site de Vernay a souvent tenté les poètes et les peintres. C'est, en effet, un de ceux que le touriste ou le voyageur n'oublie guère, pour peu qu'il soit artiste et qu'il ait eu le loisir d'errer quelques instants dans les ruines et de s'agenouiller devant la Vierge noire, qui depuis des siècles attire tant de pèlerins. Le paysage en effet est séduisant.

La butte qui porte l'église et les maisons du village, adossées aux anciens remparts, est entourée d'une fraîche ceinture de vignes piquées çà et là de nombreux arbres fruitiers. De tous côtés les vignes semblent monter à l'assaut du village. Les côtes abruptes de la Loire en sont garnies comme le gracieux ravin des Vernes. Au-delà de la Loire, dont les eaux coulent doucement sur un lit de sable, au bas d'une gorge profonde, les riches côtes d'Hervé et la silhouette de l'ancienne petite ville de Villerest, forment le premier plan d'un tableau dont les limites extrêmes sont les montagnes de la Côte.

L'histoire de Vernay tient en deux mots, ou si l'on veut, se groupe autour de deux édifices : l'un, en ruine, le château ; l'autre plein de vie, l'église. Pour évoquer le passé de cet antique village, le rôle de l'historien consiste donc à animer les ruines et à raconter l'histoire de la Vierge noire qui, encore aujourd'hui, est la vie et l'attrait du pays (1).

La position stratégique de Vernay attira l'attention des peuplades de la Gaule, et elles établirent sans doute un campement sur l'emplacement du village actuel : mais aucune découverte n'a encore manifesté leur présence. Il n'en est pas de même des contemporains de

---

(1) Les lecteurs désireux de connaître les documents et les détails de l'histoire de Vernay pourront consulter utilement notre travail : *Vernay et son pèlerinage*, petit in-8 de 58 pages, publié en 1901.

la période gallo-romaine, dont l'existence a été rappelée par diverses découvertes récentes : tuiles à rebords et poteries variées.

Ce fut au moyen âge, sous les derniers Capétiens, que furent élevées les hautes murailles de la forteresse de Vernay. Leur but était sans doute de faciliter le péage de la Loire, c'est-à-dire la perception du droit de navigation, qui appartenait au comte de Forez.

Les premiers seigneurs de Vernay furent, en effet, les comtes de Forez. Pour représenter leur autorité, ils établirent à Vernay un prévôt, dont les fonctions consistaient à commander les hommes d'armes, rendre la justice et lever les impôts. Plus tard, les comtes de Forez supprimèrent le prévôt de Vernay, en raison du peu d'importance de la prévôté, et la réunirent au mandement de Saint-Maurice.

L'histoire militaire de Vernay tient en peu de lignes, et ne présente quelque intérêt qu'au temps de la guerre de Cent ans, et pendant les guerres de Religion et de la Ligue.

Au cours de cette période si troublée de notre histoire nationale, que l'on appelle la guerre de Cent ans, le château fort de Vernay fut un lieu de refuge pour les populations du voisinage. Lorsque les incendies, les réfugiés ou la rumeur publique annonçaient l'arrivée d'une bande armée, les tenanciers des champs et les habitants du village accouraient en toute hâte, et se réfugiaient dans le château fort. Les uns poussaient devant eux leurs bestiaux, les autres portaient sur leurs épaules ce qu'ils avaient de plus précieux. On se fait difficilement une idée de l'état lamentable que présentait alors cette foule d'hommes, de femmes et d'enfants, serrés les uns contre les autres, dans des salles étroites et basses. Les maladies contagieuses ne tardaient pas à faire leur apparition, emportant en quelques heures malades et enfants et affligeant les autres de maux étranges et douloureux.

Bientôt les alertes provoquées par le passage des Anglo-Saxons, Routiers, Tard Venus, Écorcheurs et autres soudards, devinrent si fréquentes, que chaque famille de la paroisse de Vernay voulut avoir dans l'église une arche ou coffre, pour enfermer ce qu'elle avait de plus précieux : pièces de monnaie, hardes, provisions de bouche. Jamais les églises ne méritèrent mieux que dans ces jours troublés, le titre de maisons du peuple, puisqu'elles étaient à la fois un lieu de refuge, une habitation familiale et un hôpital ou hôtel-Dieu, suivant l'expression du temps.

Pendant près d'un siècle, ces alarmes et ces angoisses se renouvelèrent et, en 1453, sous Charles VII, les arches ou coffres garnissaient encore l'église de Vernay, car un document fait connaître qu'à cette époque, le curé se plaint que les habitants troublent la messe paroissiale, sous prétexte de venir chercher leurs hardes ou effets dans les arches placées autour de l'église.

Pendant longtemps, le château fort de Vernay resta silencieux, et ses murs ne résonnèrent que des plaintes et doléances des habitants, qui furent parfois dans une « extrême misère ». Il était réservé aux guerres de Religion, et plus encore aux troubles de la Ligue, de rendre à la forteresse féodale son animation.

Tour à tour occupé par les catholiques et les protestants, le château-fort de Vernay reçut garnison militaire. Cela ne faisait guère l'affaire des habitants, qui étaient rançonnés, volés et pillés par les soudards des deux partis. L'écho de leurs plaintes se manifeste dans les nombreux papiers de justice du temps, qui sont émaillés des réclamations et dénonciations pour crimes, vols et pilleries, sans mentionner aucun fait militaire saillant.

Les troubles de la Ligue amenèrent successivement à Vernay, ligueurs et royalistes. La situation des habitants n'en fut pas changée, car les uns et les autres vécurent aux dépens du pays.

Un jour, c'est un détachement royaliste, appartenant probablement à la petite armée de Guy de La Mure, qui apparaît brusquement dans le village dont il pille et saccage les maisons. Le but des soldats paraît être de se ravitailler sans frais, car leurs recherches semblent s'attacher surtout à retrouver le vin et les viandes salées que les habitants avaient cachés avec soin « en raison des troubles ». Au mois de juillet 1594, c'est la maison du nommé Jacques Vignand, laboureur, qui est assaillie et mise au pillage par des soldats « de la troupe du capitaine Grillet ». Après le pillage, la maison du malheureux paysan est livrée aux flammes et sa femme meurt des mauvais traitements qu'elle a subis. Ce sont les actes judiciaires du temps qui mentionnent ces faits, mais ils en passent sous silence de bien plus nombreux. En effet, si « les plaintes et dénonciations » relatent ces actes de brigandage, c'est parce que des habitants du pays ont renseigné les soldats, ou leur ont prêté main forte, car sous l'ancien régime, les méfaits et crimes commis par les soldats échappaient ordinairement à la justice et restaient impunis.

La chronique militaire du château-fort de Vernay se ferme sur ces scènes d'horreur. Désormais, le rôle militaire de la forteresse était fini et les cris des soldats non plus que le bruit des armes ne devaient plus troubler les plaintes et les prières des pèlerins accourus aux pieds de la Vierge noire.

Le culte de la Vierge noire de Vernay est très ancien, témoin ce passage du bon chroniqueur roannais, Jean-Marie de La Mure, qui écrivait au milieu du dix-septième siècle (1) :

« Que ne devrais-je pas dire de cette église paroissiale de Nostre-

---

(1) Le chroniqueur roannais Jean-Marie de La Mure était en 1660, « prébendier de la prébende » de Notre-Dame, dont le service se faisait dans l'église de Vernay. On lit en effet dans la visite pastorale de Monseigneur Camille de Neufville, archevêque de Lyon : « Il y a dans l'église « de Vernay, » une prébende, chargée de deux messes par semaine, possédée par messire de La Mure Bienavent, sacristain et chanoine de Notre-Dame de Montbrison. »

Dame de Vernay en Roannois, où l'image de la Vierge, qui y est d'une couleur approchante de celle de Notre-Dame de Laval, semble aussi approcher de son antiquité (1), puisque entre les droits amphitéotiques qui sont deus d'ancienneté à cette église selon les plus vieux titres, il se trouve que la plupart sont des cierges payables chaque jour du samedy ou chaque premier samedy du mois, ou certain samedy de l'année, ce qui confirme cette ancienne et spéciale affectation que l'église a fait du jour du samedy à l'honneur de la Sainte-Vierge, et en même temps fait connaître combien sont anciens en ce lieu les hommages et les devoirs que cette reyne des cieux y exige des fidèles. »

La statue, dont parle de La Mure, est toujours l'objet de la vénération des fidèles. La Vierge est représentée assise, tenant dans ses bras l'Enfant Jésus. Marie est vêtue d'une tunique aux plis nombreux et amples, serrée par une ceinture placée un peu haut, selon l'usage du temps. Elle est enveloppée d'un manteau dont les plis retombent gracieusement sur ses genoux. Sa tête est couverte d'un voile qui se divise en deux parties au milieu du front, pour retomber de chaque côté en encadrant le visage. La statue était autrefois couronnée, mais on a récemment scié les fleurons de la couronne. Son bras gauche soutient l'Enfant Jésus assis sur ses genoux. Il tient dans sa main un poisson dont l'extrémité repose sur l'avant-bras. L'artiste a voulu par cet emblème désigner le Fils de Dieu, — comme le faisaient les chrétiens des premiers siècles — chaque lettre du mot *Ictus*, mot qui veut dire poisson, étant l'initiale des principaux titres de l'Enfant-Dieu, Jésus-Christ, Fils de Dieu Sauveur.

La statue de la Vierge de Vernay appartient aux dernières années du XIIIᵉ siècle ou aux premières du XIVᵉ, date indiquée, dit M. J. Déchelette, non seulement par l'exécution des plis du manteau, mais avant tout par la justesse des proportions, la grâce et la souplesse de l'attitude, et l'expression, tout à la fois, grave et souriante du visage.

De plus, la disposition du manteau de la Vierge, dont le pan de droite est ramassé sur la hanche gauche trahit le XIVᵉ siècle : les artistes de cette époque ayant imaginé cette disposition pour tirer un

---

(1) Les vierges noires se multiplièrent en France, après les Croisades, et on pense que dans la région forézienne ce furent les comtes de Forez qui en furent les propagateurs, car on les retrouve dans leurs villes de Montbrison, Feurs et Saint-Germain-Laval.

L'Ecriture sainte dit que Marie est redoutable « comme une armée rangée en bataille. » C'est peut-être dans cette parole de l'Ecriture qu'il faut chercher la raison pour laquelle les comtes de Forez auraient établi à Vernay le culte de Marie, car ce château fort était situé en pointe à l'extrémité du comté de Forez et très exposé aux attaques des ennemis.

heureux parti des plis de la draperie ainsi étalée. Enfin, l'âge de la statue est encore indiqué par sa position. En effet, la Vierge de Vernay est représentée assise, attitude empruntée aux Vierges romanes, encore adoptée au XIII<sup>e</sup> siècle, mais extrêmement rare après le milieu du siècle suivant.

Cette statue est l'œuvre d'un artiste français, ce qui se reconnaît sans peine à l'harmonie des proportions, à la liberté de l'allure, au costume et à la souplesse des draperies. Cette œuvre est donc contemporaine des fils de saint Louis, et tout en elle révèle le travail d'un « imagier » français de grand talent (1).

Tels sont l'antiquité et l'état actuel de la Vierge noire de Vernay, qui depuis six siècles a reçu tant de témoignages de respect, de vénération, de confiance et d'amour.

Pendant les trois premiers siècles (1300-1600), les hommages des fidèles se manifestèrent par des processions paroissiales et des donations testamentaires ; les processions ont lieu les jours des Rogations et des fêtes de la Vierge, notamment le 8 septembre, jour de la Nativité. Quant aux donations, elles ont pour but de fonder messes et prières à l'autel de Marie, ou d'enrichir sa chapelle de tapis en drap d'or, de linges, ou de faire brûler devant la statue miraculeuse torches ou chandelles de cire.

A partir de la renaissance religieuse qui se manifesta au dix septième siècle, après l'éclipse du sentiment reilgieux provoquée par les guerres de religion et de la Ligue, les manifestations des fidèles se modifièrent et l'on offrit des ex-votos, témoins les six tableaux que l'on voit encore dans la chapelle actuelle. Ils représentent des faits miraculeux et prouvent la confiance que l'on avait alors en Notre-Dame de Vernay.

Pendant les jours sombres de la Révolution, la statue fut cachée sous un amas de feuilles mortes, par une personne pieuse et dévouée. Dès que la Vierge noire eut été replacée avec honneur dans son sanctuaire, les pèlerins accoururent de nouveau. Fidèle à la tradition, la foule des visiteurs fut surtout considérable le 8 septembre, fête patronale de la localité. Les pèlerins accouraient ce jour-là de toutes parts, mais surtout de l'agglomération roannaise. Les familles qui appartenaient à la marine remontaient volontiers le fleuve en « bachot ». Le pilote se servait de la « bourde », mais quand le

---

(1) Le savant conservateur du Musée de Roanne, dont l'opinion fait autorité en la matière, ajoute qu'il ne peut y avoir aucun doute sur l'époque de cette statue », car, dit-il, les indications en sont « nombreuses et rien ne vient les contredire ni même en diminuer « la force. Il est même hors de doute que l'œuvre est française, on « ne trouve rien en elle de la vulgarité flamande, ni de la mysti-« cité italienne. Encore moins pourrait-on y voir une statuette d'ori-« gine orientale, comme l'a avancé M. Coste, sans avoir pris la peine « d'examiner attentivement le monument... »

fleuve était bas, il était parfois obligé de se mettre à l'eau pour faire franchir au bachot les passages difficiles. Au bas de Vernay, les voyageurs descendaient sur la rive et accomplissaient le traditionnel pèlerinage à la Vierge noire. A la nuit tombante, on s'embarquait pour le retour. Tantôt les barques glissaient en silence et tantôt, dans l'obscurité grandissante, s'élevaient des voix pures et claires qui chantaient des hymnes et des cantiques en l'honneur de la Vierge Marie, Etoile de la mer.

Quant à ceux qui habitaient dans les autres parties de la ville, ils gagnaient le sanctuaire par le chemin de hâlage ou la route de Villerest. Au pied du coteau couronné par cette antique petite ville ils trouvaient le passeur qui, sur une vaste charrière, les transportaient de l'autre côté du fleuve ; eux aussi avaient de la sorte l'illusion d'accomplir un mystérieux et lointain voyage.

Depuis longtemps les pèlerins roannais ne vont plus à Vernay en bachot et depuis 1906, date de la construction du pont, ils n'ont plus à recourir au bac. Le passeur a disparu comme ont disparu les mendiants et infirmes qui jadis formaient la haie aux abords de la chapelle. Ce qui n'a pas changé, ce sont les manifestations religieuses des visiteurs. Comme par le passé ils décorent les murs d'ex-voto, offrent des cierges, symbole de leur confiance et de leur amour et prient les prêtres accourus au pèlerinage de réciter pour eux le *Salve Regina*. Et pendant que le prêtre énumère les titres de Marie et murmure la plainte de l'exilé qui soupire après la patrie, le pèlerin s'unit aux pensées et aux sentiments de la prière liturgique.

La Vierge noire et les ruines de la forteresse féodale font de Vernay un des villages les plus intéressants des environs de Roanne. Pour un visiteur attentif et averti, cet intérêt s'accroit encore du fait que les ruines et les vestiges du passé qui subsistent, permettent de reconstituer entièrement le plan du château fort dont les garnisons guerroyèrent au temps de la guerre de Cent ans et lors des guerres de Religion et de la Ligue. Le centre de la forteresse était formé par une haute construction carrée à laquelle étaient adossés l'église et le cimetière encore entouré aujourd'hui par un mur de soutènement assez élevé. Cet ensemble fortifié, était protégé du côté du village par une large et profonde tranchée, formant fossé, et du côté de la Loire, par un chemin de ronde, soutenu par un mur d'enceinte. Les pauvres maisons du village, pressées les unes contre les autres, étaient blotties auprès des épaisses murailles du château fort, comme pour lui demander aide et protection.

Mais les ruines sont le passé mort et elles n'intéressent plus que les artistes et les archéologues, désireux de faire revivre et d'interroger les âmes des hommes d'autrefois. Il n'en est pas de même de la Vierge noire ; toujours vivante et active, elle continue à attirer un grand nombre de pèlerins et à donner à l'antique village de Vernay, son animation et sa vie.

# COMMELLE

Une église de construction récente, entre un cimetière, un presbytère et une école, tel est le village de Commelle. Quant aux maisons bourgeoises et aux fermes dont se composent la commune, elles sont disséminées sur une superficie d'environ 600 hectares. Tout ce territoire occupe un plateau fertile et salubre, qui descend en mourant vers la plaine de Roanne. Le haut du plateau fournit tous les produits de la terre et les pentes portent de grasses prairies et des vignes, qui donnent un petit vin fruité dont la saveur et le goût sont différents des vins des coteaux voisins de Pradines et de Saint-Vincent.

Sur ce plateau hérissé de broussailles et semé de vertes prairies, arrosées par des sources abondantes, s'éleva au temps des Carolingiens une exploitation rurale ou métairie, appelée encore « Villa de Commellis », dans un document du onzième siècle. Une petite église fut édifiée pour le service religieux des tenanciers des terres de la villa et elle devint plus tard le siège d'une paroisse.

Par droit d'érection ou de propriété, cette église appartenait au début du douzième siècle, à la noble famille de Roanne. En 1120 elle appartenait à un membre de cette maison nommé Théotard qui, devenu Chanoine de Lyon, fit don à son église de tout ce qu'il possédait à Commelle.

Le noble Chanoine faisait cette donation, à la charge que chaque année, le Chapitre de Lyon célèbrerait un service solennel pour le repos de son âme et pour les autres membres de la maison de Roanne.

Les conséquences de la donation faite par Théotard, de Roanne, se firent sentir jusqu'à la Révolution française, époque à laquelle le Chapitre de Lyon jouissait encore du droit de nomination à la cure de Commelle, et de plusieurs droits honorifiques et pécuniers.

L'histoire de Commelle à travers les âges, serait la répétition de celle de Vernay, car les populations de ces deux localités, qui ne forment maintenant qu'une seule commune, subirent le même sort. Dans le cours des âges, ce furent les mêmes vicissitudes qui assaillirent les habitants de Vernay et de Commelle. Pour ces derniers cependant, il faut noter, à l'époque troublée de la guerre de Cent ans, une aggravation d'épreuves, puisqu'ils ne pouvaient pas, comme leurs voisins de Vernay, se retraire et se mettre à l'abri dans un château et une église fortifiés.

Pendant les troubles de la Ligue, le pays fut, à plusieurs reprises, visité et pillé par des bandes de ligueurs et de royalistes.

En 1596, la paroisse de Commelle présentait un aspect lamentable ; l'église était ouverte à tous les vents, et la pluie tombait à l'intérieur ; plusieurs maisons portaient encore des traces de dévastation. Interrogés sur la cause de cette ruine par un visiteur envoyé par l'archevêque de Lyon, les habitants répondirent que ces dommages avaient été faits, il y a environ trois ans, par des gens de guerre, « lesquels avaient ruyné et gasté » le dit pays où ils avaient logé.

Cent ans plus tard, en 1694, « année de la grande mortalité, » Commelle perdit le tiers de ses habitants par suite des maladies contagieuses, de la misère et de la famine. Du reste, si l'on en croit les relations des curés qui rendent ordinairement avec exactitude et précision les impressions du temps, « les paroissiens de Commelle vécurent toujours dans une grande pauvreté, la plus grande partie des fonds de la paroisse étant possédés par les bourgeois de Roanne. »

Toute l'originalité de l'histoire de Commelle réside dans ses chroniques judiciaires. En effet, Commelle étant situé partie en Beaujolais, partie en Forez, cette situation géographique créait de singulières difficultés dans l'administration de la justice. En ce qui concernait les cas ressortissants des justices seigneuriales, — affaires de peu d'importance, contraventions de police, — les juges des seigneuries d'Ailly et de Saint-Maurice-sur-Loire, prononçaient en dernier ressort ; mais lorsqu'il s'agissait d'affaires importantes ou de délits graves, il était rare qu'un conflit ne vînt pas à surgir entre les officiers du bailliage de Roanne, qui avaient juridiction sur la partie forézienne de la paroisse, et les officiers de la sénéchaussée de Villefranche, juges majeurs en Beaujolais. Ces conflits surgissaient à chaque instant, tantôt en vertu d'un appel, tantôt pour une affaire criminelle, dans laquelle étaient inculpés les habitants de la paroisse. Mais il serait trop long d'entr'ouvrir les dossiers poudreux des justices de l'ancien régime, et ce travail n'aurait d'autre résultat que de faire constater une fois de plus les défauts et les inconvénients qui résultaient de la vénalité des offices et charges de la justice.

C'est sur le territoire de Commelle que se trouve le petit châtelet de Bachelard, composé d'un corps de logis flanqué à chaque angle d'une tour carrée, coiffée d'une toiture au pignon aigu.

Construit au déclin du règne de Louis XIV, le manoir de Bachelard fut habité successivement par les familles Mathieu, de Champagny et Verne

La première de ces familles posséda la terre de Bachelard pendant près d'un siècle et demi, et c'est elle qui fit construire le manoir

actuel. Pendant plusieurs générations, cette famille fournit au bailliage de Roanne des juges et des procureurs doctes et intègres. C'est sous
les frais ombrages de Bachelard qu'ils méditaient sur les relations
des lois humaines avec la loi divine, et préparaient les considérants
fortement motivés de leurs arrêts. Le dernier de cette famille établi
à Bachelard, se piquait de littérature et composa quelques bouts
rimés et des poésies légères qui, paraît-il, ne furent pas sans succès
auprès des dames de son temps. Son esprit curieux le fit s'intéresser
à l'occultisme et il fréquenta les salons du comte d'Albon et du
marquis de Vichy, fervents admirateurs de cette science et de ses
mystères.

Après les Mathieu, le manoir de Bachelard passa à la famille de
Champagny. En 1791, celle-ci le vendit à un habitant du pays qui, en
1808, le revendit à M. Verne, dont les descendants le possèdent encore
aujourd'hui.

Le plateau de Commelle, jadis couvert de bois et de « paquis »,
est aujourd'hui entièrement défriché, et l'air salubre dont il
jouissait jadis est devenu plus sain et plus pur encore, par suite du
défrichement de la terre. Les pauvres chaumières du temps passé
ont aussi disparu et elles ont fait place à des villas et des maisons
bourgeoises, qui font de cette commune une localité riche et agréable.

# PARIGNY

Le village de Parigny est situé sur le bord d'un plateau qui limite
la vallée du Rhins, du côté du couchant. Ses maisons semées dans un
pittoresque désordre, à flanc de coteau, sur le plateau et dans la
vallée, sont dominées par la tour carrée qui sert de clocher à l'église,
par la moyennageuse construction appelée la prévôté, — aujourd'hui
la cure — et par le château d'Ailly. C'est autour de ces trois édifices :
l'église, la prévôté, Ailly, que se groupent les événements conservés
par les chroniques locales, qui sont en contact fréquent avec les
grands faits de notre histoire nationale.

La plupart des historiens qui ont écrit sur cette localité, ont pensé
que tout l'intérêt de l'histoire de Parigny résidait dans le grand chemin royal de Paris à Lyon, qui passait au bas du village et sur lequel
défilèrent tant de cortèges royaux et de grands personnages. A la
vérité, la description de ces cortèges et le récit des événements divers auxquels ils donnèrent lieu, piquent la curiosité, mais les faits
qui constituent les chroniques et leurs relations avec la grande histoire, présentent plus d'intérêt encore parce qu'ils nous font mieux
connaître la vie et les coutumes de nos ancêtres.

Situé sur les confins du Beaujolais, Parigny fut d'abord sous la
dépendance des sires de Beaujeu, puis des maisons ducales de
Bourbon, de Montpensier et d'Orléans qui leur succédèrent. Cependant les actes de « foi et hommage » du moyen âge indiquent que
les religieux de Cluny ainsi que les seigneurs de Pradines, la Mothe-
Saint-Vincent et Cucurieux, furent possessionnés sur ce territoire.

Au douzième siècle, les sires de Beaujeu érigèrent Parigny en
prévôté et y établirent un officier qui, après avoir eu le commande-
ment des hommes d'armes, fut ensuite chargé successivement de
rendre la justice et de lever les impôts. Dans la seconde moitié du
quinzième siècle, au temps de Louis XI, les ducs Charles et Pierre
de Bourbon firent édifier pour leur prévôt une maison dite prévôté.
Cette construction, flanquée d'une élégante tourelle et coiffée d'une
haute toiture aiguë, est aujourd'hui la cure ; mais elle a conservé
intérieurement des marques de sa première destination. C'est ainsi
que sur deux belles cheminées, on remarque des écussons chargés
l'un d'un épi, l'autre d'une hache. Selon quelques auteurs, l'épi rap-

pellerait la dîme due par les habitants de Parigny, et la hache serait le symbole de la justice exercée par le prévôt ; mais il est plus probable que le premier écusson est chargé des armes d'une famille chevaleresque établie à Parigny au treizième siècle. Cet écusson porte en pointe un croissant surmonté d'une étoile et d'un épi d'or ; or, de tels signes rappellent ordinairement une famille contemporaine des croisades, et l'écusson armorié de la prévôté de Parigny, pourrait bien donner les armes de l'ancienne famille Loton ou Le Ton, mentionnée comme possessionnée à Parigny, au temps des fils de saint Louis.

Pour reconnaître sans doute les bons offices de leurs prévôts, les ducs de Bourbon leur concédèrent à titre de fief la maison qu'ils habitaient, et les familles Le Prévost (sic) et Durier rendirent foi et hommage à leurs seigneurs pour leur maison ou prévôté (1). Il en fut ainsi jusqu'en 1603, date à laquelle le seigneur d'Ailly acheta « tous droits de justice » aux commissaires du duc de Montpensier, chargés de cette aliénation.

L'église paroissiale de Parigny, démolie en 1860, remontait au xiiᵉ siècle et appartenait à l'époque de transition du roman au gothique. Placée sous le vocable de sainte Marie-Madeleine, elle abritait un petit cimetière dans lequel grands seigneurs, bourgeois et manants, sollicitaient l'honneur d'être enterrés.

Pendant la guerre de Cent Ans, vers 1380, à l'époque où les habitants de Roanne entourèrent leur ville d'une enceinte fortifiée, les habitants de Parigny surélevèrent les murs du chœur de leur église et d'une petite construction adjacente. Dans ce réduit assez vaste, ils édifièrent six salles qui leur servirent de refuge pour se retraire et cacher leurs effets précieux, lorsque apparaissaient dans le pays : anglais, routiers ou écorcheurs. D'après un document un peu postérieur, la nef même de l'église leur servait de refuge et au premier signal ils y transportaient leurs hardes, leurs provisions et même des tonneaux de vin.

L'église paroissiale de Parigny fut restaurée au début du xviiᵉ siècle. En 1641, elle fut dotée d'une grosse cloche, dont la bénédiction est ainsi consignée dans les registres paroissiaux.

« Aujourd'huy treizième jour du mois de janvier, mil six cent quarante-et-un a esté baptisée la grande closche de l'église paroissiale de Parigny par moy curé de Comelle soussigné, et de faire ayant le pouvoir de Monseigneur l'Eminentissime Cardinal Archevêque de Lion, soubs le bon plaisir de Messire Charles de Montchanin, curé dud. Parigny assisté dud. Messire de Montchanin, de Messire André Fobet, prebstre sociétaire de l'église de St-Cyr-de-Favières et de plusieurs autres ; laquelle closche a été nommée Jeanne-Louyse par Noble Jehan d'Arcy, fils aîné de hault et puissant sei-

---

(1) Archives dép. de la Loire, tome II, page 243.

gneur Messire Jehan d'Arcy seigneur d'Ailly, Parigny, etc., et Mme Louise de la Motte sa femme et mère du parrain de lad. cloche, qui ont signé au missel de l'église dud. Parigny, en foy de quoy j'ay signé,

MARCENAYS, curé de Comelle. » (1).

En dehors de l'église paroissiale, il existait deux chapelles sur le territoire de Parigny. L'une située proche l'église, était placée sous le vocable de Notre-Dame ; l'autre, construite dans la vallée de Rhins était dédiée à saint Lazare.

La chapelle de Notre-Dame, richement dotée, avait été construite par les seigneurs d'Ailly de la maison de Sugny; elle était « spacieuse et belle » et pourvue d'un service spécial fait par un chapelain que les documents anciens appellent « prébendier de Notre-Dame » et parfois « chapelain d'Ailly ». La visite pastorale de 1596, constate qu'elle était alors en bon état, et un document de 1777 fait connaître que pour remplacer la chapelle de Notre-Dame, le seigneur d'Ailly fit construire à gauche du chœur paroissial, une chapelle particulière qui fut placée sous le vocable de la Vierge. Cette chapelle fut bénite le 8 décembre 1777 « par M. Bourlier de Commelle, chanoine de Saint-Just de Lyon, frère du fondateur. »

Quant à la chapelle Saint-Lazare, « petite et pauvre », elle faisait partie d'un hôpital, connu sous le nom de « maladrerie de Parigny ».

En quoi consistait cet établissement hospitalier ? Quels furent ses fondateurs, ses habitants et leurs moyens d'existence ? C'est ce qu'il faut dire en peu de mots, afin de montrer que le moyen âge ne fut pas toujours aussi étranger qu'on l'a dit parfois aux questions d'assistance publique et de charité.

La maladrerie de Parigny fut fondée au déclin du xv$^e$ siècle, à une époque où d'importants mouvements de troupes favorisaient la recrudescence de la lèpre. Son fondateur fut Geoffroy Bech, seigneur de La Cour, fief situé dans le voisinage immédiat du château actuel de Saint-Vincent. Le fondateur donna le terrain nécessaire à l'établissement et fit tous les frais de construction, faisant élever pour ledit hôpital un petit oratoire dédié à saint Lazare, patron des lépreux et une chambre basse avec grenier au-dessus. Auprès de ces constructions, se trouvait un terrain assez vaste, dont le lépreux avait la jouissance. Selon l'usage du temps, Geoffroy Bech fit édifier la maladrerie à proximité de la grande route, afin que le lépreux pût solliciter les aumônes des passants, voyageurs et marchands, qui fréquentaient le grand chemin de Paris à Lyon. Ceux-ci, en effet,

---

(1) M. de Marcenays devint par la suite curé de Parigny et c'est en cette qualité qu'il dressa le procès-verbal du passage de Louis XIV à Parigny. Le 3 mai 1662. F. Marcenays procéda à la bénédiction d'une croix « plantée au coing du jardin de la maison Des Arbres » au village de Saligny.

donnaient volontiers aux hôpitaux et maladreries qu'ils rencontraient sur leur chemin, et lorsque par hasard, le voyageur qui passait était un roi, l'aumône était naturellement royale.

Cette bonne fortune arriva à la maladrerie de Parigny. Le Jeudi-Saint de l'année 1508, le roi Louis XII se rendant à Roanne fit don à la léproserie de Parigny de 13 écus d'or. Cette somme, considérable pour le temps, fut confiée à Georges Populle, notaire royal à Roanne, qui la prêta avec hypothèque à un laboureur de Saint Romain-la-Motte qui, pour le revenu de ladite somme, s'engagea à conduire chaque année à la maladrerie de Parigny « deux asnées de vin blanc, bon, pur et marchand et deux boisseaux de bled ». Cette livraison devait être faite à la fête de saint Lazare, jour auquel une « confrérie » ou réunion se tenait (1) à la chapelle de l'hôpital.

Le lépreux qui jouissait de la maladrerie était à la désignation du seigneur de La Cour et de ses descendants. Son entretien et sa subsistance était assurée par le produit de sa terre, les dons des voyageurs et les offrandes en argent et en nature que lui faisaient les habitants du voisinage, le jour de la fête de saint Lazare, appelé dans les actes anciens, jour de « la donne » ou des « apports ». Toutefois, en raison de la contagion, il était interdit au lépreux de se mêler à la foule et il devait signaler sa présence par des cris ou en agitant une crécelle.

Au milieu du XVIIᵉ siècle, la maladrerie de Parigny pouvait, à défaut de lépreux, recevoir un autre malade. Le droit d'admission appartenait au seigneur de Saint-Vincent, successeur du fondateur, auquel incombait le soin d'entretenir les bâtiments en bon état.

La maladrerie de Parigny a aujourd'hui disparu, mais il existe encore, près du moulin de Saint-Vincent, un pré appelé la maladière, qui pourrait bien en indiquer l'emplacement. Quant à ses biens, il n'est pas certain que les pauvres de Parigny n'en jouissent pas encore, étant donné le petit hôpital de cette localié.

Le rôle joué par les seigeurs de la Mothe Saint-Vincent, dans la fondation et l'administration de la maladrerie de Parigny, pourrait faire croire qu'ils étaient aussi seigneurs de cette dernière localité ; mais il n'en est rien, car le titre de seigneur de Parigny fut porté d'abord par la famille des Loton, puis par les propriétaires du fief d'Ailly, possédé successivement par les maisons de Sugny, d'Arcy et Bourlier.

La famille Loton était établie à Parigny dès la fin du XIIIᵉ siècle, mais ses chefs ne portent pas le titre de seigneurs de Parigny. Toutefois Guillaume Loton, contemporain de Philippe de Valois, fit par testament un don royal à l'église de Parigny.

_______________

(1) Dans les actes anciens, le mot « confrérie » paraît synonyme de réunion ou assemblée.

Cette famille Loton, représentée aux croisades par Perrin Loton, tomba en quenouille à la fin du XIV° siècle, époque à laquelle elle s'unit à la famille forézienne de Sugny, établie d'ancienneté au château de Sugny, paroisse de Nervieux en Forez. C'est ainsi que les seigneuries du Rousset et d'Ailly passèrent à la famille de Sugny.

Cette famille était représentée en 1539 par Antoine de Sugny qui rendait hommage pour le fief d'Ailly « avec ses appartenances et dépendances situées en la paroisse de Parigny ». Ce seigneur avait épousé Anne de Montrodez, qui en vertu de cette alliance, non suivie de postérité, hérita des seigneuries du Rousset et d'Ailly. Le 17 juin 1571, Anne de Montrodez se maria en seconde noces avec Guyot d'Arcy, auquel elle porta la terre d'Ailly, et c'est ainsi que la famille d'Arcy prit possession du fief d'Ailly.

Guyot ou Guichard d'Arcy, était un homme important et un guerrier courageux. Il reçut une lettre du roi Henri IV qui le priait : « de continuer ses services et affection au bien de ses affaires au pays de Dauphiné sous la charge du seigneur Mandelot, gouverneur de Lyon. »

Ladite lettre, donnée à Ivry, le 18 avril 1590, est signée Henri, plus bas, de Neufville.

Le 4 août 1581, Louis de Bourbon, duc de Beaujeu, écrivait à Guichard d'Arcy pour le prier de protéger ses sujets de la ville de Perreux, d'empêcher « que les désordres causés récemment par les gens de guerre n'adviennent de nouveau..... et qu'ils n'y losgent point... »

Son fils et successeur Emmanuel d'Arcy, né au château d'Ailly en 1571, épousa le 1er février 1598, par contrat passé au château de Saint-Marcel-de-Félines, demoiselle Anne de Gilbertès (1) qui mourut le 20 décembre 1641.

Le 1er décembre 1603, Emmanuel d'Arcy acheta aux commissaires du duc de Montpensier, la justice et les droits seigneuriaux que ledit duc possédait sur les paroisses de Parigny, St-Cyr-de-Favières et Combre. Il intervint aussi dans plusieurs affaires intéressant la ville de Roanne, notamment dans la donation faite par l'archidiacre de Gilbertès, en faveur de l'Hôtel-Dieu de Roanne, ainsi que dans la fondation du nouveau couvent des Capucins, transféré en 1638, du quartier de Fontenille sur la place actuelle de l'Hôtel-de-Ville.

Jehan Ier d'Arcy, fils et successeur du précédent, épousa le 22 février 1632, demoiselle Louise de la Mothe ; il mourut en 1663 au château d'Ailly, laissant ses titres et ses biens à son fils aîné nommé comme lui Jehan. Celui-ci, qui était né le 11 novembre 1633, fut

---

(1) Anne de Gilbertès était fille de feu noble Gilbert de Gilbertès, seigneur de Saint-Marcel, homme d'armes de la compagnie de Messire de Boidillon et de dame Gabrielle de Talaru-Chalmazel (Contrat de mariage reçu par Me Claude Mondon, notaire royal juré du bailliage de Forez, résidant à Néronde.)

marié deux fois ; d'abord, le 11 août 1659, en la chapelle du château de Saint-Marcel-de-Félines, à demoiselle Anne de Talaru Chalmazel ; puis le 28 décembre 1666 à demoiselle Marie-Madeleine de Nagu-Varennes. De ce second mariage, il eut de nombreux enfants dont :

Roger d'Arcy d'Ailly, né le 29 octobre 1670. Devenu seigneur de Parigny, Saint-Cyr-de-Favières, etc. Roger d'Arcy épousa en 1706 Louise-Diane Bouchant, veuve en premières noces de feu noble Charles Oudaille, écuyer, seigneur de Bussières. A sa mort, le seigneur d'Ailly laissa tout ses biens à sa veuve, mais des difficultés s'étant élevées au sujet de la liquidation de son héritage, ses biens furent mis en vente. C'est alors que ( en 1753), deux frères d'une famille consulaire qui avait rendu illustre à Lyon le nom de Bourlier achetèrent les seigneuries d'Ailly, Parigny, Commelle, Saint-Cyr-de-Favières, etc. A la suite de cette acquisition, les deux frères Bourlier se partagèrent les terres, et de leurs possessions, prirent l'un le nom d'Ailly, l'autre celui de Saint-Cyr.

Le dernier seigneur d'Ailly, avant la Révolution, fut Léonard Bourlier d'Ailly, bienfaiteur de l'église de Parigny (1) et fondateur de la chapelle de la Vierge en ladite église.

Dès son acquisition, son père Philippe Bourlier avait fait restaurer l'antique manoir des d'Arcy, d'après les plans de l'architecte roannais Michel Caristia. Le château reçut alors la disposition qu'il a conservée depuis, bien que la grande façade ait été complètement remaniée et modifiée, sous la Restauration. On ne conserva de la construction primitive que deux tours découronnées. L'une d'elles, surmontée d'une petite coupole, sert de campanile à la chapelle seigneuriale qui est séparée du corps de logis. Le mobilier de cette chapelle, ornée avec un goût parfait, renferme des merveilles, notamment un bénitier en albâtre et un autel orné de médaillons de bronze représentant les douze apôtres. Tout autour des murailles, des plaques de marbre indiquent les membres de la famille d'Ailly, dont les corps reposent dans la crypte placée au-dessous de la chapelle. Entre ce bâtiment, le château et les dépendances, se trouve une cour intérieure sur laquelle s'ouvre une porte latérale, surmontée d'un cimier dominant les armes de la maison d'Ailly « d'argent au chevron de gueules accompagné en pointe d'un chien passant de sable au chef d'azur chargé d'un soleil d'or. »

---

(1) On lit dans les registres paroissiaux de Parigny, à la date du 27 octobre 1789 : « Bénédiction de deux cloches. Parrain de la première et plus grosse, Messire Léonard Bourlier, seigneur de cette paroisse, représenté par Alexandre Cachot de Courbeville, demeurant à Roanne ; marraine Mme Marie-Anne de la Croix, veuve de Messire Philippe Bourlier, vivant, seigneur de cette paroisse. Parrain de la seconde, Messire Pierre-Philippe Bourlier d'Ailly, fils de Mme Léonard Bourlier. »

Les armes des Rony, alliés aux d'Ailly, occupent le fronton triangulaire de la grande façade du château.

La terre d'Ailly appartient encore aujourd'hui aux descendants de Pierre-Philippe Bourlier d'Ailly, et il est curieux de constater que depuis la fin du xv⁰ siècle, cette terre ne fut vendue qu'une fois et ne fut la propriété que de deux familles nobles.

Pendant la Révolution des scènes tumultueuses que nous avons racontées ailleurs se déroulèrent à Parigny. L'antique cimetière de Sainte-Marie-Madeleine où grands seigneurs et pauvres gens demandaient à être inhumés, fut lui-même le théâtre de scènes macabres. Quelques habitants qui s'étaient opposés par la force à l'installation du curé constitutionnel, s'érigèrent en ministres du culte et procédèrent aux inhumations. Non contents de cela, ils ouvrirent au cimetière les cercueils de plusieurs défunts qui avaient reçu les derniers sacrements du « curé intrus », et lavèrent les cadavres pour les purifier de toute souillure. Malgré les condamnations infligées à ces personnes par J.-J. Tardy, juge de paix du canton des environs de Roanne, ces faits se renouvelèrent plusieurs fois.

Depuis la Révolution, Parigny est une commune du canton de Perreux. Le village est à 331 mètres d'altitude et la commune a une superficie de 914 hectares.

Aujourd'hui les habitants s'adonnent exclusivement à l'agriculture et bien que depuis cent ans le pays ait changé d'aspect, il garde encore dans ses édifices et ses institutions, des restes intéressants du passé. Ce sont d'abord les vieilles tours d'Ailly et la prévôté avec sa haute toiture et son élégante tourelle, qui évoquent le souvenir des nobles familles de Sugny et d'Arcy, et dans un passé plus lointain, les prévôts administrateurs du pays pour les sires de Beaujeu et les ducs de Bourbon ; puis l'église, reconstruite en 1860, sur l'emplacement de l'édifice religieux qui, dans des temps troublés, servit maintes fois de refuge aux pauvres gens du pays ; enfin l'hôpital, qui continue en quelque manière dans le présent le rôle bienfaisant de la maladrerie, fondée par Geoffroy Bech et dotée en 1508 d'une généreuse fondation faite par Louis XII, que l'histoire appelle le Père du peuple.

# SAINT-VINCENT-DE-BOISSET

La mairie, l'église, le château et les vigneronnages qui forment la commune de St-Vincent-de-Boisset sont disséminés, à flanc de coteau, sur une étendue de 411 hectares. Le territoire de cette commune s'élève en effet par gradins successifs des bords de la rivière de Rhins qui la limite du côté du couchant, au sommet de la première ondulation des montagnes du Beaujolais. Cette exposition et la nature du terrain sont favorables à la culture de la vigne et il est intéressant de noter, au moins à titre de curiosité, que St-Vincent-de-Boisset porte le nom et a pour patron le protecteur et le patron des vignerons.

Construit sur un tertre en saillie au-dessus du sol voisin, — on disait autrefois une motte — le château de Saint-Vincent est connu sous le nom de la Motte Saint-Vincent. Ces titres lui donnent la qualification de « maison forte », ce qui représente, d'après les documents du temps, une massive construction rectangulaire flanquée de tours et entourée d'un fossé large et profond.

Les premiers seigneurs de la Motte St-Vincent furent les chefs d'une famille appelée Bech. Cette famille était établie dans le pays dès la fin du treizième siècle. En 1339, elle était représentée par Hugues Bech qui porte le titre de co-seigneur de Saint-Vincent, avec Geoffroy Bech, son cousin, chef d'une autre branche éteinte peu après.

Plus tard, vers la fin du quinzième siècle, la seigneurie de la Motte Saint-Vincent fut de nouveau partagée entre deux frères dont l'un est qualifié seigneur de la Motte et l'autre de La Cour. Le fief de la Court dont il est ici question se composait d'un château « avec dépendances et appartenances », situé en la paroisse St-Vincent-de-Boisset. D'après un document contemporain, le château de La Cour avait été construit dans le voisinage du château de la Motte, « du côté de bise un peu couchant », et il tirait son nom de sa situation à l'extrémité de la grande cour du château primitif. Lorsque s'éteignit la branche de la famille Bech, en faveur de laquelle il avait été érigé en fief, il fut abandonné et ne tarda pas à tomber en ruines. Dans un document de 1691, il est ainsi mentionné « grange et domaine de La Cour ».

Aujourd'hui, rien ne rappelle plus aux passants l'existence du fief de La Cour et sa situation même serait inconnue si quelques pierres éboulées, restes d'un ancien mur de soutènement, ne marquaient dans les terres voisines du château de Saint-Vincent son emplacement exact.

La famille Bech — plus tard de Bech — posséda la terre de Saint-Vincent jusque dans la seconde moitié du dix-septième siècle (1). En 1671, en effet, Claude-François Bech vendit la terre et les châteaux de la Motte et La Cour à François Courtin, écuyer conseiller du roi, seigneur de Châteauneuf, prévôt de Nos Seigneurs les maréchaux de France en la maréchaussée de Roanne. L'acte portait cession et vente au dit Courtin « de la maison et château de la Motte, situés en la paroisse de St-Vincent, mandement de Perreux, et ses dépendances, consistant en cours, basse-cours, granges, écuries, ménageries, caves, pressoirs, jardin, vignes, colombier, cens, servis, rentes et devoirs seigneuriaux, moulins, prés et terres, granges de Jally et Papot, dîmes, situés dans les paroisses de St-Vincent et de Boisset. »

Le château de la Motte St-Vincent « alors flanqué de deux tours », devint dès lors la résidence d'été de la famille Courtin. Pendant l'hiver, elle continua à résider à Roanne où François Courtin décéda le 21 avril 1694.

Guy Courtin, fils et successeur de François Courtin résida presque continuellement au château de St-Vincent, témoin les registres paroissiaux qui contiennent de nombreux actes se rapportant aux membres de sa famille. Il mourut et fut inhumé dans le cimetière de Saint-Vincent, le 11 mars 1722.

François-Marie-Joseph Courtin succéda à son père comme seigneur de St-Vincent. Il épousa Anne-Marguerite-Joseph de Giry, dont il eut François-Joseph Courtin, baptisé à St-Vincent le 14 novembre 1728, dit « marquis de St-Vincent », qui fut le correspondant de Voltaire.

De son mariage avec Victoire-Blandine Courtin, il ne survécut pas d'enfant, et c'est pourquoi, en 1787, il fit don de tous ses biens à sa nièce Blandine Hue de Grosbois, qui épousa cette année-là Jean-Baptiste de Nompère de Champagny, chevalier de St-Louis (2). Cette

---

(1) La famille Bech résida au château de St-Vincent jusqu'à sa vente. On lit dans les registres paroissiaux de St-Vincent : « ce 23 septembre 1667 fut enterrée au tombeau des seigneurs de la Motte dans l'église de St-Vincent, dame Marie-Claire de Moiriac, belle-mère du seigneur Claude-François de Bech, seigneur de la Motte. »

(2) Insinuations du contrat de mariage de haut et puissant seigneur messire Jean-Baptiste de Nompère de Champagny, chevalier, major des vaisseaux du Roi, au département de Brest, chevalier de Faint Louis, demeurant à Roanne, avec demoiselle Victoire-Claudine Hue de Grosbois, contenant donation des terres, fiefs et seigneuries de St-Vincent, la Motte, la Cour, l'Haye et Boisset faite à la future épouse, leur nièce, par messire François-Marguerite-Joseph Courtin de St-Vincent, chevalier et dame Victoire Blandine Courtin, son épouse. (Archives de la Loire B. 218.)

donation fut mentionnée au contrat de mariage célébré le 22 janvier 1787.

C'était un cadeau princier que M. de Saint-Vincent déposait dans la corbeille de noce de sa nièce, car la terre de Saint-Vincent était de « bon rapport », comptait plus de cinq cents hectares. Quant au château de la Motte, dans lequel nombre de générations s'étaient arrangées pour vivre avec plus ou moins de confortable, il venait d'être remplacé par la superbe résidence que l'on admire aujourd'hui. Non seulement toutes les recherches de la vie luxueuse et mondaine du temps y avaient été ménagées, mais un faste voulu avait présidé à son ornementation. Celle-ci, en effet, formée extérieurement par la pureté des lignes architecturales et huit grands pilastres qui, au milieu de la façade, font une décoration sobre et élégante, fut composée intérieurement de tout ce que la peinture et la sculpture pouvaient offrir de délicat et de brillant (1).

Le grand salon de Saint-Vincent, notamment, était pour les contemporains de Louis XVI et de Marie-Antoinette une merveille où s'étalaient à plaisir toutes les élégances et les frivolités de cette époque. Au-dessus des quatre portes du salon on voyait des panneaux peints par Fragonard. Ils représentaient la religion chrétienne ou papale, la religion asiatique ou du grand Lama, la religion d'Afrique ou de Mahomet et celle d'Amérique ou des Incas. Dans l'esprit des contemporains ces peintures figuraient les quatre fanatismes et Voltaire passait pour en avoir inspiré à Fragonard le sujet et les figures.

Après avoir été transportées en Italie où elles firent partie de la galerie du prince Rospigliosi elles revinrent à Saint-Vincent et furent vendues à un négociant roannais. On ne peut s'empêcher de regretter qu'elles n'aient pas repris leur place primitive, elles complétaient à merveille l'ornementation du grand salon de Saint-Vincent resté remarquable par la splendeur et le goût qui ont présidé à sa décoration.

Si les premières années du nouveau couple furent heureuses, à cette époque dont un contemporain pouvait dire : « Ceux qui n'ont pas vécu les années qui précèdent la Révolution n'ont pas connu la joie de vivre », ce bonheur fut de courte durée.

Elu membre des Etats généraux puis de la Constituante, Monsieur de Champagny était tout désigné à la haine des Conventionnels. En novembre 1793 il fut arrêté au château de Saint-Vincent et enfermé aux Ursulines, puis aux Minîmes de Roanne. Qui dira dès lors les

---

(1) D'après quelques fragments de notes, laissés par le marquis de Saint-Vincent, la construction du château n'était pas complètement achevée en 1779. Cette même année, François Courtin fit édifier sur la rivière de Rhins le pont de pierres situé sur le chemin qui met le château de Saint-Vincent en communication avec la route de Lyon. Ce pont a été reconstruit en 1824.

appréhensions et les angoisses de Madame de Champagny qui s'attendait à chaque instant à apprendre la condamnation à mort de son mari ? Mais, c'était une âme forte et elle ne se laissa pas abattre par l'adversité. Chaque jour, accompagnée de sa petite Zoé, âgée de cinq ans, par la pluie ou la neige, elle se rendait à la prison des Minimes et apportait à son mari des provisions, des nouvelles et surtout le réconfort de sa présence (1).

Le 9 thermidor rendit la liberté à Monsieur de Champagny et pendant quelques temps, il vécut tranquille et retiré au château de Saint-Vincent.

Après l'avoir « goûté et essayé » dans plusieurs conversations intimes, comme il le dit lui-même, Napoléon fit de Monsieur de Champagny un ambassadeur puis un ministre. A sa mort, arrivée en 1834, il laissa sa terre de Saint-Vincent à son fils aîné.

Elle passa ensuite à sa fille, la princesse Rospigliosi, laquelle vers 1878 la vendit à Monsieur Chartron, administrateur de la banque lyonnaise de l'Union générale.

Lors de la déconfiture de cette banque, la terre de Saint-Vincent fut de nouveau mise en vente. Plusieurs domaines furent acquis par des particuliers. Le château, la ferme voisine et le moulin formèrent un lot spécial qui fut acheté en 1886, par Monsieur Eugène Dusauzey, ancien notaire à Roanne, qui le fit restaurer et vint l'habiter ; il est aujourd'hui la propriété de sa veuve.

Le château de Saint-Vincent est encore une des belles résidences de la région roannaise. Les arbres qui l'entourent lui font en été une opulente ceinture de verdure en lui laissant toute sa valeur. En effet, du côté de la montagne, il est précédé d'une vaste cour d'honneur qui le met en pleine lumière et permet d'admirer la pureté de ses lignes, l'harmonie de ses proportions et la sobre élégance de sa décoration. Du côté de la vallée de Rhins, l'effet qu'il produit n'est pas moins heureux, car les deux terrasses successives qui descendent jusqu'à la rivière permettent d'admirer le développe-

---

(1) Voici un curieux et suggestif extrait du carnet des dépenses de Madame de Champagny.

« Etat de ce que mon mari a dépensé à Roanne en arrestation depuis le 16 brumaire an 2 jusqu'au 17 fructidor an 3 :

| | | |
|---|---:|---|
| Frais de Garde | 48 liv. | 09 |
| Marons | 72 liv. | 00 |
| Aux Ursules | 23 liv. | 16 |
| Frais d'établissement aux Minimes en floréal | 11 liv. | 10 |
| Frais pour lui | 17 liv. | 05 |
| Abonnement de journaux | 112 liv. | 06 |
| Donné aux pauvres ou à différentes personnes | 128 liv. | 05 |
| Pour un cavalier jacobin | 30 liv. | 00 |
| | 441 liv | 51 |

ment de son perron et la beauté de sa construction. Tout dans cette ordonnance sent le dix-huitième siècle, le goût délicat, étudié, impeccable, fleur suprême qui ne pousse que dans l'ordre, le travail et la tradition.

La rivière qui coule au bas du coteau faisait autrefois la limite entre les diocèses de Lyon et de Mâcon, entre les paroisses de Parigny et de Saint-Vincent.

Avec la paroisse de Saint-Vincent, on remonte encore plus haut dans le passé des âges qu'avec le château de la Motte. Dès le douzième siècle, cette paroisse est nommée parmi les dépendances de l'abbaye de Charlieu. Il est assez difficile de connaître l'origine de cette propriété ; mais on peut présumer que la paroisse et l'église de St-Vincent furent données à l'abbaye de Charlieu par un membre de la famille Bech ; car les documents anciens constatent que le chambrier (1) de l'abbaye jouit, jusqu'en 1789, du droit de nomination à la cure.

Les pouillés ou pancartes du diocèse de Mâcon mentionnent Saint-Vincent parmi les paroisses de ce diocèse. Si l'on en juge par les redevances en argent et en cire dues à l'évêque par cette paroisse, le nombre de ses paroissiens ne devait pas dépasser deux cents.

Le procès-verbal de la visite pastorale faite à Saint-Vincent-de-Boisset par M. Michel Colbert, évêque de Mâcon, le 4 juin 1670, donne d'intéressants détails sur cette paroisse, au temps de Louis XIV. D'abord il énumère les noms des principaux habitants : Claude Ruel, consul, Claude Bouchat, Pierre Travaidy, F. Darmaisin, L. Bacaud, B. Masson,...————, A. Collombier, Jean Gergeau, etc. « dont quatre savent signer ». Puis il constate le nombre des communiants qui s'élève à 220 « sur 300 âmes ». Détail curieux à noter : les habitants déclarent « qu'il n'y a parmi eux sorciers, charmeurs, donneurs de breuvages, ni noueurs d'aiguillettes. »

On voit que l'autorité épiscopale poursuivait avec vigilance ceux qui cherchaient à tromper leurs concitoyens et à égarer leur religion.

Un document de la fin du dix-septième siècle donne sur l'état de la paroisse à cette époque quelques détails qui permettent d'établir un curieux parallèle avec l'état actuel.

La paroisse de Saint-Vincent, dit ce document (2), est composée pour la plus grande partie de terre labourable « qui se sème de deux ans en deux ans ou tous les trois ans, de seigle et d'avoine » ; il n'y a point de froment « et fort peu de chanvre ». Un tiers de la paroisse est en vigne. « Il n'y a point de prés ni pasquiers » ; mais il y a en montagne « un grand espace de terre qu'on appelle les Bruiè-

---

(1) On appelait chambrier, le religieux chargé d'administrer les biens de l'abbaye.

(2) Questionnaire d'Herbigny.

res de Saint-Vincent pour ne pas pouvoir rapporter autre chose, étant le terroir inculte. »

La paroisse compte actuellement (1697) cinquante-cinq feux, soit environ 280 habitants. Puis le document constate qu'il y avait jadis vingt maîtres (familles) de plus ; mais que les maladies et « les tailles qui sont très lourdes dans ladite paroisse ont obligé plusieurs habitants à vendre leurs biens, alors que d'autres ont démoli leurs maisons ou les ont laissé tomber en ruines et sont allés s'établir ailleurs ».

Les procès-verbaux de la maréchaussée de Roanne illustrent de singulière façon ces observations écrites par le curé Barbier. En effet, en moins d'un demi-siècle, les consuls de la paroisse de Saint-Vincent furent emprisonnés dix-sept fois pour n'avoir pu acquitter les tailles imposées à leur paroisse. On sait que sous l'ancien régime, la perception des impôts était mise en adjudication et que les fermiers — on disait les fermiers généraux — avaient le droit de faire emprisonner les consuls des localités coupables de n'avoir pas payé leurs impositions.

En janvier 1790, l'Assemblée Nationale, par la loi qui divisait la France en départements, substitua la commune à la paroisse (1) base de l'unité territoriale de l'ancienne France.

La même loi créait les municipalités chargées d'administrer les communes. La première municipalité de St-Vincent fut ainsi constituée : maire, M. Rochard de Mevan ; membres de la municipalité et du Conseil de la commune : B. Darmezin de la Goutte, Louis Fessy, L. Desplante, procureur de la commune, M. de Saint-Vincent, le curé de la paroisse, Dansard, Lasseigne, Cholton, Bresson, adjoints.

---

(1) Noms de quelques curés, d'après les registres paroissiaux :
1627. — Mathieu, curé était remplacé dès 1656 par François Gontier, qualifié « curé titulaire » de St-Vincent-de-Boisset, qui fut enterré le 2 avril 1675 dans l'église paroissiale. Le successeur fut Pierre Miraud qui décéda le 20 septembre 1706 et fut enterré le 21 par M. de la Ronzière, chambrier. Celui-ci qualifié aussi curé mourut le 7 décembre 1727 et fut enterré le lendemain par Garembois qui signe : « vicaire de St-Vincent ». Quelques jours après, Messire René Courtin prenait possession de la cure et plus tard fut nommé curé de Montagny. Il fut remplacé à St-Vincent (1728) par Monsieur de Saint-Héran inhumé le 11 mars 1737. dans l'église. On trouve le 10 avril 1737 un enterrement signé Paul, curé de Saint-Vincent et le 14 novembre 1737 un acte signé Barbier, curé. Le 23 août 1746, acte signé Martin, curé substitué et à partir du 16 mars 1750 des actes signés Dufour, curé (mort le 12 avril 1766). Le 18 mars 1766, entrée en fonctions de Monsieur Claude-Marie Desmars, l'évêque de Bretteville, inhumé dans l'église le 30 septembre 1782 et remplacé le 12 octobre suivant par Monsieur Samoël qui prêta serment à la constitution civile du clergé et se trouvait encore curé de St-Vincent lors du Concordat.

Pendant la Révolution, les habitants de St-Vincent se firent remarquer par leur modération. Après la prise de la Bastille (14 juillet 1789), afin de lutter contre les brigands qu'on annonçait partout et ne voyait nulle part, ils organisèrent une garde nationale et tentèrent de créer une sorte de fédération entre toutes les gardes nationales de la région. Cette tentative faite à l'instigation du marquis de St-Vincent échoua devant la mauvaise volonté de certaines notabilités des localités voisines.

Au début de la Terreur, lors de la persécution religieuse, les habitants de St-Vincent, invités à changer le nom de leur commune qui rappelait un saint « de la ci-devant religion » choisirent pour Saint-Vincent la dénomination de « *Raisins* » qui rappelait la principale culture du territoire de la commune.

Après la prise de Lyon par les armées de la Convention (9 octobre 1793), Lapalus ayant fait arrêter M. de Champagny, la municipalité de St-Vincent s'honora en protestant contre cette arrestation et plus tard, en réclamant l'élargissement du prisonnier par une pétition appuyée d'un mémoire justificatif. On sait que M. de Champagny fut rendu à la liberté après le 9 thermidor.

Cependant à la même époque, l'église paroissiale de St-Vincent fut fermée, bien que le curé eût prêté serment à la Constitution civile du clergé et eût obéi à toutes les exigences des sans-culottes du temps. Lorsqu'elle fut rendue au culte, à la fin de 1794, elle présentait le plus lamentable spectacle : le maître-autel était dégarni, les ceux autels latéraux renversés et brisés et nombre d'objets mobiliers gisaient sur le sol de l'église.

La restauration fut longue et difficile ; elle ne fut complètement achevée qu'en 1827, époque à laquelle le clocher fut pourvu de deux cloches.

La petite cloche mesure 0,71 cent. de diamètre ; elle eut pour parrain Benoît Dansard, maire et pour marraine Benoîte Captier, son épouse ; elle fut fondue à Lyon par Joseph Frèrejean et porte la date de 1828.

Quant à la plus grande, sortie des ateliers du même fondeur, elle évoque le souvenir d'une comédie villageoise dont les acteurs sont disparus depuis longtemps. Son pourtour est orné d'une double inscription, l'une en relief, l'autre gravée au ciseau sur le bronze. la première porte : « Parrain, M. le duc de Cadore — Dansard, maire — Marraine, la marquise de Cadore, sa belle-fille ; et la seconde « Jean-Baptiste de Nompère, comte de Champagny, duc de Cadore et pair de France, contre-amiral, chevalier de saint Louis, grand'croix de la Légion d'honneur, Elisabeth Caroline de Lagrange ».

Depuis cette époque, l'église paroissiale de Saint-Vincent a renouvelé et complété son mobilier religieux. Elle est encore entourée de l'antique cimetière qui servait déjà pour les inhumations au temps de saint Louis ; mais on a récemment créé un nouveau cimetière qui a déjà reçu plusieurs sépultures.

Quant à la commune, elle s'est organisée et possède maintenant un bâtiment qui abrite la mairie et l'école. Pour la terre, possédée en 1790, par M. de Saint-Vincent, elle a été morcelée et partagée entre nombre de propriétaires. Depuis lors, la culture s'est développée et on ne trouverait plus aujourd'hui le stérile « pasquier des bruyères », signalé dans le document de 1697. Partout, sur les flancs des coteaux qui dominent au loin la vallée de Rhins et la plaine de Roanne, des vignobles ont été constitués et ils donnent un vin apprécié, comme en témoigne un mémoire vieux d'un siècle (1810), dans lequel on lit : « les vins de St-Vincent, de Perreux et de St-Nizier, sont les meilleurs de cette côte ; ils rappellent par leur couleur et leur goût les vins du Beaujolais... c'est donc avec raison qu'ils se vendent à Paris sous le nom de petit Beaujolais. »

# BOISSET

Le nom de cette commune vient d'un mot latin qui signifie lieu boisé, territoire couvert de bois. C'est au milieu de ces grands bois, qu'à une époque reculée fut édifiée une petite chapelle romane, dédiée à la Vierge et appelée dans les documents anciens Notre-Dame de Boisset *(Capella Beatæ Mariæ de Boisseto)*.

Au cours des chasses organisées dans leurs terres, les seigneurs de Perreux s'arrêtaient souvent auprès de l'humble chapelle romane de Notre-Dame des Bois, et une tradition constante veut que Pierre l'Ermite, l'orateur enflammé dont la parole entraîna les chevaliers et le peuple de France à la première croisade (1095), soit venu un jour s'agenouiller dans la chapelle et prier la reine du Ciel. On aime à voir cette âme ardente chercher dans le calme, le silence et la solitude des grands bois, les sentiments et les accents propres à émouvoir et entraîner les foules.

Cette tradition trouve de l'autorité dans ce fait que Pierre l'Ermite résida quelque temps dans l'abbaye voisine de Saint-Rigaud (1), dont l'humble sanctuaire de Notre-Dame de Boisset était une dépendance.

Situé à l'extrémité de la province de Beaujolais, le territoire de Notre-Dame de Boisset fit toujours partie de cette province. Au point de vue religieux, il fut réuni au diocèse de Mâcon « se trouvant placé à l'extrémité de ce diocèse du côté du couchant. »

A noter que cette paroisse devait être très peu considérable, si l'on s'en rapporte aux droits d'argent et de cire qu'elle devait au seigneur évêque et on sait que ces droits étaient proportionnels au nombre et à la richesse des paroissiens.

Aux treizième et quatorzième siècles, de nombreuses donations testamentaires vinrent enrichir l'humble sanctuaire de Notre-Dame des Bois. C'est ainsi qu'au temps de saint Louis, Simon de Pradines, — l'acte dit Pardines, — religieux de l'abbaye de Savigny, fit un don en

---

(1) L'abbé de Saint-Rigaud conserva jusqu'à la Révolution française le droit de nomination à la cure de Notre-Dame de Boisset.

argent « à l'autel de la Bienheureuse Vierge de Boisset ». Quelques années plus tard, en 1282, cette générosité fut imitée par Gilbert de « Pardines », neveu du précédent... Son testament ouvert et promulgué par Bernard de Concourèze, docteur es-lois et grand juge de Beaujolais, énumère les principaux personnages du pays et les églises paroissiales qui existaient alors.

Parmi les autres seigneurs qui, au siècle suivant, firent des fondations ou des dons en faveur de Notre-Dame de Boisset, il faut citer les seigneurs de Saint-Priest, de Thélis, de Saint-Romain, de la Motte-Saint-Vincent (1) et de la Garde, au mandement de Perreux.

A cette époque de foi, la piété de nos pères envers la Sainte Vierge se manifestait par des processions et des pèlerinages, et les documents permettent de constater que les paroissiens de Perreux, Pradines et Saint-Vincent, venaient, chaque année, aux Rogations, au sanctuaire de Notre-Dame des Bois. L'insécurité et les misères de la guerre de Cent ans mirent un terme à ces manifestations religieuses et pendant deux siècles un voile épais dérobe l'histoire du pèlerinage.

Cependant la paroisse de Boisset ne se composait que de quelques familles de charbonniers et de cultivateurs disséminés dans les bois. Grâce à leurs efforts persévérants, la forêt de Fléchet fut défrichée et les bois de Pailly et de Bussière disparurent, de telle sorte qu'un document officiel de la fin du dix-septième siècle, constate « qu'il reste fort peu de bois en la dite paroisse ». Mais l'exploitation de la forêt et le défrichement du sol, n'avaient pas amélioré la situation des habitants « qui sont tous, écrit le curé en 1697, dans une égale et grande pauvreté ; laquelle a encore été aggravée par la mauvaise récolte de 1693.

« La mesure de blé qui, jusqu'alors, avait valu 14 sols, atteignit pour la Saint-Martin à la Grenette de Roanne 46 sols, prix qui fut encore dépassé dans la suite. Ce qui a causé dans tout le pays une famine horrible qui a fait mourir bien des pauvres gens. »

La situation s'améliora cependant au cours des années suivantes, puis elle redevint critique en 1708. Cette année-là, écrit le curé, « l'automne fut extrêmement pluvieux, on sema le seigle dans l'eau et il n'en sortit presque point. Pour le froment qui aime l'eau, il parut d'abord de belle venue ; mais le froid affreux qu'il fit au mois de janvier 1709, l'abolit entièrement, de sorte qu'on n'en recueillit point du tout. »

D'après une note postérieure, une grande famine sévit au cours de

---

(1) En 1422, Jean Bec, contemporain de Jeanne d'Arc, donna à l'église de Notre-Dame de Boisset « deux gobelets d'argent pour faire un calice » afin que le prêtre qui offrira le divin sacrifice se souvienne de lui dans ses prières. A noter aussi le testament de Jean de Bussière qui, en 1467, fit un don aux églises de Boisset et de Pradines.

cette année 1709, et les habitants, pour se nourrir, firent du pain avec des glands, des racines de fougère et des écorces d'arbre, « ce qui engendra une maladie horrible, dont moururent plusieurs de cette paroisse. »

Pendant cette longue période de siècles (1), le pèlerinage de Notre-Dame de Boisset n'avait rien perdu de sa notoriété et si les grands seigneurs des maisons nobles du voisinage ne lui faisaient plus aucune donation testamentaire, il n'en était pas de même des prêtres et des simples fidèles qui faisaient volontiers à la Vierge des Bois, des dons en nature pour les pauvres et l'offrande de quelques pièces de monnaie pour que les curés du lieu récitassent chaque dimanche après les offices, un *De profundis* ou un *Salve Regina* pour le repos de leur âme.

La manifestation religieuse la plus importante, était la fête patronale de l'Assomption « Notre-Dame d'Août » qui attirait chaque année de nombreux visiteurs et pèlerins. Les pauvres du voisinage accouraient aussi en foule, et afin qu'ils prissent part à la joie générale, il leur était fait une distribution d'aumône au-devant de la porte de l'église.

Mais il n'était pour nos pères si bonne fête religieuse qui ne fût accompagnée de jeux et de réjouissances publiques. Il en était ainsi à Notre-Dame de Boisset où la solennité de l'Assomption se terminait en fête baladoire. Il arrivait aussi, au cours de ces réjouissances, des disputes, des rixes, des bagarres. C'est ainsi, qu'en 1749, un cultivateur de Pradines se prit de querelle avec un nommé Cordier, habitant sur le Coteau Beaujolais, paroisse de Parigny. L'un et l'autre sans doute étaient accompagnés de compatriotes et d'amis, car bien-

---

(1) Voici les noms de quelques curés qui administrèrent la paroisse de Boisset aux dix-septième et dix-huitième siècles. Il n'est pas inutile de faire observer que nombre d'actes de l'abbaye de St-Rigaud ne leur donnent que le titre de vicaire perpétuel.
1631-1642, Jean de Montchanin. — 1646, M. d'Arcy. — 1650-1653, David Morestin, nommé ensuite curé de Perreux. — 1654, Jean Foivard y était encore en 1673. — 1682, Pierre Foyvard. — 1732, Noël Bergier fonde une prébende dont le service se fait dans l'église de Boisset. — Le 2 juillet 1733, Charles Jogue, prêtre natif d'Aiguilly, prend possession de la cure de Boisset ; il teste le 8 février 1745 et lègue 100 mesures de seigle aux pauvres de Boisset et 50 à ceux d'Aiguilly. — 1745, Jean-Etienne Garnier, vicaire de l'Abergement, diocèse de Besançon, prend possession de la cure de Boisset. — 1745, Alexis Durand, curé commis. — 1747, Fouilland. — Le 16 février 1750 Jean-Marie Dufourd prend possession de la cure de Boisset, par résignation de Benoît Barbier. — Le 10 mars 1753, Joseph Pernéty, nommé par l'abbé de St-Rigaud, prend possession de la cure. — Le 28 mai 1753, Charles Ferrier, nommé en cour de Rome, prend possession de la cure.

tôt la mêlée devint générale. Bien que les combattants n'eussent que des couteaux et des bâtons, un valet de ferme du marquis de Pradines fut grièvement blessé, et on ne sait ce qui serait survenu sans l'arrivée inopinée du maître de poste de l'Hopital, qui mit fin au combat.

Il y a certes de quoi surprendre aujourd'hui devant ce fait d'un maître de poste, qui arrête une bagarre par sa seule présence ; mais il ne faut pas oublier que le maître de poste était, sous l'ancien régime, un gros personnage.

Le dernier curé de Boisset, avant la Révolution, fut messire Charles Ferrier qui était en même temps seigneur de Bussière, fief qui étendait son autorité sur la plus grande partie de la paroisse de Boisset. Grâce à cette situation de curé et de seigneur du lieu, M. Ferrier, fils d'un maître de poste et possesseur d'une grande fortune, fut assez heureux pour neutraliser dans une certaine mesure l'influence du marquis de Saint-Vincent qui faisait profession ouverte d'athéisme et saisissait toutes les occasions d'éteindre la foi et l'esprit religieux des habitants de ses terres.

Pendant la Terreur, l'église paroissiale de Boisset fut fermée. Cette suppression du culte porta un coup mortel au pèlerinage. A partir de cette époque, visiteurs et pèlerins devinrent de moins en moins nombreux. Bientôt, la fête de l'Assomption elle-même n'attira plus les habitants des localités voisines, et si, aujourd'hui, il y a encore ce jour-là, quelque animation autour de l'humble sanctuaire de Notre-Dame de Boisset, c'est bien plutôt pour prendre part aux réjouissances profanes que pour prier la reine du ciel.

Sur cette commune se trouve le château de Bussière qui a un passé historique, non par les événements dont il a été le théâtre, mais par l'illustration des familles qui l'ont possédé.

Erigée en fief dans la seconde moitié du xv⁰ siècle, par les ducs de Bourbon, la terre de Bussière fut d'abord possédée par une famille qui en prit le nom. Au temps de François I⁰ʳ, la maison de Bussière tomba en quenouille en la personne de Damoiselle Jeanne, fille de Pierre de Bussière, qui épousa, le 19 janvier 1523, Guichard d'Arcy, seigneur de la Farge (paroisse de Combre), auquel elle porta la terre de Bussière.

Pendant près de trois quarts de siècle, la famille d'Arcy reste établie à Boisset. Un roman d'amour ébauché pendant les jours sanglants des guerres de religion et réalisé plus tard, fit passer la terre de Bussière entre les mains de Pierre de Rébé qui, en 1604, acquit « tous droits de justice » aux commissaires du duc de Montpensier. L'acte fait connaître que « la paroisse de Notre-Dame de Boisset » dépendait pour les deux tiers, de la châtellenie de Lay et pour l'autre tiers de celle de Perreux.

Après les de Rébé, la seigneurie de Bussière passa à la famille de Vaurion. En 1653, elle était habitée par Antoine de Vaurion, écuyer, qui avait pour ami et pour voisin « Monsieur de l'Estouf, marquis de

Pradines (1) » lequel par sa présence d'esprit et son courage, contribua grandement à la victoire de Rocroi (1643), dont tous les historiens attribuent la gloire au prince de Condé (2).

En 1690, un seigneur roannais bien connu, Jean Donguy d'Origny, était propriétaire des seigneuries de Boisset et de Bussière. Quelques années après, ces terres étaient devenues la propriété de Joachim de Fayn de Rochepierre, chevalier non profès de l'ordre de St-Jean de Jérusalem et de son frère Charles-François de Fayn, chevalier, seigneur de Rochepierre. Le 4 novembre 1722, les sieurs de Rochepierre vendirent les seigneuries de Boisset et « la Bussière » *(sic)* à Bernard de Noblet, chevalier, marquis de Noblet, comte de Chénelette, seigneur de La Clayette et autres lieux (contrat reçu Vernon, notaire à Lyon).

Vers 1735, par suite d'une nouvelle vente, le château de Bussière devint la propriété de Charles Ferrier, maître de poste pour le roi au relais de l'Hôpital. Les descendants de Charles Ferrier conservèrent la terre et le château de Bussière longtemps après la Révolution, car en 1818, le maire de Boisset était M. « Ferrier de Bussière ».

Situé à l'extrémité méridionale de la commune de Boisset, le joli castel de Bussière a conservé sa physionomie primitive du temps de la Renaissance. Il est flanqué de deux tourelles, évocatrices d'une puissance morte et d'un passé disparu. Sa cour intérieure carrée autour de laquelle sont distribués les corps de logis, ne manque cependant pas d'intérêt et de grandeur. Les vestiges des anciens fossés sont encore visibles.

Si du sommet des collines qui forment la rive droite de la vallée de Rhins, on considère aujourd'hui le territoire de la commune de Boisset, il est impossible de ne pas être frappé des changements opérés. Les grands bois qui, au nord, cachaient dans l'ombre et le mystère l'humble sanctuaire de Notre-Dame des Bois, ont été défrichés depuis longtemps. Les landes couvertes de buis, — en latin *buxeria,* — qui ont imposé le nom à la terre de Bussière ont aussi disparu, ainsi que les paquis et taillis qui descendaient jusqu'à la rivière de Rhins. Les bois de petite futaie et les pâturages ont été remplacés par de grasses prairies qui, des bords de la rivière, gagnent les flancs du coteau. Au-dessus s'étagent les vignes qui ont remplacé les landes

---

(1) On lit dans les registres paroissiaux de Boisset :

« 3 décembre 1655, baptême de Marie, fille d'Antoine de Vaurion, écuyer, seigneur de Bussière et de Montmerand et de Noble Dame Antoinette de Patural. Parrain : Noble François de l'Estouf, seigneur de Pradines. Marraine : Dame Marie du Lyon. »

(2) Dans son histoire des princes de la maison de Condé, le duc d'Aumale n'hésite pas à rendre justice à la valeur de Monsieur de l'Estouf et à reconnaître que la victoire remportée à Rocroi fut due en grande partie à son habileté et à sa valeur.

et les grands bois. Ça et là, d'innombrables arbres fruitiers émaillent prés, terres et vignes. Grâce au travail persévérant de nombreuses générations de travailleurs de la terre, le bien-être, la richesse et la prospérité règnent maintenant dans ces lieux habités jadis par une population pauvre et misérable.

# PERREUX

La « bonne et forte ville de Perreux », comme disent les documents anciens, est située sur le bord d'un plateau qui fait la soudure entre les montagnes du Beaujolais et la plaine de Roanne. Cette « ville » ancienne, aujourd'hui modeste chef-lieu de canton (1), est construite en amphithéâtre au sommet d'un coteau argileux qui domine la plaine. Elle présente un aspect pittoresque avec ses toits rouges qui semblent escalader la montagne. Mais combien plus pittoresque encore devait être ce paysage, quand, au moyen âge, un puissant château féodal couronnait cette falaise de ses tours, de ses hauts combles, de ses remparts crénelés. L'histoire de Perreux se divise en deux parties ; la première raconte son rôle militaire et la seconde ses chroniques urbaines. Deux mots résument cette histoire : le château-fort et la ville.

Le château-fort de Perreux existait déjà à la fin du xi<sup>e</sup> siècle. Un comte de Forez le cède à foi et hommage, avec la presque totalité de ses *chasements* et dépendances, à Humbert II, sire de Beaujeu. Ce château avait même à cette époque une importance considérable, car il pouvait alors loger dans ses murs les nombreux seigneurs accompagnés de gens à pied et à cheval, qui vinrent assister comme témoins à la cérémonie d'inféodation de la forteresse d'Urfé, par Arnolphe Raimbi à Guichard, sire de Beaujeu (2).

Dans ces temps lointains, alors que les puissants seigneurs qui possédaient le pays étaient sans cesse en guerre, les châteaux-forts de Perreux, Thizy et Lay, étaient chargés de couvrir le Beaujolais contre les incursions des comtes de Forez. Perreux était presque constamment occupé par une garnison chargée de protéger la ville, qui, en meilleure position que Lay et plus proche des ennemis que Thizy, est appelé dans des documents anciens : « Clef du Beaujolais ». Dans la suite, les comtes de Forez ayant accru leur domaine,

---

(1) Pour plus amples renseignements, voyez notre notice : *La ville et la paroisse de Perreux*, in-8° de 112 pages.

(2) D'après *Le Forez pittoresque*.

les sires de Beaujeu se trouvèrent dans un état d'infériorité manifeste et incapables de lutter contre leurs redoutables voisins. C'est alors que, pour obtenir la protection des ducs de Bourgogne, les sires de Beaujeu leur cédèrent la suzeraineté des châteaux de Perreux, Thizy et Lay, déclarant les tenir en fiefs du duc de Bourgogne.

Ce transfert de souveraineté ne rendit pas la paix au pays et les comtes de Forez continuèrent leurs incursions sur les confins du Beaujolais. Au XIVᵉ siècle, Humbert de Beaujeu concéda aux habitants de Perreux une charte de franchises et privilèges. Ce seigneur espérait ainsi stimuler la bonne volonté des habitants de Perreux et les engager à accroître et développer les fortifications de la ville. Les principaux articles de cette charte donnaient aux bourgeois de Perreux la liberté individuelle, le droit d'acquérir, de posséder et de vendre leurs maisons et leurs terres, et la faculté d'élire des consuls ayant le droit d'administrer la ville et de lever des impôts. Des articles spéciaux déterminaient les conditions concernant le droit de tester et d'aliéner les biens, ainsi que la répartition et la perception des impôts. En retour de ces concessions, les « hommes libres » de Perreux devaient aux sires de Beaujeu le service militaire, un impôt de guerre, et de plus, faire gué et garde au château lorsqu'ils en seraient requis.

Les avantages de cette charte de franchises et privilèges furent plus tard étendus à un vaste territoire situé au midi et couchant du bourg, qui a gardé jusqu'à nos jours la dénomination de territoire des franchises.

Au cours de la guerre de Cent ans, la châtellenie de Perreux fut maintes fois visitée par les bandes anglo-gasconnes. Commandées par des chefs jaloux de leur autorité, ces bandes exécutaient par ordre pillages et crimes. En 1362, une troupe de routiers s'empara du château de Perreux et s'y installa. A l'abri des fortes murailles de cette retraite, la bande exploita la région de diverses manières. Les bourgeois de la ville furent d'abord contraints de payer une rançon, moyennant quoi ils furent autorisés à continuer leur commerce et à s'occuper de leurs travaux ; puis les paysans du voisinage furent obligés par intérêt, menaces ou violence, d'apporter leurs denrées au château. Quant aux localités voisines, elles n'étaient pas à l'abri des vexations de la garnison de Perreux, parce que fréquemment ses chefs organisaient des compagnies qui, à marche forcée, se dirigeaient nuitamment sur un village ou un château, le livraient au pillage et s'en revenaient chargées de butin à l'abri des murs de la ville. Chefs et soldats écoulaient ensuite le produit de leurs vols dans les foires et les marchés de l'endroit. Pendant plusieurs mois, tout le pays voisin fut ainsi mis à contribution et au pillage.

En 1377, après la bataille livrée au bas de Perreux, sur la rivière de Rhins, le château fut de nouveau occupé par une bande de soldats indisciplinés, qui commirent plusieurs méfaits et crimes dans les environs de la ville.

Il y eut une nouvelle alerte en 1387, époque à laquelle plusieurs bandes anglo-gasconnes exercèrent leurs déprédations dans les châtellenies de Perreux et de Lay. Ces petites troupes, à la solde des Anglais, avaient profité de l'absence de Louis II de Bourbon, qui avait conduit la noblesse du Forez en Espagne (1), pour se glisser dans le pays.

Au déclin du XIVe siècle, le château de Perreux devint une demeure princière et servit de résidence à Edouard II, dernier sire de Beaujeu qui, en 1400, fit don du Beaujolais au duc de Bourbon. Voici dans quelles circonstances :

Edouard II de Beaujeu était un prince fantasque et débauché. Déjà, en 1394, il avait excité contre lui, par ses exactions, les habitants de Villefranche. En 1400, un de ses vassaux, Guyonnet de la Bessée, osa lui refuser la main de sa fille. Ce refus excita la fureur d'Edouard qui prit une série de mesures vexatoires destinées à atteindre aussi bien les habitants de Villefranche que le sieur de la Bessée. Alors, les Caladois se révoltèrent et vinrent assiéger Edouard dans son château ; mais leurs efforts étant restés vains, ils déposèrent une plainte entre les mains du roi contre leur seigneur et maître. Le roi cita Edouard devant le Parlement de Paris. L'huissier chargé de la signification fut séquestré par Edouard qui, après lui avoir fait avaler parchemin et sceau, le fit jeter dans les fossés du château, où il se rompit le cou.

Des hommes d'armes, envoyés par le roi, emmenèrent Edouard prisonnier à Paris, et ses crimes furent instruits.

L'affaire tournait mal et sentait la corde. Dans cette extrémité, Edouard se jeta dans les bras du duc de Bourbon, son cousin germain, et, en compensation de son aide et protection, il lui fit don de toutes les seigneuries qu'il possédait. Cet acte eut lieu le 23 juin 1400 ; il augmentait la puissance de la maison de Bourbon qui, par l'alliance de Louis II avec Anne d'Auvergne et de Forez, avait agrandi ses domaines jusqu'aux portes du Beaujolais.

Edouard recouvra sa liberté aussitôt l'acte signé et se retira au château de Perreux où il mourut six semaines après, de honte et de regrets.

Les campagnes de Jeanne d'Arc rejetèrent les Anglais vers le nord de la France et donnèrent la tranquillité aux provinces du Centre. Toutefois, ce ne fut pas pour longtemps, car quelques mois après sa mort, il se forma dans cette région plusieurs bandes et compagnies qui, sous des noms variés, vécurent sur le pays et se livrèrent au brigandage.

---

(1) Louis II de Bourbon, avec une petite armée recrutée en Forez et en Bourbonnais, était allé au secours du roi de Castille menacé par Pierre le Cruel et par le duc de Lancastre. L'expédition ne revint qu'à la fin de l'été de 1387.

A la fin de 1436, des bandes d'écorcheurs venant de Franche-Comté, traversèrent la Bourgogne et parurent en Beaujolais. Pendant six ans la châtellenie de Perreux fut pour ainsi dire livrée à ces bandes, car les documents permettent de constater qu'ils traversèrent au moins cinq fois cette région. Le duc de Bourgogne et le gouverneur du pays envoyèrent bien des troupes pour le protéger, mais presque toujours ces troupes arrivèrent trop tard, lorsque l'ennemi avait disparu, après avoir tout pillé et saccagé sur son passage.

Au reste, le désordre était partout dans ces moments critiques, et telles étaient les mœurs des soldats, que les habitants redoutaient autant leurs sauveurs que leurs ennemis. Ces troupes libératrices ne manquaient pas de prendre et de piller tout ce que les Ecorcheurs n'avaient pu emporter, aussi les nommait-on Retondeurs, parce qu'ils retondaient sans pitié tout ce que les Ecorcheurs n'avaient pu emporter.

Il serait difficile de donner en peu de mots une idée exacte des malheurs qui fondaient sur ces pays conquis en pleine paix. Les Routiers, dit un témoin oculaire, sont entrés plusieurs fois en Charollais et pays voisins, « où ils ont fait mille maux comme prendre prisonniers, meurtrir gens, voler églises et fermes, rançonner hommes et femmes et aussi le bétail, brûler maisons et gerbiers, brûler et gâter les blés et autres innumérables maux. »

On comprend sans peine que, grâce à de tels procédés, les Ecorcheurs aient fait à chaque invasion un butin immense.

Mais ce butin, en raison de son importance même, serait devenu sans valeur si chefs et soldats n'avaient pu l'écouler à beaux deniers comptants. Mais chaque bande était accompagnée d'industriels avides, dont le métier était d'exploiter à leur profit les crimes d'autrui.

Ces commerçants achetaient aux soldats le produit de leur vol et de leur rapine, puis ils le revendaient avec de gros bénéfices aux habitants des villes et des châteaux-forts. A plusieurs reprises Perreux — qu'un vieux chroniqueur appelle Percuil — fut choisi pour écouler ces marchandises. Sa situation sur les confins de plusieurs provinces facilitait l'opération et ses fortifications, fréquemment occupées par les routiers, assuraient l'impunité à ces vils spéculateurs.

On pouvait croire que l'union du Forez et du Beaujolais, et la fin de la guerre de Cent ans (1463), termineraient la chronique militaire de Perreux ; il n'en fut rien. Après une longue accalmie d'un siècle (1), les rues du vieux Perreux résonnèrent de nouveau du pas

---

(1) Au début du XVIᵉ siècle, une famine horrible sévit en Beaujolais. Pierre II de Bourbon, afin d'atténuer le fléau, ordonna à ses intendants de donner gratuitement le blé de ses greniers et de distribuer aux laboureurs des grains pour les semailles, « afin que le fléau ne se perpétuât pas ». D'après une tradition locale, les habitants de Perreux auraient, en reconnaissance, fait peindre dans leur

lourd des hommes d'armes au cours des guerres de religion et de la Ligue.

Au commencement de 1570, l'amiral Coligny, avec le prince de Condé et le roi de Navarre, après avoir occupé Saint-Etienne pendant dix-sept jours, à la tête d'une armée de dix mille hommes, se remit en marche vers le nord. Deux capitaines religionnaires, Briquemont et Clermont d'Amboise, s'avançaient au-devant de lui en traversant la Bourgogne, avec seize compagnies tant d'infanterie que de cavalerie. La jonction des deux troupes s'opéra dans le triangle compris entre Lay, Thizy et Charlieu. Toute la châtellenie de Perreux fut mise à feu et à sang par les guerriers qui se préoccupaient moins de combattre que de piller. Un chroniqueur du temps qui les vit à l'œuvre, nous a esquissé la silhouette de ces soldats plus soucieux de conserver leur butin que leurs armes : « Dans cette campagne, écrit la Popelinière, l'amiral suivi du jeune roi de Navarre, âgé de moins de dix-sept ans, fit faire à son armée de longues traites de dix et quelquefois douze grandes lieues, tant pour n'avoir aucun attirail que pour ce qu'ils étaient tous à cheval. Quant à l'attirail, tous les horribles pillages par lesquels leur chef, faute d'argent, leur permit de se payer dans tant de petites villes, durent peu à peu leur former des bagages assez considérables ».

Pendant les guerres de la Ligue, la ville de Perreux fut tour à tour occupée par les ligueurs et les royalistes.

En 1590, un parti de ligueurs s'installa dans la place et ne tarda pas à s'y trouver isolé entre les garnisons royalistes établies à Villerest, Thizy et Charlieu. Cet isolement obligea cette petite troupe à se retirer du côté de Lay.

Au début de 1593, le duc de Nemours, chef des ligueurs, résolut de s'emparer de tous les châteaux et forts restés en possession des royalistes. A la tête de forces imposantes, il parvint à soumettre le pays et, avant de se retirer, laissa des garnisons dans Perreux, Thizy et Charlieu. Quelques mois plus tard, en septembre, la ville de Lyon ayant arboré l'étendard royaliste et reconnu l'autorité d'Henri IV, un grand nombre de petites villes du Beaujolais et du Forez suivirent cet exemple, se soulevèrent et chassèrent leurs garnisons nemouristes. Perreux fut de ce nombre, et comme sa situation près de Charlieu attirait l'attention, Chalmazel de la Pie s'empressa de prévenir le consulat de Lyon et envoya quarante-cinq hommes d'armes de la compagnie du seigneur de Couzan pour tenir garnison à Perreux.

---

église une fresque représentant Pierre de Bourbon et Anne de Beaujeu son épouse.

Après avoir décrit les personnages de cette peinture, M. E. Jeannez dit qu'il est difficile de reconnaître en eux Pierre de Bourbon et Anne de Beaujeu, bien que cette identification soit chronologiquement possible.

Lorsque les habitants virent arriver cette petite troupe, ils représentèrent si énergiquement l'état de ruine dans lequel ils se trouvaient que les soldats durent renoncer à occuper une place « dont les habitants n'auraient pu les nourrir. » (16 octobre 1593).

Le rôle militaire de Perreux finit avec les doléances exprimées par les habitants aux soldats du seigneur de Couzan.

En 1630, la peste, après avoir ravagé les bourgs et villes échelonnés sur la grande route de Lyon à Roanne, fit son apparition à Perreux. La première victime fut le nommé Varinard qui avait contracté les germes de la maladie à Régny, où il était allé soigner un de ses parents atteint de la contagion. Après lui, « décédèrent sa femme et sa fille. »

On était au mois de juin, et les chaleurs aidant, la peste se développa avec une prodigieuse rapidité. Les cimetières alors en usage du bourg et de Villeneuve ne tardèrent pas à devenir insuffisants et il fallut recourir à des cimetières de fortune pour enterrer les cadavres des pestiférés. Plusieurs corps furent enterrés dans le pré voisin de la chapelle Saint-Roch, dite aussi chapelle des Quatre-Croix, et à la Croix-du-Lac, à la Garde et au pied de certaines croix situées à la bifurcation des chemins. Ces sépultures expliquent les ossements humains qui ont été découverts à différentes époques sur certains points de la paroisse.

Les registres paroissiaux ne nous donnent pas les noms de tous ceux qui décédèrent de la pestilence, mais ils mentionnent les victimes qui furent inhumées dans l'église paroissiale, où de nombreuses familles de Perreux avaient droit de sépulture, notamment les familles Morestin, Chervet, Monchanin, Papillon, Blanchard, Rolland, Varinard, Dubois, Denis, Jal, Franchon, Pomey, Rochard, Remontet du Trembly (1), etc.

Cette page funèbre sur la peste à Perreux clot l'histoire de cette localité au moyen âge. Les chroniques de notre petite ville ont montré que, si la vie de l'homme sur la terre est semée de misères et d'épreuves, selon l'expression des livres sacrés, l'existence des villes n'en est pas exempte. Pendant cette période, Perreux avait été une place forte importante, le siège d'une prévôté et le chef-lieu d'une châtellenie qui ne comptait pas moins de dix paroisses ; mais tous ces avantages et privilèges étaient alors disparus ou en déchéance. De son vaste château fort il ne subsistait plus que deux tours et les murs de son enceinte croulaient de toutes parts, la prévôté n'était plus qu'un souvenir et la châtellenie ne comptait plus que deux paroisses.

Un historiographe du temps, P. Louvet, contemporain de Louis XIV, nous a laissé dans son histoire du Beaujolais (1672) une brève notice sur Perreux. Nous nous reprocherions de ne pas la mettre sous

---

(1) *La peste et les maladies contagieuses en Roannais*, p. 23.

les yeux de nos lecteurs, parce qu'elle nous donne l'état exact de
Perreux, au début de l'ère moderne.

« Perreux, bon pays à blé et à vin, consiste en un bourg et château
qui est ancien, comme il paraît aux restes qui sont demeurés, qui
consistent en deux grosses tours bien bâties sur une éminence qui
commande la rivière de Loire qui n'est séparée de Perreux que
par une grande plaine ; la paroisse est du diocèse de Mâcon et est
desservie par un curé, un vicaire et a une société de huit ou neuf
prêtres.

« Il y a un fort beau prieuré dépendant de Cluny qui perçoit tous
les dîmes dudit lieu, à la réserve d'un quartier de la paroisse que tient
le seigneur de Pradines. Il y a eu autrefois des moines servant ce
prieuré qui était de la fondation de Saint-Hugues, l'un des fils du
baron de Semur-en-Brionnais.

« Cette châtellenie avait toujours été l'apanage des cadets de la maison de Beaujeu. Humbert II, connétable de France, en fut pourvu et
donna aux habitants des privilèges : Guichard, fils de Guichard le
Grand l'eut en apanage et Edouard II, seigneur de Beaujeu, était
seigneur de Perreux avant qu'il parvint à ladite seigneurie de Beaujeu, et même après sa démission en faveur de Louis de Bourbon, il
resta et mourut seigneur de Perreux.

« Après avoir appartenu à la maison de Bourbon, la châtellenie de
Perreux fut vendue le dernier octobre 1537 par le cardinal de Tour-
non, ayant pouvoir du roi, à messire Philibert de Beaujeu, baron
seigneur de Lignières, et à dame Catherine d'Amboise, son épouse,
laquelle s'étant remariée dans la maison de Nevers, M. de Montpensier fit offre à Jacques de Clèves, duc de Nevers, de lui racheter en
payant tous les frais, la terre et seigneurie de Perreux. Après quelques difficultés, cette offre fut acceptée le 27 juin 1564.

« Il y a un capitaine pourvu par Mademoiselle (1) et ne reste aujourd'hui de ladite chatellenie à Mademoiselle que Perreux et
Pouilly, le reste ayant été aliéné, savoir : Pradines à un seigneur de
la maison de Lestoux, Coutouvre à un autre de la maison
d'Arcy, Nandax au seigneur de Ressins, trésorier de France,
Voulgy au seigneur dudit lieu de la maison de Lévi, Parigny
et Saint-Cire au seigneur comte d'Ailly, de la maison d'Arcy,
Saint-Vincent au seigneur dudit lieu de la maison du Bec, Aiguilly
au seigneur dudit lieu de la maison de Digoine. Il y a lettres patentes
du roi pour l'établissement d'un marché au jour de jeudi de chaque
semaine en la ville de Perreux, outre les deux foires qui y ont été
établies par chacun an, au mois d'août 1581... »

Tel était l'état de la ville et de la châtellenie de Perreux au temps

---

(1) Il s'agit de Mademoiselle de Montpensier, appelée par les historiens « La grande Mademoiselle » et connue par le rôle qu'elle
joua au temps de la Fronde.

de Louis XIV. On voit par ces renseignements que notre petite ville était alors en pleine décadence ; cette décadence ne fit que s'accentuer et se précipiter, car les causes topographiques qui avaient fait son importance et sa prospérité avaient disparu. Aussi, les chroniques de Perreux ne nous fournissent-elles au dix-huitième siècle que des faits en marge de l'histoire locale, pour ainsi dire. C'est d'abord en 1709, l'hiver rigoureux qui atteint le bois de la vigne et détruit pour « plusieurs années » les espérances des vignerons. C'est ensuite, en 1714, une épizootie qui emporte tous les « bovins » du pays ; enfin, en 1752, un long procès qui nous apprend que si le titre de capitaine-châtelain était purement honorifique, celui de juge de la châtellenie, comportait encore une compétence sur les châtellenies aliénées, lorsqu'il s'agissait de la délimitation des justices seigneuriales. Voici un état statistique sur Perreux, à la veille de la Révolution (1788) ; il mérite d'être cité parce qu'il complète les indications données plus haut et qu'il nous fait connaître la société de Perreux, composée surtout de gens de robe, dernière preuve de son rôle ancien et de son importance :

« *Perreux,* petite ville très ancienne et troisième prévôté du Beaujolais, à trois quarts de lieue de Roanne, l'une des plus grandes paroisses du diocèse de Mâcon, élection de Villefranche et subdélégation de Roanne.

« Il y a dans cette paroisse un prieuré de l'ordre de Cluny, appelé *Villeneuve-les-Perreux,* uni depuis près de cinq siècles à la sacristie de l'abbaye de Cluny. Il y avait encore des religieux dans ce prieuré en 1502.

« Le prieur nomme à la cure.

« *Prieur,* Dom Louis de Saint Sevé, sacristain de l'abbaye de Cluny.

« *Curé,* M. Dufour.

« *Vicaire,* M. Jean-Baptiste Imbert.

« Cette paroisse a un hôpital fondé en 1667, par Claude Dubois, écuyer, seigneur de Laforest, exempt des gardes de la Reine-Mère, lequel hôpital a été patenté par lettres données à Versailles en janvier 1760, et enregistré au Parlement de Paris, le 26 dudit mois et an.

« Cet hôpital a pour recteurs-nés, le curé, le juge, le procureur fiscal et les deux syndics (1), et pour électifs, MM. Servajan du Bretail et Pomey.

« *Aumônier,* M. Audelin, chanoine de Montbrison.

« *Supérieure,* Madame Simonet.

« *Seigneur,* Mgr le duc d'Orléans.

---

(1) Les syndics étaient des magistrats municipaux, élus par la communauté des habitants ; ils présidaient les assemblées de la communauté et veillaient à la répartition et à la perception de la taille et des impôts locaux.

« La prévôté de Perreux comprend la paroisse de Perreux et une partie de celle de Roanne, appelée le *Coteau Beaujolais*.

« *Capitaine-Châtelain*, M. Montchanin de Chavron, avocat au Parlement.

« *Procureur fiscal*, M. Varinard des Côtes.

« *Greffier-Commis*, le sieur Noël Cailloux.

« *Procureurs*, MM. Dufour, Simonin, Varinard le jeune, Cailloux, Servajan et Mathieux

« *Notaires*, MM. Dufour, Mathieux, Miraud et Varinard le jeune.

« Les fiefs de *Cerbué* et d'*Orgeval*, avec moyenne et basse justice, appartiennent à M. de Vilaine ; celui de *Chervé*, à Mme de Buttery », et celui de Monternas, à M. Montchanin de Chavron. »

La Révolution acheva l'œuvre du temps et, en 1790, lors de la suppression des anciennes provinces et de la division de la France en départements, Perreux devint un simple chef-lieu de canton du district de Roanne, département de la Loire. Le changement de régime et les modifications administratives ne rendirent pas à Perreux la vie et la prospérité, car depuis cette époque les familles bourgeoises installées dans la ville l'ont abandonnée et sa population n'a cessé de décroître.

Cependant, les siècles passés ont laissé à Perreux de nombreux témoins matériels de son importance ancienne, notamment la chapelle castrale, quelques vestiges des tours de l'enceinte, la base du donjon et la porte d'entrée qui est à peu près intacte.

La chapelle castrale, dédiée à saint Vérand, est une construction romane, formée d'une abside surélevée et percée de trois baies étroites. Toute la construction, soutenue par des contreforts, est d'une solidité à toute épreuve. L'intérieur était autrefois décoré de fresques. Cet édifice, remarquable spécimen de l'architecture clunisienne du XIIe siècle, sert aujourd'hui de chapelle au pensionnat des dames de Saint-Charles.

Du donjon, haute tour cylindrique qui dominait au loin le plateau et la plaine, il ne reste plus aujourd'hui que le rez-de-chaussée. Particularité curieuse, un étroit escalier, dissimulé dans l'épaisseur de la muraille, donne accès à l'étage supérieur aujourd'hui disparu.

Quant à la porte fortifiée, c'est une massive construction en moellons percée d'une porte ogivale et couverte d'une voûte en berceau brisé. Elle n'est percée d'aucune meurtrière, surmontée d'aucun créneau, toute sa puissance de résistance consiste dans l'épaisseur des murailles et des vantaux de la lourde porte qui la fermait jadis.

Tous ces ouvrages défensifs paraissent appartenir aux XIIe et XIVe siècles, époque à laquelle Perreux joua un rôle militaire important.

A côté des restes de ces anciens édifices, il y a des habitations privées curieuses et intéressantes.

Voici notamment, dans une ruelle étroite, une porte Renaissance remarquable- « qui présente sur son linteau, en belles capitales romaines finement gravées, l'inscription *In Domino confido*, avec la date de 1576. Au-dessus, un tympan en demi-cercle est chargé d'un écusson de fantaisie ayant quelque analogie avec le blason des Morestin, il est suspendu par un ruban aux dents d'une tête humaine formant clef de l'archivolte (1) (E. Jeannez). L'époque suivante est représentée par une demeure située non loin de là. C'est un riche logis « à deux étages en encorbellement, flanqué à l'un de ses angles d'une svelte poivrière en briques de deux couleurs avec bandeaux de pierre taillée, et reposant sur un cul-de-lampe extrêmement élégant. »

Au XVIIIe siècle appartiennent plusieurs constructions qui subsistent encore, notamment la cure qui renferme un bel escalier double avec rampe en fer forgé, et un petit hôtel non dépourvu d'élégance ayant appartenu à la famille Morestin et qui est aujourd'hui la propriété de M. Varinard des Côtes.

Les anciens châteaux et les vieilles maisons bourgeoises disséminés sur le vaste territoire de Perreux sont aussi un témoignage en faveur de l'ancienneté et du rôle joué jadis par cette petite ville.

Dans la plaine qui s'étend entre la rivière de Rhins et le bourg actuel, se trouve un vaste territoire qui a gardé à travers les âges le nom de *Franchises*. Ce nom porté aujourd'hui par une petite gentilhommière construite au dix-huitième siècle, et flanquée d'une élégante tourelle, fut donné à ce territoire au temps de Philippe de Valois, parce que les habitants de cette partie du mandement avaient vaillamment contribué à la défense du château. Non loin de là, au sommet de la berge qui forme la rive droite du Rhoddon, à l'endroit où la route de Coutouvre, ancien chemin des Horts, aborde le plateau, on rencontre la ferme dite de *Villeneuve*. Elle domine un éperon en saillie sur la plaine de Roanne, au sommet duquel on voyait encore, il y a cent vingt ans, l'abside romane d'une chapelle, dernier vestige du prieuré bénédictin de Villeneuve-les-Perreux, dont nous avons ailleurs raconté l'histoire.

Au delà du ravin que forme du côté du nord l'éperon de Villeneuve, est le lieu dit *le Châtelard*. Cette appellation indique le plus ancien lieu habité du territoire de Perreux. Depuis un siècle, les travaux des hommes et le mouvement incessant des terres ont ramené à la surface du sol une hache et quelques instruments en silex, puis des tuiles à rebords et des fragments de poterie en grand nombre ;

---

(1) Dans une des pièces de ce logis on voit une peinture représentant Mucius Scœvola étendant la main sur le brasier. D'autres peintures décoraient les murs, mais elles sont tellement détériorées, qu'il est impossible de reconnaître les scènes qu'elles représentent.

vestiges qui prouvent la présence de l'homme au temps de la préhistoire et sous la période gallo-romaine.

Au nord de Villeneuve et au sommet d'un plateau sain et salubre, on voit les vastes bâtiments de *l'Hôpital de Perreux*, fondé en 1667, dans le domaine de La Forest, par Claude Dubois, garde du corps de la reine Anne d'Autriche. La construction principale a été édifiée dans la seconde moitié du dix-huitième siècle. Cet hôpital est desservi par les sœurs du Saint-Sacrement.

Entre Perreux et Montagny, le lieu dit *le Poteau* rappelle le pilori ou pilier de justice que les seigneurs féodaux avaient coutume d'élever à l'endroit où les grandes routes pénétraient sur leurs terres.

Le château de *Cerbué*, construit au bord d'un plateau qui domine un ravin au fond duquel coule le Roddon, est une construction moderne et sans intérêt. Elle a remplacé une ancienne maison forte, flanquée de quatre tours, qui fut successivement possédée par les familles de Rux, du Bost, du Montet, Sauvat et Papon de Crozet. Une ferme voisine a conservé à travers les âges le nom *d'Orgeval*, qui rappelle l'existence d'un ancien château fort dont la légende attribue la destruction à Charlemagne.

Sur le flanc d'un coteau voisin, on voit les bâtiments restaurés de la vieille ferme *des Mures*, possédée jadis par une famille qui en prit le nom. Cette ferme passa ensuite aux familles Tardy, puis de Rainneville. Sur le versant occidental de la colline sur laquelle s'étage le bourg, est un petit hôtel du XVIII<sup>e</sup> siècle, jadis qualifié fief des *Côtes*. Après avoir appartenu à la famille Morestin, il devint la propriété de la famille Varinard, que l'on trouve déjà établie à Perreux en 1592.

Au dessus de la vallée de Rhins et sur un plateau dont le rebord occidental fait la soudure entre les montagnes du Beaujolais et la plaine roannaise, on rencontre les domaines de *la Ronzière*, jadis possédés par une famille de jurisconsultes, le Bretail, propriété de la famille Servajan, et « en bonne assiette au-dessus de la rivière de Rhins », le château de *Chervé*. Erigé en fief au déclin du quatorzième siècle par Edouard II, en faveur de Jean Semblène, un de ses compagnons de débauche, Chervé fut possédé successivement par les familles Perrin, du Saix, Fournillon de Buttery, Gaillardon de Grézolles, et après la révolution par le marquis de Chaponay, qui le vendit au père du propriétaire actuel, M. Henri M'Roé. Le château de Chervé a conservé du passé une belle galerie renaissance, formée de cinq arcades de près de trois mètres d'ouverture, au cintre très surbaissé, et un vaste bâtiment flanqué de deux tourelles et couronné d'une toiture au pignon aigu, œuvre du dix-septième siècle.

Enfin quelques noms de lieu fournissent des indications utiles. C'est ainsi que les lieux dits *la Garde* et *Monternas*, situés de part et d'autre du bourg, désignent des postes fortifiés, destinés à couvrir les approches du château-fort. La Garde appartint à une branche de la famille Bech, établie au château de La Motte Saint-Vincent, et

Monternas, dont le nom primitif est Mont armé, fut la propriété d'une famille féodale *(de monte Armato)*, puissante au quatorzième siècle. A signaler aussi les noms des *Paras*, de la *Perelle* et des *Pierrats*, qui rappellent des bancs de pierres dont Perreux même tire son nom.

# MONTAGNY

Le gros bourg de Montagny est situé sur le rebord d'un plateau qui domine une région largement vallonnée. Son église paroissiale, construite sur le point le plus élevé, apparaît du côté du couchant comme une nef au-dessus des eaux ; mais ici, les flots mouvants sont les ondulations de la verdure, des champs, des prairies et des bois. Cette situation, selon l'expression d'un vieil auteur, justifie le nom de Montagny « placé assez haut en montagne », et au centre d'un pays bon pour le blé et autres sortes de culture.

Aussi haut qu'on peut remonter dans la nuit des temps, Montagny était le siège d'une seigneurie appartenant à une famille féodale qui en portait le nom. Vers la fin du règne de saint Louis, cette famille tomba en quenouille comme on disait alors, et sa dernière héritière porta ses titres et ses biens à un seigneur du Bourbonnais. Ce seigneur, connu dans les actes du temps sous le nom de Guichard de Montagny, vivait sous les fils et successeurs de saint Louis. Sa puissance était grande, car il possédait des biens non seulement en Bourbonnais, son pays d'origine, mais encore en Forez et en Beaujolais.

Les seigneurs de Montagny avaient droit de justice haute, moyenne et basse, mais ils n'exerçaient ce droit que dans des conditions déterminées. On voit, en effet, qu'à partir du XIV* siècle, les procès jugés devant la justice seigneuriale pouvaient être frappés d'appels et cités devant le prévôt de Lay.

Au temps de Guichard de Montagny, les terres de Montagny et de La Pra ne rapportaient que de faibles revenus ; il en était autrement des seigneuries de Thizy et de partie de Roanne que Guichard possédait aussi. Il jouissait en outre du quart du revenu du port de Roanne, c'est-à-dire du quart des impositions levées sur les marchandises embarquées sur le port de Roanne ; or, à cette époque, il se faisait sur ce port un commerce considérable et les droits de navigation étaient très élevés .

La famille noble de Montagny se perd dans le lointain passé des âges et il serait difficile de citer même le nom de ses chefs. Les rares documents qui nous la font connaître sont des actes de foi et hommage rendus par ses membres aux sires de Beaujeu pour les seigneuries de Thizy et de Montagny, et aux comtes de Forez pour le quart de la ville et du port de Roanne.

Plus tard, la seigneurie de Montagny fut une partie intégrante du fief de La Pra — Le Pré — situé à l'extrémité de son territoire.

Au temps de François Ier, les terres de La Pra et Montagny appartenaient à noble Antoine de Laveu qui en donnait le dénombrement le 16 mars 1539. Celui-ci laissa ses terres à sa femme, damoiselle Catherine Dalmais, qui en rendait hommage le 15 décembre 1551.

La terre de La Pra passa ensuite à la famille de Rébé. Cette famille alors puissante, soutint dans le pays le parti d'Henri IV ; mais elle s'attira, pour cette raison, la haine des Ligueurs dont les troupes pillèrent et saccagèrent, à deux reprises différentes, le château de La Pra (1). C'est au cours d'une de ces visites, que fut détruite la chapelle castrale qui, selon un document du temps, était sous le vocable de saint Jacques et de saint Rollin.

Le 4 mai 1601, la seigneurie de La Pra appartenait à Jacques de Rébé, « capitaine au service du roi Henri IV », qui en rendait hommage au duc de Montpensier alors seigneur du Beaujolais.

Cependant, à cette époque, la maison de Rébé était encore riche et puissante, mais, dit un vieil auteur, « pour ce que les choses de ce monde sont instables et qu'elles échappent souventes fois à ceux qui veulent les diriger et les gouverner », elle ne tarda pas à déchoir. C'est par suite de cette déchéance que les terres et seigneuries de La Pra et Montagny furent mises en vente et acquises par la dame de Pélicieux en Forez. Celle-ci ne les conserva que peu de temps et les revendit à Marcellin Giraud, écuyer, et à sa femme dame Françoise

---

.(1) Les opérations militaires qui se déroulèrent dans cette région au temps de la Ligue, sont restées confuses dans la plupart des études publiées sur cette époque. On peut cependant grouper les faits militaires dont cette région fut le théâtre en trois campagnes. La première (mars-août 1590) est marquée par la prise de Thizy, dont Chevrières s'empare pour le compte de la Ligue, malgré le courage des habitants et les efforts de Zacharie de Rébé, seigneur du lieu, qui tenait pour Henri IV ; la seconde, dite des « nemouristes » (novembre 1593-mars 1594), est caractérisée par une recrudescence d'activité de la part des ligueurs ; la troisième (fin de 1594-1595) amène tout le pays a reconnaître l'autorité d'Henri IV. Au cours de ces campagnes, ce territoire fut si souvent rançonné et pillé par les gens de guerre et les bandes de toutes sortes, qu'un chroniqueur contemporain a écrit : « Une infinité d'autres pillards ruinent et ravagent tellement ce pauvre pays, qu'ils contraignent le pauvre peuple à abandonner leurs maisons et tenir les bois, où l'on les va chasser comme les bêtes sauvages. » (Lettre de Claude de Cremeaux aux échevins de Lyon, le 26 mai 1591.)

le Courte. Cette dernière les posséda assez longtemps et, après elle, ces terres devinrent la propriété des seigneurs de Pradines (1).

Quant au château de La Pra, il ne tarda pas à tomber en ruines. Au début du règne de Louis XV, sa destruction fut précipitée par un incendie qui détruisit la construction principale restée debout. Aujourd'hui, l'existence de cet antique manoir n'est plus rappelée à la mémoire des hommes que par une ferme qui en porte le nom et auprès de laquelle on distingue encore quelques vestiges d'anciennes murailles.

La paroisse de Montagny est de création ancienne, mais ses origines restent obscures. En effet, les documents ne permettent pas de discerner si elle fut créée par les seigneurs du lieu ou formée et desservie par les religieux bénédictins de Charlieu. Les pièces d'archives constatent que les religieux de Charlieu avaient le droit de nomination à la cure, mais on sait que ce droit n'implique pas le fait de la création de la paroisse. On constate cependant que par suite d'accords intervenus dans la suite des temps, l'abbaye de Charlieu et la communauté des habitants de Montagny avaient concurremment la charge de l'entretien de l'église : les religieux devant veiller au bon état du chœur et les habitants à celui de la nef.

---

(1) Les documents et les faits semblent démontrer que les seigneurs de Pradines, possesseurs des fiefs de la Pra et Montagny, furent bienveillants pour les tenanciers et habitants de leurs terres. Voici à ce sujet un document et un fait intéressants.

On lit dans les registres paroissiaux de Pradines : « Le mercredi 16 juillet 1710, est décédée dans le château de Pradines, haute et puissante Dame, Madame Charlotte de l'Etouf-Sirot, comtesse de Pradines, âgée de 85 ans et sept mois moins trois jours. Son corps a été porté dans l'église de l'abbaye de Cluny pour y être enterré conformément à l'acte de fondation qu'elle avait faite, laquelle fondation a été acceptée par Messieurs les religieux de la dite abbaye et confirmée par le Chapitre général de tout l'ordre de Cluny. Elle est morte avec tous les sentiments de piété d'une sainte et parfaite résignation aux ordres de la Providence ; elle a reçu tous les sacrements que l'on donne aux malades avec une dévotion édifiante ; son assiduité à la prière et son attention à soulager les pauvres ne lui ont pas ôté les moyens de faire construire le château de Pradines et tous les édifices qui l'environnent, n'ayant d'autre vue que de procurer aux ouvriers de quoi gagner leur vie. »

« J'atteste tout ce que dessus contenir vérité. »

   « DELPEUCH, *curé*.       RONDIER, *vicaire*. »

Quelques années après, le marquis de Pradines fonda au bas de la rue tendant des jésuites au Port (aujourd'hui rue des Minimes), une maison pour hospitaliser les pauvres malades de ses terres. Cette maison, appelée « Hôtel Dieu du marquis de Pradines » dans un document de 1745, était située proche les maisons et dépendances des sieurs Pirot et Dubois.

D'après un document de la fin du xiii° siècle, l'église paroissiale de Montagny était alors desservie par un Chapitre. Cependant, il faut remarquer que par ce nom de Chapitre on n'entendait pas alors une société de prêtres comme il en exista plus tard un si grand nombre, mais simplement un groupe de trois prêtres ; selon la vieille maxime du droit canonique : *tres faciunt capitulum ;* trois prêtres forment un chapitre. D'ailleurs, pour donner à ce mot de Chapitre sa vraie signification et sa valeur réelle, il suffit d'ajouter que le même acte mentionne aussi sous ce nom le clergé des paroisses voisines de Lay, Neaux et Pradines.

La suite des chroniques de Montagny renouvelle le récit de toutes les misères et les épreuves que subirent les populations de cette région au cours des temps passés.

Pendant les guerres de la Ligue, les habitants de Montagny furent contraints, à deux reprises au moins, de loger et d'entretenir des troupes de soldats. L'une d'elles, commandée par le sieur de La Grange, commit de tels excès, que les habitants représentés par leur consul, adressèrent une plainte aux membres du consulat de Lyon. La plainte mentionne entre autres choses que les soldats ont maltraité quelques habitants et démoli plusieurs maisons.

A la même époque, l'église paroissiale fut saccagée et pillée, et une troupe de cavaliers y installa ses chevaux pendant plusieurs jours. Lorsque la tranquillité fut rendue au pays, elle fut restaurée ; mais cette restauration était à peine achevée lorsqu'elle reçut, en 1601, la visite pastorale de Monseigneur Gaspard Dinet, évêque de Mâcon (1).

---

(1) Si la pénurie de documents ne permet pas d'établir la liste des curés de Montagny, on retrouve cependant les noms de ceux qui administrèrent cette paroisse au dix-huitième siècle.

Vers 1695, le curé de Montagny se nommait Jacques de Damas la Villette. Il administra cette paroisse pendant des années difficiles.

En 1722, sous la régence du duc d'Orléans, M. Bonnet, de Saint-Héran, était curé. Son successeur fut M. René Courtin, de St-Vincent.

En 1729, M. Courtin eut un long procès avec le prieur de Charlieu, au sujet de la portion congrue que le prieur devait payer au curé.

M. Devilaine, successeur de M. Courtin, était originaire de Montagny. Plusieurs actes nous apprennent qu'il administrait cette paroisse en 1745.

Le successeur de M. Devilaine fut M. Jacqueton. Son nom figure dans une pétition adressée par le curé et les habitants de Montagny aux magistrats et habitants de Thizy, à l'effet d'obtenir de ceux-ci l'envoi d'un médecin « qui vienne observer la maladie contagieuse qui décime les enfants, lesquels sont emportés en quelques heures et meurent en grand nombre... »

M. Jacqueton était encore curé de Montagny à la veille de la Révolution.

Un siècle s'écoula, puis de nouvelles épreuves assaillirent les habitants. Ce fut d'abord, en 1694, une telle misère que, selon un document contemporain, on trouva sur les chemins des hommes morts de faim, la bouche pleine d'herbe ; puis, en 1709, un froid si rigoureux qu'il fit périr beaucoup de plantes et même éclater des arbres « avec fracas ». Cinq ans après, une épizootie si violente ravagea le pays qu'elle emporta tous les chevaux, les vaches et les moutons et même nombre d'animaux de basse-cour. Un écrivain contemporain décrit ainsi les symptômes précurseurs de cette étrange maladie : « D'abord, ils prennent du mal à la langue, puis les yeux deviennent pleureurs et la tête lourde ; enfin ils sont atteints de dyssenterie et de flux de sang et « dès lors sont inguérissables. »

Dans la seconde moitié du dix-huitième siècle, au temps où Louis Sirot de l'Etouf, marquis de Pradines (1), était seigneur de Montagny, les habitants lui adressèrent une supplique, à l'effet d'obtenir que les officiers de la justice de Pradines, dont ils dépendaient, vinssent à jours marqués tenir les assises de justice au bourg de Montagny.

On ignore quel accueil fut fait à cette requête, mais les archives judiciaires de Pradines montrent que les officiers de justice de cette terre étaient surtout recrutés parmi les gens de robe de la ville de Perreux.

En 1761, à la suite d'un hiver peu rigoureux, les loups se multiplièrent dans les montagnes du Beaujolais (2) avec une telle rapidité, qu'ils causaient des dommages aux fermes isolées dans la campagne et venaient parfois pendant la nuit jusque dans les rues du village de Montagny. A la demande des habitants, une battue fut organisée, non seulement à Montagny, mais encore dans les paroisses voisines de Pradines et de Coutouvre. Cette opération mit sur pied tous les hommes valides de la paroisse de Montagny ; mais on peut penser que les habitants des localités voisines n'y mirent pas le même empressement ni la même bonne volonté, car on ne tua que cinq loups, un grand nombre de ces carnassiers ayant réussi à gagner les fourrés impénétrables de Chatelus, les bois de Morland et les épais taillis du ravin de la Tèche. Au reste, quelques documents

---

(1) Archives départementales de la Loire.

(2) Les archives communales de Villefranche ont conservé le souvenir d'une invasion de hyènes qui terrorisèrent le Beaujolais, « si bien que la nuit les grandes personnes n'osaient plus sortir que bien armées. » Mais un écrivain lyonnais de cette époque dit que ces hyènes pourraient bien être des « loups affamés ». M. de Rochebonne ordonna de faire « des chasses publiques » dans toutes les paroisses du Beaujolais. Il est à remarquer qu'en cette année 1755, le fameux Mandrin, à la tête de ses brigands, rançonna les bourgs isolés et pilla les caisses publiques.

laissent entendre qu'une telle battue n'était pas un fait isolé, puisqu'elle se renouvela en 1774 et qu'il en fut encore question pendant le rigoureux hiver de 1793.

L'industrie du tissage fit son apparition à Montagny vers 1760. On trouve bien avant cette époque quelques métiers à tisser la toile, mais leur nombre était fort restreint. A partir de 1760, ils se multiplièrent rapidement et, en 1767, un acte pour constitution de tutelle mentionne quatre familles de « tixiers de toile » sur cinq représentées. La plupart de ces métiers étaient disséminés dans la campagne, parfois au nombre de deux ou trois dans la même maison ; ils étaient mis en œuvre et surveillés par le père de famille, les enfants ou les domestiques. Ce travail se faisait surtout pendant la mauvaise saison et son produit augmentait le bien-être de la famille dont l'entretien était ordinairement assuré par la culture.

Cependant les prescriptions alors en vigueur nuisaient au développement de la fabrication des toiles. En effet, les toiles produites dans le Beaujolais ne pouvaient être exposées en vente en rouleau, mais seulement en plat ; chaque ouvrier était tenu de marquer sur sa toile de quelle qualité et de quelle largeur elle était, et de mettre aux deux bouts de sa pièce une marque particulière contenant son nom et son surnom, avec le nombre d'aunes dont elle était composée : enfin, ces toiles ne pouvaient être vendues qu'aux marchés de Thizy qui se tenaient sous les halles les lundi et mercredi de chaque semaine. Il n'était pas permis aux tisserands de les vendre ailleurs, sous peine de confiscation et de cent livres d'amende, tant contre l'acheteur que contre le vendeur.

La sévérité de cette réglementation était encore accrue parfois par les exigences des préposés à la marque dont le contrôle rigoureux frappait d'ostracisme toutes les toiles qui ne remplissaient pas strictement les conditions exigées. Ces dernières, celles qui échappaient au contrôle et les pièces timbrées d'une fausse marque, devaient être assez nombreuses, si l'on en juge par une réflexion du subdélégué de l'intendance, Roland de la Platière, qui observe que sur dix pièces de toile de Thizy vendues sur les marchés de Lyon, neuf sont revêtues d'une fausse marque.

Les pièces fabriquées à Montagny et dans les environs étaient dites Saint-Jean, Auxonnes, plénières, siamoises et Régny (1).

Lorsque la Révolution éclata, le marquis de Pradines était encore

---

(1) Régny, qui était un centre assez important de fabrication, était la résidence d'un commis préposé à la marque des toiles. On y fabriquait surtout une toile chanvre et coton avec fils et chaînes en nombre et qualité déterminés ; ces toiles étaient dites Régny et si l'on s'en réfère à certaines pièces de l'intendance, les toiles fabriquées dans ces conditions pouvaient bien être soumises exclusivement à la marque de Régny.

seigneur de Montagny (1), comme possesseur du fief de la Pra. A côté de lui, le prieur de Charlieu était aussi un personnage important de la localité, car il portait deux titres jadis très enviés, ceux de décimateur de la paroisse et de nominateur à la cure. Le premier de ces titres donnait au prieur de Charlieu de très beaux revenus, et le second lui conférait le droit de nommer à la cure un prêtre de son choix et de présider toutes les cérémonies religieuses.

En sa qualité de décimateur de la paroisse de Montagny, le prieur de Charlieu percevait toutes les dîmes de la paroisse. Cette perception se faisait par l'intermédiaire d'un fermier qui levait la dîme sur place et donnait au prieur un droit annuel fixe. Au moyen âge, ce droit de ferme devait être très élevé, puisqu'en 1788 il s'accensait encore 710 livres. Sur cette somme, le prieur devait pourvoir à l'entretien du chœur de l'église et prélever la portion congrue du curé.

La dîme du blé était de beaucoup la plus importante des redevances en nature dues par les habitants de Montagny. Cette dîme se payait à la quatorzième gerbe, c'est-à-dire qu'après la moisson, avant d'enlever les gerbes du champ, on comptait treize gerbes et on mettait la quatorzième de côté pour la dîme. Ce procédé nous est indiqué par une poursuite intentée par le fermier du prieuré de Villeneuve-les-Perreux, contre certains tenanciers coupables d'avoir enlevé les gerbes sans avoir prévenu le fermier de la dîme ou son commis.

Les idées révolutionnaires semblent avoir été accueillies avec faveur par une partie de la population de Montagny ; faveur qui s'explique par la misère qui régnait dans le pays. Aussi voit-on les habitants célébrer avec un enthousiasme singulièrement suggestif la première fête de la Fédération, 14 juillet 1790 (2). A cette occasion non seulement ils envoient à Roanne une députation qui devra prêter

---

(1) Voici les renseignements que nous donne sur Montagny, en 1788, *l'Almanach Astronomique et Historique de la ville de Lyon et des provinces du Lyonnais, Forez et Beaujolais :* « village et paroisse dans le Beaujolais, diocèse de Mâcon, archiprêtré de Beaujeu, justice de La Pra, élection et sénéchaussée de Villefranche.

« Le prieur de Charlieu nomme à la cure : Curé, M. Jacqueton ; vicaire, M. Lafont ; Seigneur du lieu, Monsieur le marquis de Pradines ; Juge, Monsieur de Chavron du Para, à Perreux ; Procureur fiscal, M. Varinard ; greffier, le sieur Simonin.

« La seigneurie de La Pra, avec un château ruiné, a été réunie à la seigneurie de Pradines. Le fief d'Essertine appartient à Monsieur Mottin. »

(2) En janvier 1790, lors de la suppression des provinces et de la création des départements, Montagny devint une commune du canton de Perreux, district de Roanne, dép. de Rhône-et-Loire, puis de la Loire (1793). A cette époque, Montagny comptait 1325 habitants, qui payaient 8966 livres 12 sols d'impositions.

serment avec les autres députations du district, mais, ajoute un procès-verbal du temps : « malgré la distance et la fatigue qui devait en résulter, plusieurs citoyens respectables par leur âge et leur sagesse ont tenu à ne pas se séparer de la députation de cette commune, et ils ont demandé à prêter serment à la suite de leurs concitoyens. »

Lorsque survint la mort de Mirabeau, en qui royalistes et constitutionnels avaient placé leur confiance, *la Société villageoise des Amis de la Constitution*, de Perreux, et M. Dufour, curé de cette paroisse, décidèrent de célébrer, le 14 avril 1791, un service funèbre solennel pour « l'âme du grand patriote » *(sic)*. Toutes les communes du voisinage furent invitées à la cérémonie. La plupart se firent représenter par une députation de la Garde Nationale ; Montagny fit plus et mieux.

Dès huit heures du matin, une foule d'habitants, hommes, femmes et enfants, prirent la route de Perreux. A l'entrée du bourg, cette foule se forma en cortège. En tête vinrent « des femmes vêtues de blanc avec cordon et ruban aux couleurs de la nation », puis, un fort détachement de la Garde Nationale, enfin la troupe des habitants. Lorsque le cortège eut pénétré dans l'église, la messe commença. Elle fut célébrée par le curé, M. Dufour. Pendant le service, M. Mamessier, vicaire, fit l'éloge de Mirabeau, et célébra les bienfaits de la Constitution.

Cependant, la grande majorité des habitants de Montagny n'était pas acquise sans réserves aux idées nouvelles. Dès le 8 décembre 1790, lorsque le clergé paroissial fut invité à prêter serment à la Constitution civile du clergé, plusieurs habitants avaient ouvertement manifesté en faveur du vicaire, Monsieur Verrier, qui n'avait prêté qu'un serment restrictif, alors que le curé Jacqueton avait lu en chaire la formule officielle. Plus tard, le vicaire ayant rétracté son serment, les approbateurs ne lui firent pas défaut. Toutefois, M. Verrier ne tarda pas à être pris à partie par la municipalité acquise à la Révolution. Le 15 mars 1791, celle-ci adressa à l'accusateur public du district de Roanne une plainte et dénonciation contre M. Verrier, vicaire, « qui par ses propos incendiaires et son fanatisme... excite les femmes et les enfants contre les époux et les pères qui ont prêté le serment civique. » La dénonciation se terminait ainsi : « la fermentation des esprits est montée à un point que la municipalité est menacée d'être assassinée et le maire d'avoir la tête coupée... on parle même d'incendier le registre et autres papiers du secrétariat. »

Les femmes et les enfants de Montagny ne nourrissaient certainement pas d'aussi noirs projets contre la municipalité ; mais les officiers municipaux et les notables, réunis dans la salle des séances, étaient impressionnés par la nuit qui tombait, la foule qui augmentait et les vociférations des manifestants qui proclamaient « l'innocence du vicaire Verrier, et disaient : « qu'ils trouveraient bien à

Lagresle, Bourg-de-Thizy, Combre et Amplepuis, sept ou huit cents personnes pour venir à leur secours et les aider à faire retirer la plainte contre Verrier ».

La nuit tombait, les membres du conseil général de la commune craignant que la salle des délibérations ne soit envahie, firent convoquer la garde nationale qui s'empressa d'accourir et dispersa sans peine les manifestants. Aussitôt rassurés, les officiers municipaux et notables prirent un arrêté precrivant que des perquisitions seraient faites sur le champ, à la cure, pour y découvrir le sieur Verrier et s'assurer de sa personne. La perquisition fut opérée de suite, mais elle ne put arrêter le vicaire qui s'était réfugié dans une famille du pays ; il devait plus tard gagner Coutouvre.

Le départ de M. Verrier ne désarma pas les sans-culottes de Montagny. Le 10 avril, aucun ordre d'arrestation n'étant encore parvenu à la municipalité, celle-ci renouvelle ses instances auprès du président du tribunal du district : « Nous persistons toujours à croire avec les bons citoyens, écrit-elle, qu'il importe infiniment au bonheur public et surtout à la tranquillité de notre paroisse, de poursuivre l'affaire que la municipalité de Montagny a dénoncée à l'accusateur public. »

En ordonnant l'information sur les faits reprochés au vicaire Verrier, « vous déconcerteriez les ennemis du bien public et ranimeriez de plus en plus le patriotisme des bons citoyens ».

Le jour-même, le tribunal du district de Roanne rendait son jugement prescrivant « la prise de corps » du citoyen Verrier.

Le 14 juillet 1791, une « grande fête religieuse, patriotique et fédérale » eut lieu à Montagny. Le verbal constate que « toute la population de la commune convoquée au prône, y prit part avec empressement. Les officiers municipaux, les notables et les gardes nationaux renouvelèrent le serment civique. Après quoi il a été chanté solennellement un *Te Deum* en signe de notre sainte joie et en actions de grâces au Tout-Puissant ».

On ne sait si le curé Jacqueton renouvela son serment à cette occasion, mais sa tranquillité ne fut pas de longue durée. Dix-huit mois après, en décembre 1792, tous les ministres du culte durent cesser leurs fonctions sur l'ordre des commissaires de la Convention et, trois mois plus tard, l'église paroissiale devenait le Temple de la Raison. Le 20 prairial an II (avril 1793), les citoyens réunis y célébrèrent la fête de l'Etre suprême, manifestation qui se répétera désormais chaque décadi, « conformément aux décrets du Comité du Salut Public, 18 et 23 floréal ».

Le maire de Montagny pendant ces jours troublés était le citoyen Marcellin Moulin. Bien que jeune, — il était né à Montagny le 3 avril 1761, — il avait acquis sur ses concitoyens une grande influence, en raison des efforts qu'il avait fait pour introduire et développer dans le pays la filature et le tissage du coton, établis depuis quelques années à Roanne et à Thizy. Grâce à cette heureuse initiative, il avait augmenté le bien-être de ses concitoyens et enrichi quelques familles Les idées révolutionnaires trouvèrent en lui un ardent propagateur, si bien qu'il fut élu d'abord officier municipal, puis maire de Montagny et, en septembre 1792, député à la Convention. Dans cette assemblée il siégea parmi les Montagnards et les Jacobins et vota avec eux la mort de Louis XVI et les lois contre les suspects et les émigrés.

Sous le Directoire, la commune de Montagny fut le théâtre de troubles religieux. Au début de l'an VI, deux prêtres réfractaires, c'est-à-dire coupables de n'avoir pas prêté serment à la constitution civile du clergé, furent arrêtés et conduits au district de Roanne. Le 18 thermidor an VI, un détachement de la garde nationale de Perreux dissipa une assemblée religieuse tenue au domicile de Ph. Desseigne, propriétaire au bourg et dans laquelle se trouvaient des personnes de Coutouvre et de Boyer. Le procès-verbal de cette opération de police, dressé par Benoit Déchelette, « commandant le détachement », constate qu'il y avait dans la maison du dit Desseigne « une assemblée de peuple au nombre d'environ trente où l'on célébrait un culte en chantant les anciennes cérémonies de l'église *(sic)* ».

A cette époque agitée, les questions religieuses ne furent du reste pas les seules qui vinrent jeter le trouble et l'inquiétude dans la paisible et laborieuse population de Montagny. A plusieurs reprises, des gens sans aveu commirent des crimes de droit commun dans les maisons isolées de la campagne. Deux assassinats suivis de vols commis à la tour d'Essertines (1) et à Léva, provoquèrent dans le pays une profonde émotion.

De ces crimes, qui donnèrent lieu à des poursuites judiciaires, l'un se termina devant le jury départemental de Montbrison et l'autre resta mystérieux.

Lors du Concordat, la paroisse de Montagny reçut pour curé M. Mermet, qui évangélisait déjà le pays en qualité de missionnaire.

---

(1) Essertines, plus tard la Tour d'Essertines, tire son nom des buissons et taillis épineux qui couvraient jadis ce territoire. D'après M. J. Déchelette, la terre d'Essertines appartenait en 1573 à Benoit Déchelette. Plus tard, elle passa à la famille d'Arcy la Varenne ; en 1601, Joachim d'Arcy rendait hommage pour le fief de la Varenne, paroisse de Coutouvre, le château de la Farge sur Combre et la terre d'Essertines, paroisse de Montagny. Dans la première moitié du dix-huitième siècle, Essertines fut acquis par une famille qui en prit le nom et s'appela châtelain Dessertines. Cette famille eut deux personnages qui jouirent de quelque notoriété, l'un fut avocat à Villefranche, et l'autre curé de Perreux.

En 1774, la terre d'Essertines appartenait à M. Roland. Serait-ce M. Roland de la Platière, le futur ministre girondin de Louis XVI et le mari de la célèbre Madame Roland ? A la veille de la Révolution, Essertine était la propriété de M. Mottin.

Les successeurs, MM. Duperron et Nourrisson, firent reconstruire l'église paroissiale ; elle fut placée sous le vocable de saint Sulpice que les Bénédictins de Charlieu avaient donné pour patron à l'église primitive. C'est, parait-il, la seule église paroissiale du diocèse de Lyon qui soit sous ce vocable (1).

Un demi-siècle s'était écoulé depuis la Révolution, et pendant ce demi-siècle l'industrie de la filature et du tissage du coton, s'était développée. En 1848, deux cent cinquante métiers environ étaient installés tant dans le bourg qu'à la campagne. Dans quelques maisons il y avait deux et parfois trois métiers à tisser ; c'était là le véritable atelier familial rêvé par les économistes, qui se soucient à la fois de la production industrielle et de l'âme de l'ouvrier. La plupart des pièces fabriquées dans ces ateliers étaient expédiées à Thizy d'où elles étaient vendues sur les marchés de la région sous le nom de « cotonnade de Thizy ». Plus tard, le centre industriel de Roanne ayant pris de l'importance, les pièces fabriquées tant à Montagny que dans les montagnes voisines furent centralisées dans cette ville. A la même époque plusieurs fabricants de Montagny vinrent s'établir à Roanne et ils ne furent pas les derniers à installer dans cette localité des tissages mécaniques.

L'exemple de Roanne, groupant tous les métiers à tisser dans de vastes ateliers, fut suivi un quart de siècle après par les fabricants de Montagny qui possèdent maintenant trois usines de tissage.

Depuis quelques années l'invention des petits moteurs et la distribution à domicile de la force motrice ont contribué à ressusciter le métier isolé et parfois l'atelier familial

Et c'est ainsi que ces inventions récentes réalisent en quelque manière la parole du poète latin : « *Multa renascentur quæ jam cecidere.* » Beaucoup de choses disparues et tombées dans l'oubli, renaîtront.

---

(1) Les successeurs de M. Mermet furent MM. Jean-Louis Duperron, nommé curé en janvier 1818 ; Joseph-Claude Nourisson, février 1838 ; Pierre-Marie Marcel, janvier 1855 ; Jean-Claude Bail, juin 1877 ; Jean-Auguste Bourrat, juillet 1884 ; Joseph-Antoine Bourrat, avril 1894, nommé à la cure de Charlieu en 1901 et remplacé à Montagny par M. Jean Dussurgey, curé actuel,

# COUTOUVRE

Les origines de Coutouvre se perdent dans la nuit des temps, et l'ignorance où nous sommes de la véritable signification du nom de cette localité contribue encore à rendre ce mystère plus impénétrable. Cependant l'ancienneté de ce village nous est certifiée d'abord par son nom ancien de *Costobrium* ; ensuite, par sa situation au sommet d'un plateau, appuyé d'un côté sur un contrefort de la vallée du Jarnossin et de l'autre sur un contrefort de la vallée du Trambouzan. Cette ancienneté nous est confirmée du reste par plusieurs terriers qui nous apprennent qu'au xɪvᵉ siècle, Coutouvre servait de point de départ à plusieurs routes qui rayonnaient de là dans toutes les directions.

En remontant dans le passé de l'histoire jusqu'au xɪɪɪᵉ siècle, nous constatons que Coutouvre était une dépendance de la châtellenie de Perreux. A cette époque lointaine, si l'on en juge par les documents du temps, le territoire de notre commune était alors en majeure partie couvert de forêts.

Depuis longtemps déjà la paroisse de Coutouvre existait, comme le prouve une ancienne *pancarte*, ou liste des paroisses du diocèse de Mâcon, laquelle nous fait connaître qu'au temps de saint Louis, la paroisse de Coutouvre payait une redevance de cire à l'église de Mâcon et le curé de Coutouvre une somme annuelle de trente-six sols à l'évêque du même lieu. D'après l'importance de cette redevance, nous voyons que Coutouvre était alors beaucoup moins important que Perreux et un peu plus que Montagny, dont le curé ne payait que trente sols.

A l'époque de la guerre de Cent ans, tout ce pays, situé sur les confins du Beaujolais et de la Bourgogne, eut à subir de grands dommages, par suite des gens de guerre. Après le traité de Brétigny (1360), lorsque le roi Jean le Bon eut payé partie de sa rançon, le roi d'Angleterre ordonna à ses capitaines de délaisser les bourgs, villes et châteaux qu'ils tenaient au pays de France. Alors, dit Froissart, « se formèrent de grandes routes (troupes) qui élurent nou-

veaux capitaines pour ce qu'ils ne voulaient retourner chez eux ».
Ces bandes composées d'Allemands, Brabançons, Gascons, Bretons et
« mauvais François », se recueillirent en Champagne et en Bourgogne « et formèrent grandes compagnies qui s'appelaient les Tard-
Venus, parce qu'ils avaient encore peu pillé au royaume de France...
Le plus grand maître entre eux était un chevalier de Gascogne qui
s'appelait messire Seguin de Badefol. » Environ la mi-carême, ses
compagnies s'avisèrent de se rendre à Avignon, vers le Pape, et
incontinent se dirigèrent sur la « comté de Mâcon » pour gagner le
Forez, « ce bon et gras pays, et de là Lyon sur le Rhône ».

« Si se délogèrent et montèrent contre mont par devers les montagnes pour entrer en la comté du Forez et venir sur la rivière de Loire
et trouvèrent en leur chemin une bonne ville qui s'appelle Charlieu,
au baillage de Mâcon. Si l'environnèrent et assaillirent fortement et
se mirent en grand peine de prendre, et y furent à l'assaut un jour
tout entier mais rien n'y firent, car elle fut bien gardée et bien dé-
fendue des gentishommes du pays qui s'y étaient retraits. Ils passèrent et s'espardirent parmi la terre du seigneur de Beaujeu qui mar-
chist illecques et y firent moult de maux et puis tantôt entrèrent en
l'archevêché de Lyon ; et ainsi qu'ils allaient et chevauchaient ils
prenaient petits forts où ils se logeaient et firent moult de destour-
biers (dommages) partout où ils conservèrent ! ! !... »

Ce passage de Froissart fait connaître les grands dommages causés
par les Tard-Venus à la région comprise entre Charlieu, Perreux et
Lay, où se trouvait Coutouvre et nombre de localités florissantes. Au
reste, le vieux chroniqueur, résumant son récit, dit que les grandes
compagnies causèrent à ce pays une infinité de « maulx ».

Les années qui suivirent l'invasion des Tard-Venus, ne furent pas
moins troublées et malheureuses. Les localités de notre région furent
pillées tour à tour par les grandes Compagnies, qui rançonnaient le
pays et vivaient sur les habitants, et par les bandes à la solde du
ducs de Bourgogne, accourus pour les défendre. Ici, ces bandes mettaient à contribution le village, sous prétexte que les paysans avaient
fait pacte avec les ennemis du duc ; là, ils pillaient maisons fortes et
chaumières, alléguant que les habitants cachaient et dissimulaient
leurs richesses et leurs vivres ; ailleurs, ils incendiaient maisons et
moissons, pour empêcher routiers et grandes compagnies de profiter
des ressources du pays. La situation des gens de campagne était alors
vraiment horrible. Il n'y a plus pour ces pauvres gens ni protection
ni justice. « Les habitants du plat pays, lit-on dans une lettre de
rémission, sont tellement accablés de tous les côtés à la fois, qu'ils
ne savent à qui se fier ni qui tenir pour bon Français. Leur vie,
pendant ces terribles années, n'est qu'une angoisse de tous les instants.. Traqués comme des bêtes fauves, ils sont sans cesse sur le
qui-vive et ne peuvent travailler pour ainsi dire qu'à la dérobée, afin
d'avoir de quoi ne pas mourir de faim. Au moindre signal, ils courent,
affolés de terreur, se cacher avec leurs femmes et leurs enfants

dans le creux des rochers, au fond des souterrains, parmi les roseaux des marécages ou dans les plus épais fourrés des bois. »

Dès que la tranquillité eut été rendue au pays, le capitaine châtelain de Perreux voulut faire réparer et augmenter les fortifications de cette ville, qui était la clef du Beaujolais de ce côté-là. Dans ce but, il convoqua les habitants de Pouilly, Vougy, Nandax, Coutouvre et Pradines, à venir travailler aux fortifications de ladite ville parce que les habitants de ces localités étaient tenus en temps de troubles de venir faire guet et garde au château de Perreux.

Bien que faisant partie de la châtellenie de Perreux, les habitants de ces paroisses refusèrent d'obéir, exposant qu'ils habitaient à plus de deux lieues dudit château, « dans lequel il leur était impossible de se réfugier et retraire ». Devant ce refus, Edouard de Beaujéu, « seigneur de Perreux », s'empressa d'adresser une plainte au roi de France Charles V, dit le Sage, qui, en 1371, ordonna à son bailli de Saint-Gengoux de contraindre les habitants de Pouilly, Vougy, Nandax, Coutouvre et Pradines à travailler aux réparations du château de Perreux et à y faire guet et garde lorsqu'ils y seraient requis (1).

Trois quarts de siècle s'écoulèrent (2), non sans que le pays eut subi à maintes reprises les dommages des gens de guerre. En 1436 parurent les bandes des Ecorcheurs, ainsi nommées à cause des cruautés horribles qu'elles faisaient sur leur passage. Pendant deux ans, elles mirent le Charolais et les provinces voisines en coupes réglées. Elles recueillrent ainsi un immense butin que les soldats vendaient à vil prix à des industriels avides qui suivaient les Compagnies et exploitaient leurs crimes. D'après un chroniqueur du temps, presque toutes les dépouilles du Charolais furent envoyées dans le Beaujolais et le Forez, surtout dans le bourg de Perreuil (Perreux ?) et à Montbrison pour y être vendues à l'encan par d'indignes spéculateurs (3).

Les premières années du xvi⁰ siècle, il y eut grande famine et mortalité dans la province de Beaujolais. Bien que Coutouvre fut, au dire des chroniqueurs, « un bon pays à blé », la famine sévit avec intensité dans notre région. Le duc Pierre de Bourbon, seigneur du pays, ne resta pas insensible aux misères des habitants. Il rendit

---

(1) Huillard-Breholles, *Inventaire des titres de la maison de Bourbon.*

(2) En 1400, Coutouvre passa, ainsi que tout le Beaujolais, sous la domination des ducs de Bourbon, dont les descendants devaient posséder le pays jusqu'à la trahison du connétable de Bourbon, sous François I⁰ʳ.

(3) Charles VII traversa Coutouvre le 29 juillet 1440. Ce roi, qui avait couché à Roanne le 28, se rendit le lendemain à Perreux et à Charlieu. Cette dernière ville, qui faisait partie du domaine royal, le reçut grandement, « selon la possibilité des habitants ».

d'abord un décret pour empêcher l'exportation des blés hors du Beaujolais, puis il ordonna aux officiers des châtellenies de vendre à moitié prix tous les blés qui étaient dans ses greniers, prescrivant même de le donner gratuitement à ceux qui ne pourraient le payer, pourvu que leur pauvreté soit certifiée par deux hommes prudents et sages de leur paroisse. Enfin, pour empêcher que la famine ne se perpétuât, il fit distribuer gratuitement aux laboureurs le blé, seigle et avoine nécessaires aux semailles. Ces générosités firent donner à Pierre II de Bourbon le surnom de Bon. Si l'on en croit quelques auteurs, cela expliquerait pourquoi Pierre II de Bourbon est représenté avec son épouse sur une fresque de l'église de Perreux.

Quelques années après, au retour d'une expédition en Italie, une bande de soldats indisciplinés commit à Perreux, Coutouvre et dans le voisinage vols, pilleries et meurtres. C'est sans doute à cette bande qu'il faut attribuer la destruction du Prieuré de Villeneuve-les-Perreux qui, dès lors, ne fut plus qu'un simple bénéfice uni à la sacristie de Cluny.

A peine les guerres de Religion avaient-elles commencé à troubler la France, que déjà les habitants de Coutouvre subissaient pertes et dommages.

En 1562 le capitaine Poncenat, seigneur de Changy, s'étant emparé de Charlieu, y laissa une forte garnison. A l'abri des murailles de cette ville, les soldats du chef protestant poussèrent des pointes aventureuses dans toutes les localités du voisinage. Au cours de ces expéditions, ils renversaient les croix, brûlaient les chaumières et pillaient les églises dont plus de vingt furent violées et saccagées.

Cinq ans après, en 1567, une nouvelle bande commandée par le sieur Poncenat, ayant reçu d'importants renforts d'Auvergne, traversa la Loire, près de Pouilly, et envahit le Mâconnais, pillant et ravageant tout sur son passage. Cette petite armée ne réussit pas à s'emparer de l'abbaye de Cluny, mais en rentrant dans ses cantonnements, à Changy et La Pacaudière, elle commit force déprédations et d'horribles cruautés.

Les troubles de la Ligue ne furent pas moins funestes à cette région que les guerres de Religion.

Au mois de mars 1590, Henri d'Apchon, seigneur de Saint-André, s'empara de la ville de Charlieu, grâce à la connivence de quelques bourgeois. Dans la suite, ses troupes en furent chassées par les ligueurs, partisans du duc de Nemours. L'année suivante cette ville, qui était le boulevard du Forez, fut tour à tour prise par les royalistes, puis reprise par les ligueurs qui la dotèrent d'une forte garnison. A noter que, pendant ces péripéties, royalistes et ligueurs vivaient sur les paroisses du voisinage qu'ils pillaient et rançonnaient de leur mieux. Le triste état des campagnes et des paroisses situées entre Charlieu et Perreux nous est indiqué par de nombreux documents et notamment par les procès-verbaux de la visite pastorale faite dans cette région en 1600 par l'évêque de Mâcon.

L'église paroissiale de Coutouvre, dont les premiers desserviteurs
avaient été les religieux bénédictins de Charlieu, était placée sous
le vocable de saint Denis (1). Violée, pillée et saccagée au temps des
guerres de Religion, ainsi qu'l a été dit, elle renfermait, au dix-
huitième siècle, deux chapelles et trois autels. La plus belle et la
plus riche des chapelles était appelée chapelle de la Varenne, ayant
été construite par les seigneurs de Chemery, en faveur desquéls la
terre de la Varenne avait été érigée en fief. De la maison de Chémery,
elle passa à la famille d'Arcy, qui la dota de plusieurs fondations (2)
et y fit aménager un caveau pour la sépulture des membres de la
famille qui décéderaient à Coutouvre.

La disparition des anciens registres paroissiaux ne permet pas de
citer les noms des curés de Coutouvre. D'après un tableau placé dans
l'église, la liste des curés s'établit ainsi, à partir du début du dix-
septième siècle : Marthoray, 1600-1639 ; Mayançon, 1639-1658 ; de la
Théollière, 1658-1691 ; Revol, 1691-1703 ; Cortay, 1703-1745 ; Duperron, 1745-1781 ; Mulsant, 1781-1786 ; Guillermet, 1786-1816.

A côtés des curés qui personnifiaient l'administration religieuse, se
trouvaient les consuls qui représentaient l'administration communale.
Elus à la pluralité des voix par la communauté des habitants, leurs
fonctions consistaient à répartir les impôts entre les habitants et à
lever les tailles et autres impositions. Toutefois là ne se bornait pas
leur rôle, car ils représentaient la communauté des habitants et
avaient l'initiative de certaines améliorations locales. Mais leur tâche
n'était pas sans danger, parce qu'ils répondaient des impôts de la
paroisse sur leurs biens et leur personne. Pendant les dernières
années du règne de Louis XIV, époque de grande misère, les consuls
de Coutouvre furent plusieurs fois détenus dans les prisons de l'élection de Villefranche, jusqu'à ce que leurs familles aient acquitté la
totalité des impôts à la charge de la paroisse. Les rôles des tailles de
Coutouvre au dix-huitième siècle, nous livrent les noms de quelques
familles ayant fourni des consuls à la localité : Rey, Alex (3), Doissel,
Chabrier, Guillermet, Mercier, Vindrier, Grosdenis, Pralus, Beluze, etc.

Mais les personnages les plus importants de Coutouvre étaient sans

---

(1) Ce patronage explique pourquoi le prénom de Denis était fréquemment donné aux enfants de Coutouvre. En 1556, maitre Denis
Perrin, notaire à Coutouvre, fonda en l'honneur de son saint patron,
une prébende dont le service devait être acquitté au grand autel de
l'église paroissiale.

(2) Les plus anciennes de ces fondations furent faites par Joachim
et Charles d'Arcy, contemporains d'Henri IV et de Louis XIII, et
tous deux qualifiés « sieurs de la Varenne et Coutouvre ».

(3) Cette famille donna plusieurs prêtres au diocèse de Mâcon,
notamment Benoît Alex, né à Coutouvre en 1713, curé de Saint-Hilaire
en 1745, et Antoine Alex, curé de Nandax à la même époque.

contredit les seigneurs de la Varenne et de Morland, deux fiefs situés sur le territoire de la paroisse, dont il nous faut dire quelques mots :

Le château de la Varenne est situé près du bourg de Coutouvre. Construit au seizième siècle, par la famille de Chemery, il fut agrandi et restauré à plusieurs reprises par les d'Arcy, qui l'habitèrent pendant plus d'un siècle et demi (1).

Les seigneurs de la Varenne avaient droit de justice haute, moyenne et basse, non seulement sur les domaines de la Varenne, Chassaudière, du Breuil et de la Greniéry, dépendances immédiates du château, mais encore sur le bourg et une partie de la paroisse (2). Aussi, le château de la Varenne contenait-il une salle de justice et une prison. Il renfermait aussi un petit oratoire qu'il ne faut pas confondre avec la chapelle de la Varenne, en l'église de Coutouvre.

Les d'Arcy, seigneurs de la Varenne, avaient des armes parlantes, puisque leur écusson portait trois arcs d'argent. Si nous citons leurs armoiries, c'est parce qu'on les rencontre encore souvent dans notre région, où ils possédaient aussi le fief de la Farge, sur la paroisse de Combre, et celui d'Essertines, sur la paroisse de Montagny.

Après les d'Arcy, la terre de la Varenne passa par alliance à la famille de Damas d'Audour, puis au marquis de Lancry « maréchal des camps et armées du roi », auquel elle appartenait à la veille de la Révolution.

Rien ne rappelle plus aujourd'hui au petit manoir de la Varenne les splendeurs du passé.

Cependant il existe encore au milieu des bâtiments actuels une petite cour intérieure exiguë, entourée de vieux bâtiments, où un ami du passé peut sans effort et sans peine, faire revivre les seigneurs et les scènes d'autrefois.

Une légende écossaise anime les pierres d'un vieux château féodal et leur fait raconter les actes de vertu et les crimes dont elles furent les témoins. Si les pierres parlaient, aucune construction du territoire de Coutouvre ne pourrait nous en raconter aussi long que la haute et massive tour de Morland. Dans la haute salle du premier étage, jadis ornée d'une cheminée monumentale, les ducs de Bourgogne festoyèrent en nombreuse et joyeuse compagnie, pendant que dans la salle basse du rez-de-chaussée, grand veneur et piqueurs organisaient les chasses qui devaient se dérouler dans les immenses forêts du voisinage.

---

(1) Philibert de Chemery rendit foi et hommage pour sa maison de la Varenne le 11 mars 1539, dont dénombrement fut également donné le 23 juillet 1601, par Joachim d'Arcy.

(2) La haute justice fut acquise par Joachim d'Arcy en 1603, en suite de la vente faite par les commissaires de M. le duc de Montpensier.

Après avoir servi de rendez-vous de chasse aux ducs de Bourgogne, la maison forte de Morland devint la propriété de Pierre Austrein, qui la possédait au début du xvii<sup>e</sup> siècle.

Pierre Austrein, contemporain d'Henri IV, était un fort grand personnage, et l'énumération de ses titres et qualités remplit plusieurs lignes dans les actes de son temps ; aussi voulut-il faire de sa terre de Morland un véritable fief et, dans ce but, acheta aux commissaires du duc de Montpensier, seigneur du Beaujolais, les droits de justice haute, moyenne et basse. Cette acquisition fit de la terre de Morland un fief avec tous droits seigneuriaux.

C'est ce qui explique pourquoi les actes anciens disent que les habitants de la paroisse de Coutouvre sont justiciables de la Varenne et de Morland.

A la veille de la Révolution, la tour de Morland et les terres qui en dépendaient, appartenaient à la famille Mey.

« De la maison forte de Morland, il reste une haute construction carrée, dite tour de Morland, qui domine tout le pays environnant. Elle porte un couronnement de machicoulis et les fenêtres de l'étage supérieur, dont les meneaux sont détruits, possèdent des embrasures avec bancs latéraux (1). »

Dans une salle à plancher de chêne, on voyait encore, il y a trente ans, une grande cheminée en pierre sculptée.

Deux pieds droits ornés de losanges finement sculptés, supportent un volumineux manteau composé d'un trumeau de 60 centimètres de hauteur, posé en retraite sur une corniche qui est un véritable entablement. Le trumeau est chargé d'un cartouche oblong, dont la partie centrale est occupée par un médaillon sculpté en haut relief et représentant « une haute et élégante figure, drapée d'une courte tunique serrée à la taille, et dont le bras droit se prépare à poser une couronne sur la tête d'un des quatre enfants qui sont à ses côtés. »

L'explication de cette scène nous est donnée par l'inscription gravée sur la frise même de l'entablement :

*Ecce sic benedicitur homo qui timet Dominum.*

Voici comment est béni l'homme qui craint le Seigneur.

Traduisez : « Dieu donne une nombreuse postérité à l'homme qui le craint. »

Cette inscription, qui est tirée du psaume 127, devrait être gravée dans tous les foyers de France.

Cette cheminée, œuvre remarquable du xvi<sup>e</sup> siècle, a été transportée à Moulins.

Sous l'ancien régime, Coutouvre était un village de la province de Beaujolais et une paroisse de l'Archiprêtré de Beaujeu, diocèse de Mâcon ; la Révolution en fit un village du canton de Perreux, dis-

________________

(1) *Le Forez pittoresque.*

trict de Roanne, département de la Loire, et une paroisse du diocèse
de Lyon. En 1790, Coutouvre comptait 950 habitants qui payaient
4779 livres d'impositions.

La transformation administrative opérée par la Révolution se fit
sans contestation de la part des habitants de Coutouvre ; mais il n'en
fut pas de même lorsque les pouvoirs publics voulurent appliquer
les lois religieuses votées par la Constituante et la Convention. A la
fin de 1791, bien que ympathique à la majorité de ses paroissiens,
M. Guillermet, qui avait refusé de prêter serment à la Constitution
civile du clergé, fut obligé de quitter sa paroisse. Son successeur fut
un prêtre assermenté, nommé Fillon, qui se rétracta dans la suite et
mourut à la Trappe.

Loin de rendre la tranquillité au pays, le départ de M. Guillermet
fut au contraire le signal de difficultés et de troubles. Pendant que
les Constitutionnels, — c'était le nom que l'on donnait alors aux
fidèles qui suivaient les offices du curé assermenté, — se réunissaient
à l'église paroissiale, les autres, les catholiques romains, se rendaient
dans des maisons particulières, chez les sieurs Alex, Fenouillet, Grosdeny, Mercier, etc., pour assister au service religieux d'un prêtre
réfractaire venu souvent au péril de sa liberté et de sa vie.

Sous la Terreur, les révolutionnaires de Coutouvre, agissant sous
l'inspiration de Lapalus, dressèrent une longue liste de suspects et
procédèrent à des arrestations. Le 6 novembre 1793, Nicolas Fenouillet fut arrêté, ainsi que le nommé Arthaux ; le 7, ce fut le tour de
Claude Bussy et de Claude Mercier, dont les femmes furent également arrêtées. Les jours suivants, les arrestations continuèrent, les
sieurs Alex du Trembly, et Pierre Delorme furent consignés, ainsi
que Barth, Grosdeny et sa femme, les mariés Vindrier, François Cor-
gier et sa femme, Margotton et sa famille, Jean Beluze et sa famille,
Antoine Coste et sa famille.

Comme la commune de Coutouvre n'avait pas de prison, ces suspects, coupables de fanatisme ou de propos inciviques, furent consignés dans leurs maisons et gardés à vue par deux fusilliers, « lesquels
devaient être nourris et payés par les prisonniers. »

Les premiers jours tout alla bien, gardiens et prisonniers vécurent
sur les provisions de la maison ; mais, au bout de huit jours, ce furent des récriminations sans nombre, d'autant que personne ne travaillait et que parmi les consignés, se trouvait une famille qui ne
comptait pas moins de huit enfants. Il fallut bien prendre une décision ; c'est pourquoi, le 15, le Comité de surveillance transmit aux
suspects l'ordre suivant que nous citons textuellement :

« Par ordre du Comité de surveillance, tous les gens qui ont été
et qui sont encore reconnus suspects sont priés de s'assembler et de
venir par devant nous en notre bureau qui se trouve chez Antoine
Barriquant, l'un de nous, pour embrasser l'arbre de la Liberté et
prêter de nouveau leur serment de civisme jeudi prochain 21 du
présent à 9 heures précises du matin, leur déclarant que faute, par

eux de le faire, ils seront dénommés comme rebelles à la loy et seront conduits au tribunal révolutionnaire et subiront les peines portées par les dites lois.

« Fait à Coutouvre, le 15 novembre 1793, l'an II de la République une et indivisible. »

Au jour dit, la séance se déroula selon le programme annoncé, comme le constate le procès-verbal suivant :

« Ce jourd'hui 21 novembre 1793, etc... Nous membres du Comité, nous avons fait publier au prône dimanche dernier du 17 du présent, que tous les gens suspects se présenteraient ce jourd'hui 21 du présent, devant l'arbre de la liberté pour prêter un nouveau serment de civisme et pour embrasser ledit arbre pour témoigner le regret qu'ils ont d'avoir été rebelles à la loi.

« Et sur les 11 heures du matin..., sont apparus tous ceux qui ont été compromis jusqu'icy, gens suspects, excepté quelques uns qui ne méritaient aucunes attentions et ont prêté leur serment de civisme les uns après les autres et ont embrassé l'arbre de la liberté et ont promis de maintenir la liberté, l'égalité de tout leur pouvoir jusqu'à la mort. »

Ce procès-verbal rédigé, le Comité de surveillance de Coutouvre s'étant réuni, constata que soixante-trois personnes avaient prêté serment et embrassé l'arbre de la Liberté ; mais que deux seulement, Alex père et Nicolas Fenouillet, sont les auteurs « que tous les petits peuples sont tombés dans l'ignorance. » En conséquence, le Comité décida que les « piquets de garde seraient levés et que les citoyens Alex père et Nicolas Fenouillet seraient remis entre les mains du citoyen Lapalus, commissaire du Comité de Sûreté générale de la Convention. »

Cette décision fut exécutée le 25 pour M. Fenouillet, qui fut conduit à Roanne « par un officier et deux fusilliers de la garde nationale. » Quant à Alex père, son départ fut différé, à cause de son état de santé et de ses infirmités.

L'éloignement de Fenouillet ne changea rien à la situation ; deux mois ne s'étaient pas écoulés, que le Comité de surveillance, réuni de nouveau, constatait encore qu'il y avait dans la commune nombre de suspects « en fanatisés (sic) par des prêtres réfractères qui ont mis dans l'erreur ceux qui ont eu le malheur de les croire trop légèrement » (18 pluviose, an II). Devant cette constatation, le Comité, ne sachant quelle mesure prendre réédita son arrêté du 15 novembre, prescrivant « à tous les gens de cette sorte (suspects) de se réunir le 21 sur la place publique pour prêter le serment de civisme et embrasser l'arbre de la liberté. »

Ainsi fut fait et, le 21, les suspects s'exécutèrent, prêtèrent le serment et déposèrent un baiser sur l'arbre de la Liberté. Le procès-verbal constate « qu'ils l'ont fait bien agréablement, ainsi qu'il a paru. » On voit qu'on ne s'ennuyait pas à Coutouvre, en l'an II de l'ère républicaine.

Après cette constatation, le procès-verbal contient les lignes suivantes qui méritent de ne pas rester ensevelies sous la poussière des archives :

« Nous avons reconnu que les suspects sont tous gens de peu de lumière et peu de fortune, et beaucoup chargés d'enfants qui sont en très bas âge, en sorte qui si on les mettait en arrestation, ils deviendraient à charge à la République et que d'ailleurs leurs enfants ne pourraient vivre. Faut-il que de pauvres enfants en bas âge soient la victime de l'ignorance de leurs pères et mères. D'ailleurs nous avons considéré que nous avons envoyé un grand nombre de personnes sur nos frontières pour le service de la République, et que si on mettait en arrestation tous ceux qui ont eu le malheur de tomber en erreur, l'on ne pourrait plus faire la culture de nos biens, ce qui pourrait faire un grand tort à la nécessité des premières subsistances... »

« Ont signé : Beluze, président, Franchon, Billard, Debouc ( ?), Beluze, Dubuy, Fouilland, secrétaire-greffier. »

Cependant les fantaisies du Comité de surveillance avaient fini par excéder la population. L'agent national du canton de Perreux, le citoyen Chaverondier, s'en rendit compte, et le 12 ventose étant venu à Coutouvre, renvoya le piquet de gardes qui veillait sur le citoyen Alex père du Trembly et le remit en liberté. Cette mesure mécontenta le Comité de surveillance qui déclara ne pas connaître les lois sur lesquelles s'appuyait le citoyen agent national ; mais il n'insista pas et fut dissous après la réaction thermidorienne (1).

Les incidents religieux qui survinrent dans la suite, furent promptement apaisés par les autorités locales. A la fin de 1795, il y eut pourtant une grave affaire, suscitée par un détachement de gardes nationaux de Perreux, qui firent brusquement irruption dans la maison de la femme L..., pendant qu'un prêtre réfractaire y célébrait la messe. Grâce à l'obscurité, le prêtre s'échappa, mais les assistants, au nombre d'une trentaine, furent malmenés par les soldats. Malgré la dénonciation du citoyen D... qui commandait le détachement, l'affaire n'eut pas de suite. Les lois religieuses du Consulat et le retour à Coutouvre de M. Guillermet, achevèrent de rétablir la paix dans la commune.

En dehors de la partie ancienne du château de la Varenne et de la tour de Morland, aucune construction intéressante ne subsiste de l'ancien régime.

En 1873, les habitants de Coutouvre édifièrent une chapelle en l'honneur de la Sainte Vierge, sur l'initiative de Monseigneur Dubuis, un enfant du pays devenu évêque de Galveston (Etats-Unis) ; elle fut dédiée à Notre-Dame de Prompt-Secours. Du belvédère de la

---

(1) D'après des notes recueillies dans les archives judiciaires par M. Perrin, et obligeamment communiquées par M. S. Bouttet.

chapelle on jouit d'un panorama admirable qui s'étend jusqu'aux montagnes lointaines et bleuâtres du Forez et du Pilat..

Quant à l'église paroissiale, dont l'autel majeur est surmonté d'un beau retable en bois peint et sculpté, provenant du canton de Saint-Gall (Suisse), elle nous est décrite par M. Louis Mercier (1) dans des vers admirables d'un charme pénétrant, que nous nous reprocherions de ne pas mettre sous les yeux du lecteur.

> Eglise de chez nous, ta modeste beauté
> N'appelle pas de loin le regard des profanes ;
> Tes murs n'humilient point les maisons d'à côté,
> Rien ne les pare, et c'est aux granges paysannes
> Que ton style incertain paraît être emprunté ;
>
> Je t'aime cependant comme on aime une mère
> Dont on n'a pas besoin de peindre les attraits ;
> Je t'aime d'être grise et d'aspect ordinaire ;
> Ton visage rustique et ses paisibles traits
> N'en respirent que mieux une âme qui m'est chère.
>
> Te décrire ? A quoi bon ! Je n'exprimerais rien
> Des souvenirs sacrés que je garde aux entrailles.
> — Oh ! le banc de mon père et la place des miens,
> Et la dalle où leur bière, au jour des funérailles...
> Comme je m'en souviens ! Comme je m'en souviens !
>
> Tu ne t'offenses pas de la rumeur humaine ;
> Ton silence lui prête une obscure douceur :
> Des voix, des pas ; le treuil du puits tire sa chaîne ;
> Un ramage d'enfants vient du préau des Sœurs ;
> L'enclume retentit dans la forge prochaine.
>
> Ton clocher cependant se permet d'être haut,
> Et son dôme ardoisé qu'une lanterne ajoure
> Découvre vingt clochers par-dessus le coteau ;
> On croit le voir tomber quand les nuages courent ;
> Pas un bourg du canton n'en possède un si beau.
>
> Nul mieux que lui surtout ne résonne et ne prie.
> Cinq cloches ont élu demeure en son beffroi :
> — Catherine, Thérèse, Anne, Marthe et Marie —
> Marie est la plus belle, et sa puissante voix
> Préserve les sillons de la grêle en furie.

---

(1) On sait que M. Louis Mercier est né à Coutouvre le 6 avril 1870.

...Eglise, je voudrais te ressembler un peu ;
Je voudrais qu'en restant voisine de la terre
Et fraternelle avec les choses dont s'émeut
Le village où s'épand ton ombre salutaire,
Mon œuvre, à son sommet, se rapprochât de Dieu.

Mon vœu serait qu'elle eût aussi sa tour hardie
Où l'on vit resplendir le signe de la Croix ;
Qu'elle éclatât parfois en larges mélodies,
Et que l'on reconnût dans l'ampleur de sa voix
L'harmonieux écho de ta voix agrandie.

# COMBRE

Le village de Combre est situé à 488 mètres d'altitude, sur un petit plateau qui domine un pays agréablement vallonné et légèrement incliné du côté de la vallée de Rhins.

Vers la fin du XII<sup>e</sup> siècle, il y avait déjà à Combre une petite chapelle placée sous le vocable de saint Etienne. Cette chapelle était une dépendance du prieuré voisin de Saint-Victor-sur-Rhins, ce qui permet de penser que les religieux bénédictins de ce petit moutier, furent les premiers desserviteurs de la petite chapelle Saint-Etienne de Combre.

Lorsque le clergé séculier eut été substitué aux religieux bénédictins dans le service paroissial, Combre devint une annexe de la paroisse de Saint-Victor-sur-Rhins. Le curé de cette localité assurait le service religieux les dimanches et fêtes chômées, par lui-même ou par son vicaire. Toutefois, ce service était assez irrégulier et maintes fois, au cours des siècles, les habitants protestèrent contre cet état de chose.

Vers la fin du XVII<sup>e</sup> siècle, les habitants de Combre, ayant été contraints de s'imposer extraordinairement pour réparer leur chapelle, en profitèrent pour solliciter de l'évêque de Mâcon, dont ils dépendaient, l'établissement d'un service religieux régulier et permanent. Les malheurs des temps — on était alors en pleine guerre de la Succession d'Espagne — furent sans doute cause qu'il ne fut donné aucune suite à leur demande. Ils ne se tinrent pas pour battus et, au début du XVIII<sup>e</sup> siècle, renouvelèrent leur supplique. Cependant, de graves difficultés s'opposaient à la réalisation de ce projet. Comment, en effet, diminuer, sans opposition de sa part, l'autorité du curé de Saint-Victor et le priver des offrandes provenant de la chapelle ? Comment aussi, en ces jours difficiles, contraindre le prieur de Saint-Victor, qui jouissait de la dîme de Combre, à payer la portion congrue au futur curé ?

Les deux parties conclurent un accord ; il fut décidé que Combre resterait une annexe de la paroisse de Saint-Victor, mais avec le titre de chapelle vicariale et que, désormais, un vicaire de Saint-Victor y résiderait continuellement.

En 1755, le vicaire de Combre était messire Fleury Chevrot, qui était en même temps seigneur de la Farge. Il eut pour successeur M. Cherpin (1783), qui fut remplacé lui-même par M. Plasse.

Avant la Révolution, Combre, comme nous venons de le dire, était une annexe de la paroisse de Saint-Victor, archiprêtré de Beaujeu, diocèse de Mâcon. Après la Révolution, Combre devint une paroisse de l'archiprêtré de Perreux, diocèse de Lyon. Dès 1803, cette paroisse eut un curé à résidence, M. Grail. Cependant Combre ne fut reconnue comme paroisse qu'en 1808, par le décret impérial du 28 août. Depuis cette époque, elle a été successivement administrée par MM. Philibert Deschelette, 1807 ; Benoît Proton, 1826 ; Jean Bedoin, 1828 ; Antoine Lacroix, 1828 ; Philibert Frachet, 1832 ; Claude-Denis Coulaz, 1846 ; Jean-Joseph Perret, 1875 ; Chanteloube, 1887 ; M. Farizon, 1908 ; l'abbé Farge, administrateur de la paroisse de 1918 à juin 1922, époque à laquelle il a été remplacé par M. Gandin, curé actuel.

Un document du XII⁰ siècle fait mention de la villa de Combre. Est-ce à dire que le village actuel a pour origine une ancienne villa carolingienne ? A défaut d'autres titres, nous n'oserions l'affirmer, aucune découverte intéressante n'étant venue confirmer cette indication.

Au XIIᵉ siècle, la majeure partie de la terre de Combre appartenait au comte de Forez. Ce domaine avait même pour ce haut seigneur une valeur spéciale, puisqu'il était situé en plein Beaujolais et formait, pour le comte de Forez, comme une poste avancé au milieu des terres des sires de Beaujeu, avantage sérieux à une époque où les maisons de Forez et de Beaujeu étaient souvent en guerre l'une contre l'autre.

En 1294, la seigneurie de Combre était partagée entre deux seigneurs : Jean Iᵉʳ, comte de Forez, et Perrin de Thélis, seigneur de la Farge. Comme certaines difficultés s'étaient élevées entre eux, tant au sujet des redevances que de l'exercice de la justice, les deux seigneurs conclurent, le 7 juillet, un accord. Cet acte est intéressant parce qu'il nous apprend à la fois quelles impositions les serfs devaient à leurs seigneurs et le fonctionnement de la justice au temps des fils de saint Louis :

« 1° Le comte de Forez reconnaissait la juridiction de Perrin de Thélis sur la moitié de Combre ; mais, en retour, ce dernier reconnaissait tenir en fief du comte le village de Combre, qui rapportait à son seigneur 56 sols 8 deniers viennois, plus 140 raz et demi d'avoine, mesure de Lay, 6 trousses de foin, 6 lampées d'huile... et enfin 6 livres viennoises qui se prélevaient pour la taille.

« 2° En compensation de cette reddition de fief, Perrin de Thélis recevait 30 livres en bon argent comptant et l'exercice du droit de justice, « excepté pour les délits qui entraînaient soit la mutilation, soit la mort civile ou naturelle ; de plus, si une condamnation capitale était changée par le comte en une amende, cette amende devait être partagée entre le comte et le seigneur de la Farge. »

Un siècle plus tard, en 1390, la seigneurie de Combre et la Farge appartenait à Pierre de Thélis ; elle passa au milieu du siècle suivant à la famille d'Arcy, qui devait la posséder pendant plus de 200 ans.

Au milieu du xviiie siècle, le fief de la Farge appartenait à Pierre Verrières, négociant à Saint-Symphorien-de-Lay et à sa femme, Pierrette l'Espinace ; mais, à cette époque, la Farge était un fief sans justice, cette prérogative ayant été réunie à la châtellenie de Thizy.

En 1752, P. Verrières vendit la terre de la Farge à Claude-Fleury Chevrot, marchand de Combre. Celui-ci la laissa à son fils, l'abbé Chevrot, qui devint par la suite vicaire, desservant la chapelle Saint-Etienne de Combre.

A la veille de la Révolution, la Farge appartenait à M. Bissuel de Saint-Victor.

De l'antique maison forte de la Farge, restaurée au temps de Philippe le Bel par Geoffroy de Thélis, capitaine châtelain de Thizy, il ne subsiste rien aujourd'hui ; mais il en est autrement du manoir, construit à la fin du xve siècle par les seigneurs de la Farge. En effet, au lieu de la Farge, sur la route de Régny, on voit encore une construction importante protégée d'un côté par un étang jadis plus considérable. La toiture de la maison a été refaite, mais la porte et les fenêtres du rez-de-chaussée, de même qu'un balcon garni d'une belle balustrade et supporté par de lourds piliers de chêne, ont conservé leur aspect ancien. A l'angle nord-est du château est une grosse tour carrée qui protégeait l'ensemble des bâtiments de ce côté. Dans la cour on voit encore une petite tour carrée coiffée d'une haute toiture aiguë. Malgré les démolitions et les remaniements, il se dégage de cet ensemble une impression de grandeur qui fait songer aux vieilles familles féodales qui habitèrent ce manoir, dont le rôle militaire ne fut pas sans importance dans les guerres qui, au moyen âge, mirent si souvent aux prises les comtes de Forez et les sires de Beaujeu.

La territoire de la commune de Combre occupe une superficie de 401 hectares 52 ares. D'après un mémoire descriptif de la fin du xviiie siècle, « le sol de cette commune est vallonné ; il se prête à toutes les cultures comme blé, avoine, méteil et tramoys ; mais la vigne y réussit mal à cause de l'altitude et de l'humidité de l'air entretenue par les ruisseaux qui coulent au fond des vallées et les prairies qui s'étagent sur les pentes... »

L'argile jaunâtre, commun dans cette région, forme en maints endroits le sol de la commune de Combre. Ça et là, cependant, cet argile laisse apparaître à la surface le grès antraxifère qui forme le sous-sol de la majeure partie de la commune. Ce grès s'exploite même parfois, notamment dans le voisinage du chemin qui conduit du village de Combre à la Farge.

Depuis longtemps déjà la présence du grès à anthracite avait fait supposer aux habitants qu'en creusant le sol ils trouveraient du charbon. Il y a un peu plus de cent ans, vers 1808, un propriétaire du pays creusa une tranchée au-dessous du village, en descendant vers la Trambouze ; il trouva un filon assez riche, l'exploita quelque temps et finalement l'abandonna parce que le filon s'enfonçait dans les profondeurs du sol. En 1820, plusieurs propriétaires imitèrent cet exemple et exploitèrent pour leur usage certaines couches qui affleuraient à la surface. Ce mode d'exploitation continua 25 ans environ. Entre 1843 et 1845, des recherches méthodiques furent faites, non plus seulement à la surface, mais aussi en profondeur. Elles amenèrent la découverte de couches d'anthracite assez riches pour déterminer trois propriétaires, MM. Chirat, Desvernay et de l'Espine à solliciter la concession du district minier de Combre. Cette concession leur fut accordée en 1848.

La concession avait une étendue de 750 hectares environ. Ce territoire était divisé, en deux parties égales, par une ligne imaginaire allant de Combre à la Rue. Mais une partie de ce territoire était tout à fait stérile et totalement dépourvue d'anthracite. Les meilleurs gisements furent découverts presque à fleur de terre, entre la Farge et la Rue et en profondeur entre la Farge et Chalan, sur le bord du chemin qui descend de Combre vers Régny.

L'exploitation dura une dizaine d'années ; mais il est à noter que l'extraction n'était que temporaire, les ouvriers ne travaillant que trois ou quatre mois chaque année.

Depuis cette époque, plusieurs propriétaires ont, à diverses reprises, exploité les couches affleurant à la surface, aucun n'a trouvé cette exploitation suffisamment rémunératrice pour entreprendre le percement d'un puits. Au surplus, l'anthracite de Combre était de médiocre qualité ; il ne pouvait être utilisé que par les chaufourniers de la région.

Au nord de Combre se trouve un épais banc de calcaire exploité depuis longtemps. Les fours à chaux établis à cet endroit donnent une chaux blanche et grasse utilisée surtout pour la fumure des terres. Comme cet engrais devait être livré à bas prix, les chaufourniers se servaient de l'anthracite du pays pour sa fabrication.

# TABLE DES MATIÈRES

## DEUXIÈME PARTIE

## DU MÊME AUTEUR :

**Notes et Documents sur Parigny.**
Petit in-8° de 80 pages. — Roanne 1890.

**Notes et Documents sur Vendranges.**
Petit in-8° de 80 pages. — Roanne 1891.

**Notes et Documents sur Saint-Cyr-de-Favières et l'Hôpital.**
Petit in-8° de 188 pages. — Roanne 1892.

**Le canton de Saint-Just-en-Chevalet:** *Recherches historiques sur Saint-Just-en-Chevalet, Saint-Romain-d'Urfé, Champoly, Saint-Marcel d'Urfé, Juré, Cremeaux, Cherier et Saint-Priest-la-Prugne.*
In-8° de 310 pages. — Roanne 1893.

**Essai historique sur le territoire de Roanne.**
Petit in-8° de 100 pages. — Roanne 1894.

**Les anciens Logis et Hostelleries de Roanne.**
Petit in-8° de 38 pages. — Roanne 1895.

**Un Procès de pêche en Roannais au XVIII' siècle.**
Petit in-8° de 12 pages. — Roanne 1895.

**Le Prieuré de Beaulieu en Roannais.**
In-8° de 40 pages. — Lyon 1896.

**Notes et Documents sur Bully.**
Petit in-8° de 80 pages. — Roanne 1896.

**Notes et Documents sur Chambles.**
Petit in-8° de 58 pages. — Saint-Etienne 1897.

**Excursions dans les Gorges de Semène.**
Petit in-8° de 40 pages. — Saint-Etienne 1898.

**Notes et Documents sur Saint-Maurice-en-Gourgois.**
In-8° de 70 pages. — Saint-Etienne 1899.

**Excursions à Saint-Bonnet-le-Château.**
Petit in-8° de 28 pages. — Saint-Etienne 1900.

**Histoire de la Baronnie de Cornillon:** *Notes et documents sur Saint-Paul-en-Cornillon, Firminy, Chazeaux, Fraisses, Unieux, Çaloire, etc.*
In-8° de 188 pages. — Saint-Etienne 1900.

**Notes et Documents sur Cordelle.**
In-8° de 94 pages. — Lyon 1900.

**Notes et Documents sur Aiguilly en Roannais.**
In-8° de 22 pages. — Villefranche 1900.

**Notes et Documents sur Lentigny.**
Petit in-8° de 30 pages. — Roanne 1900.

**L'Archiconfrérie des Pénitents de Roanne.**
In-8° de 96 pages. — Saint-Etienne 1901.

**Notes et Documents sur le Coteau.**
In-8° de 30 pages. — Villefranche 1901.

**Vernay et son Pèlerinage.**
In-8° de 58 pages. — Saint-Etienne 1901.

**Stéphanoiseries :** *Saint-Etienne à travers les âges. Vieux mots stéphanois.*
In-18 de 250 pages. — Saint-Etienne 1902

**Notes et Documents sur Vougy.**
In-8° de 36 pages. — Villefranche 1902.

**Monographie de Saint=Priest=la=Roche.**
In-4° illustré de 90 pages. — Roanne 1902.

**Etudes historiques sur le Forez :** *La Fouillouse, Firminy, pendant la Révolution (1791-1795), le canton de Firminy et ses communes. Les communes du canton du Chambon. Création du département de la Loire : état de ses villes et bourgs à la fin du XVIIIᵉ siècle ; Saint-Victor-sur-Loire, Saint-Genest--Lerpt et son Pèlerinage.*
In-8° illustré de 238 pages. — Saint-Etienne 1902.

**Notes et Documents sur Renaison.**
In-8° illustré de 116 pages. — Saint-Etienne 1903.

**Fiefs du Rhins et de Varennes.**
In-8° de 32 pages. — Villefranche 1904.

**Villemontais.**
In-8° illustré de 38 pages. -- Saint-Etienne 1905.

**Le Siège de Saint=Haon=le=Châtel en 1440.**
In-8° de 24 pages. — Roanne 1905.

**Lay et Saint-Symphorien=de=Lay.**
Grand in-8° de 54 pages. — Villefranche 1906.

**Les fêtes populaires en Forez.**
In-8° de 24 pages. — Saint-Etienne 1907.

**Le Pont de Villerest.**
In-8° de 16 pages. — Saint-Etienne 1907.

**Notes historiques sur Roanne.**
In-8° de 68 pages. — Roanne 1908.

**Les Brandons en Lyonnais, Forez, Beaujolais.**
In-8° de 32 pages. — Saint-Etienne 1909.

**Roanne au XVII° siècle.**
In-8° de 52 pages. — Roanne 1910.

**La ville et la paroisse de Perreux.**
Grand in-8° de 112 pages. — Villefranhe 1910.

**La peste en Roannais.**
In-8° de 32 pages. — Roanne 1911.

**Le canton de Belmont et ses communes.**
In-8° de 53 pages. — Villefranche 1913.

**La culture de la vigne et le commerce des vins en Roannais.**
In-8° de 54 pages. — Villefranche 1914.

**Notes et Documents sur Roanne.**
In-8° de 124 pages. — Roanne 1914.

**La place de l'Hôtel=de=Ville de Roanne et ses monuments.**
In-8° de 16 pages. — Roanne 1915.

**La place du Château.**
In-8° de 16 pages. — Roanne 1916.

**Passage de saint François de Sales à Roanne en 1618.**
In-8° de 16 pages. — Roanne 1916.

**Roanne autrefois et aujourd'hui. — Les villes mortes du pays**
**roannais :** *Villerest, Saint-Alban, Saint-Haon-le-Châtel, L'Espi-*
*nasse, etc., etc.*
In-8 raisin de 240 pages. — Roanne 1924.

9 782329 197579